河北省社会科学基金项目"认罪认罚从宽案件上诉问题研究"

（HB21FX002）研究成果

RENZUIRENFACONGKUANZHIDU JIQI

SHIYONGWENTI YANJIU

认罪认罚从宽制度及其
适用问题研究

陈玉忠　　王丹阳◎著

 中国政法大学出版社

2024·北京

图书在版编目（CIP）数据

认罪认罚从宽制度及其适用问题研究 / 陈玉忠，王丹阳著. -- 北京：中国政法大学出版社，2024. 6. -- ISBN 978-7-5764-1531-5

Ⅰ. D925.210.4

中国国家版本馆 CIP 数据核字第 2024PN3939 号

出　版　者	中国政法大学出版社
地　　　址	北京市海淀区西土城路 25 号
邮寄地址	北京 100088 信箱 8034 分箱　邮编 100088
网　　　址	http://www.cuplpress.com (网络实名：中国政法大学出版社)
电　　　话	010-58908586(编辑部) 58908334(邮购部)
编辑邮箱	zhengfadch@126.com
承　　　印	固安华明印业有限公司
开　　　本	720mm×960mm　　1/16
印　　　张	15
字　　　数	250 千字
版　　　次	2024 年 6 月第 1 版
印　　　次	2024 年 6 月第 1 次印刷
定　　　价	59.00 元

总　序
依法守护文化家园

进入新世纪以来，我国经历着一个文化空前发展的新时期。一方面，在经济繁荣与技术进步推动下，文化生产勃兴、文化产品繁盛、文化消费活跃；另一方面，享受着现代文明的人们愈益强烈地认识、体验到传统文化的魅力，那些从遥远的过去走来的村与镇、路与桥、亭台楼阁、寺宇街巷等，重新以新的姿态进入人们的视野。在此背景下，加强公共文化服务、全面普及文化认知、促进文化产业、保护文化遗产……逐渐成为摆在全社会，尤其是政府面前的新使命，而文化法治也自然成为我国法律与法学界面对的新任务。

毋庸讳言，我国文化领域的法律实践与法学学术曾长期呈现为一片处女地，其中最突出的表现是，相关立法可谓寥寥。除了1982年颁行的《中华人民共和国文物保护法》，并有《中华人民共和国著作权法》《中华人民共和国刑法》涉及文化事业之外，2000年之前我国文化领域再无其他专门立法。进入21世纪，人们不得不感叹的是，文化领域的专门法纷纷出台：2011年，《中华人民共和国非物质文化遗产法》颁布实施，加上多次修订的《中华人民共和国文物保护法》，我国文化遗产保护法律体系基本形成，而且达到了与国际社会同步的水准。随后，涉及文化事业核心与全局的几部重要立法相继出台：《中华人民共和国电影产业促进法》和《中华人民共和国公共文化服务保障法》于2016年底颁布；《中华人民共和国公共图书馆法》于2017年11月颁布。现如今，另一部涉及文化发展之整体法治的重要法律也在紧锣密鼓地起草过程中——历经多年起草工作，司法部不久前公布了《中华人民共和国文化产业促进法（草案送审稿）》，面向社会征集意见。人们有理由相信，无需太久，全面涵盖我国文化事业与产业发展的成文法体系将臻于形成。

与全国文化事业与法治进展同步，河北省文化产业与各项事业同样进入了一个空前发展与活跃的历史时期。除了传统的书报刊出版、印刷与发行，广播电视等，各类民办文化企业，尤其数字网络产业异军突起。与此同时，伴随着产业与经济发展，公共文化服务得到全面展开，正在进入各地村镇。比如，有关部门统计，在公共文化设施建设方面，目前全省各地拥有各级公共图书馆170多家，群众艺术馆和文化馆180多家，文化站2000多家。

而尤其引人注目的是传统文化遗产之保护与开发。河北省地处华北，历史悠久，其鲜明的文化特征更以"燕赵文化"名闻天下。燕赵文化肇始于春秋战国，至今凡2500年之久；位居中原与塞北之中、齐鲁与关陇之间，与南北沟通、共东西脉动，既以慷慨豪放著称，兼具四面八方之多样性。所以，无论是有形体的物质文化遗物、还是非物质的文化遗产，河北省全域拥有、流传的数量均居全国各地区的前列。按照统计，河北省目前共有全国重点文物保护单位近300个；国家级历史文化名村32个、名镇8个、名城6个；国家级风景名胜区10处、省级风景名胜区39处；并且，有8处4项文化遗产被列入世界文化遗产代表性项目名录。在非物质文化遗产方面，国务院2006年以来先后公布的国家级非物质文化遗产代表性项目中，河北省占163项，其中有6个项目入选世界人类非物质文化遗产代表作名录，涉及剪纸、皮影戏、太极拳。丰富与多样的遗产既为开发、利用提供了资源，也为保护事业提出了挑战。

在全面开展文化遗产保护实践的同时，为了做到依法规范保护与利用，河北省先后颁布、实施了多部地方法规。其中，为配合并依据全国性立法，全面构建物质性与非物质性文化遗产保护的一般性制度体系，1993年《河北省文物保护管理条例》、2007年《河北省实施〈中华人民共和国文物保护法〉办法》（2021年修正）、2014年《河北省非物质文化遗产条例》以及2018年《河北省城市紫线管理规定》先后颁布并实施。为适应河北省特色文化遗产保护，《河北省长城保护办法》于2016年发布，《河北省长城保护条例》于2021年6月开始实施，而《河北省大运河文化遗产保护和利用条例》正处于积极制订过程中。此外，某些地区还为本地文化遗产项目制定了专项地方法规，如《承德避暑山庄及周围寺庙保护管理条例》《清东陵保护管理办法》和《保定市清西陵保护条例》等。

实践促进着学术，并且，实践也离不开学术。文化公共服务保障、产业促进和遗产保护与利用需要学术界做出理论与思想上的呼应。在过去的20多年间，我国学界已有大量学者致力于文化法治的研究，为文化法律实践提供了必要的智力资源。国家社科基金、教育部人文社科研究基金资助的项目中，涉及文化法治的立项早已不在少数。就其内容看，研究视角已经涉及文化法治的方方面面。但就河北省而言，相关研究尚难成规模，尤其是具有地方针对性的研究成果不可谓多。对于河北省的法学学术圈，这意味着莫大的学术机遇，也提出了空前的学术挑战。于是，在河北大学燕赵文化高等研究院的支持下，河北大学法学院鼓励本院教师，以文化与法治为主题，展开了多角度、多层面的广泛探索和深入研究。

我们充分认识到，燕赵文化是在燕赵地区形成的具有区域特点的文化现象，而文化是一个复杂的体系性社会现象；因历史传承与现实发展、局部与整体之交融等原因，燕赵文化具有多方面的复杂性。那么，在社会沿革与发展的过程中，如何保证燕赵文化在传承与弘扬之间、主流与边缘之间、文化与经济之间、文化统一性与多样化之间保持各方面关系的动态平衡与整体的良性发展，需要借助于政策手段的介入、法律机制的保障。

研究中，大家始终坚持理论与实践的充分结合，研究视角涉及文化之法律治理的一般理论问题、文化多样性背景下的燕赵文化保护与促进、燕赵文化发展与公共服务的具体保障问题、雄安新区建设与传统文化弘扬等；并且，更多具体的文化与法治现象值得学术上的不断挖潜，开放的立场与心态至关重要。

至此，大家的研究初步形成了一批各具特色的学术成果。经充分考虑与整合，我们将部分成果编纂为一套丛书，奉献于全国文化与法学界，以为交流、更期指正。同时，该套丛书也是向河北大学百年校庆"献礼"，表达法学院全体师生对河北大学百年校庆的祝福之情！祝愿河北大学继往开来，再谱华丽篇章！

"燕赵文化与法治建设论丛"编委会

2021 年 7 月

目 录

第一章 认罪认罚从宽制度概述

一、认罪认罚从宽制度的含义及其演变

(一) 认罪认罚从宽制度的含义

完善刑事诉讼中认罪认罚从宽制度,是党的十八届四中全会作出的一项重大改革部署。2016 年 7 月,习近平总书记主持召开中央全面深化改革领导小组第二十六次会议,审议通过《关于认罪认罚从宽制度改革试点方案》,为改革指明了方向。在各级党委统一领导和政法各单位共同努力下,从 2016 年 9 月立法授权试点到 2018 年 10 月修法确立推行,从部分地区先行试点到在全国范围内实施,改革严格依法、稳妥推进、落地见效。从全国法院来看,认罪认罚从宽制度总体运行平稳有序,案件数量、比例稳步上升。2020 年,全国法院审结认罪认罚案件 79.5 万件,占同期审结全部刑事案件的 71.3%,审判质效明显提升,在依法及时惩治犯罪、加强人权司法保障、优化司法资源配置、促进社会和谐稳定、维护社会公平正义方面取得了显著成效。[1]

对于认罪认罚从宽制度的含义,有学者认为该制度是建立在被追诉人真诚认罪、自愿认罚的基础之上,通过适用一些特定的程序来精简案件的办理,其外化表现为实体从宽与程序从简,是政策的制度化、规范化。[2]笔者认为,认罪认罚从宽制度是指犯罪嫌疑人、被告人基于真诚悔罪,如实供述自己的

---

[1] 沈亮:《凝聚共识 推进认罪认罚从宽制度深入有效实施》,载《人民法院报》2021 年 7 月 22 日。

[2] 陈卫东:《认罪认罚从宽制度研究》,载《中国法学》2016 年第 2 期。

罪行或者认可追诉机关对其行为事实的指控，自愿接受刑罚处罚、积极赔偿损失，司法机关依法在实体上从宽处理和在程序上从简处理的刑事法律制度。从司法实践来看，我国刑事诉讼中的认罪认罚从宽是指犯罪嫌疑人、被告人自愿如实供述自己的罪行，对指控的犯罪事实没有异议，同意检察机关的量刑建议并签署认罪认罚具结书的案件，可以依法从宽处理。2018 年修正后的《刑事诉讼法》[1]正式在立法层面确立了这一制度。为了保障该制度的有效推进，2019 年 10 月，最高人民法院、最高人民检察院、公安部、国家安全部、司法部（以下简称"两高三部"）印发《关于适用认罪认罚从宽制度的指导意见》（以下简称《指导意见》），详细界定了"认罪""认罚""从宽"的含义及适用所遵循的原则，从司法解释的角度对该制度的相关问题作了具体规定，这对司法实践中准确适用该制度具有十分重要的意义。

认罪认罚从宽制度中的"认罪"，根据《指导意见》的规定是指犯罪嫌疑人、被告人自愿如实供述自己的罪行，对指控的犯罪事实没有异议。承认指控的主要犯罪事实，仅对个别事实情况提出异议，或者虽然对行为性质提出辩解但表示接受司法机关认定意见的，不影响"认罪"的认定。被追诉人犯数罪，但只如实供述所犯数罪中的一罪或者部分罪名事实的，全案不作"认罪"的认定，且不能适用认罪认罚从宽制度，对于其如实供述的事实，检察机关可以向法院提出从宽处罚的建议，法院根据案件的实际情况进行认定之后，可以选择从宽处罚。

认罪认罚从宽制度中的"认罚"，根据《指导意见》的规定是指犯罪嫌疑人、被告人真诚悔罪，愿意接受处罚。在侦查阶段，表现为愿意接受处罚；在审查起诉阶段，表现为接受检察机关拟作出的起诉或不起诉的决定，认可检察院的量刑建议，签署认罪认罚具结书；在审判阶段，表现为当庭确认自愿签署认罪认罚具结书，愿意接受刑罚处罚。"认罚"考察的重点是犯罪嫌疑人、被告人的悔罪态度和悔罪表现，应当结合退赃退赔、赔偿损失、赔礼道歉等因素来考量。犯罪嫌疑人、被告人虽然表示"认罚"，却暗中串供、干扰证人作证、毁灭、伪造证据或者隐匿、转移财产，有赔偿能力而不赔偿损失，则不能适用认罪认罚从宽制度。在司法实践中，犯罪嫌疑人、被告人享有程

---

[1]《刑事诉讼法》，即《中华人民共和国刑事诉讼法》。为表述方便，本书中涉及我国法律文件直接使用简称，省去"中华人民共和国"字样，全书统一，后不赘述。

序选择权，不同意适用速裁程序、简易程序的，不影响"认罚"的认定。

从宽处理包括实体和程序两个方面。"可以从宽"，是指一般应当体现法律规定和政策精神，予以从宽处理。但可以从宽不是一律从宽，犯罪性质和危害后果特别严重、犯罪手段特别残忍、社会影响特别恶劣的被追诉人，认罪认罚不足以从轻处罚的，依法不予从宽处罚。办理认罪认罚案件，应当依照《刑法》《刑事诉讼法》的基本规定，根据犯罪的事实、性质、情节和对社会的危害程度，结合法定、酌定的量刑情节，综合考虑认罪认罚的具体情况，依法决定是否从宽、如何从宽。对于减轻、免除处罚，应当于法有据；不具备减轻处罚情节的，应当在法定幅度以内提出从轻处罚的量刑建议和量刑；对其中犯罪情节轻微不需要判处刑罚的，可以依法作出不起诉决定或者判决免予刑事处罚。

（二）认罪认罚从宽制度的演变

2014 年 10 月，党的十八届四中全会通过的《中共中央关于全面推进依法治国若干重大问题的决定》指出："……完善刑事诉讼中认罪认罚从宽制度……"值得注意的是，该决定对于认罪认罚从宽制度的表述是"完善"，而非"构建"，由此说明，该制度在我国刑事法律体系中已存在相关规定，并不是从无到有的设计。

1. 刑事实体法层面的发展

纵观我国刑事法律体系有关从宽的发展历程，皆与实体层面定罪量刑的从宽不可分割，1979 年《刑法》、1997 年《刑法》中的不少制度规定都体现了认罪认罚从宽处理的精神。1979 年《刑法》第 1 条明文规定，该法依照惩办与宽大相结合的政策制定，更是将从宽的精神以法典的形式予以固定。《刑法》规定的自首、坦白、缓刑等制度，可谓是认罪认罚从宽制度实体从宽处理精神的体现。

自首制度始于我国 1979 年《刑法》第 63 条的规定，其设立初衷在于鼓励犯罪分子自动投案、认罪服法、洗心革面、改过自新。2011 年《刑法修正案（八）》在 1997 年《刑法》第 67 条条文基础上增设第三款，将"如实供述自己罪行"作为从轻、减轻的情节，标志着"坦白从宽"从过去的政策宣示到立法明确，可称为"刑事政策制度化"。自首制度是依照惩办与宽大相结合的刑事政策制定的。1942 年 11 月 6 日中共中央《关于宽大政策的解释》明确提出镇压与宽大政策，系惩办与宽大相结合刑事政策的萌芽。1956 年，镇压与宽大相结合的政策正式定型化为惩办与宽大相结合的刑事政策，适用于刑事犯罪，其中"坦白从宽、抗拒从严"作为政策主要内容，成为 20 世纪我国犯罪治理政策体系的一项重要组成部分。而坦白从宽制度是在宽严相济刑事政策背景下产生的。2006 年，宽严相济刑事政策正式被提出，其继承和发展了惩办与宽大相结合的刑事政策，自此成为我国的基本刑事政策。2006 年以来，《刑法》历经多次修正，反映宽严相济刑事政策精神的法律制度、司法解释以及指导性案例等也不断公布，宽严相济刑事政策得以充分体现，也为认罪认罚从宽制度的探索奠定了实体法基础。

2. 刑事程序法层面的发展

认罪认罚从宽不仅体现在量刑上的从宽，也体现在程序上的从简。司法公正的实现不仅仅指公正结果的达成，更要求公正结果尽可能高效、迅速地实现。1996 年《刑事诉讼法》规定了附带民事诉讼、免予起诉制度等，都与认罪认罚具有内在关联，并且首次将刑事诉讼程序分为普通程序和简易程序，对罪行较轻且被告人认罪的刑事案件实行简审和快审，体现了对被告人程序选择权的尊重，开启了探索认罪认罚从宽制度的程序法实践。2003 年最高人民法院、最高人民检察院、司法部《关于适用普通程序审理"被告人认罪案件"的若干意见（试行）》明确了运用刑事普通程序简化审理被告人认罪案件的制度，将普通程序进一步分为简化审理程序和普通审理程序，与现行的认罪认罚程序已较为相似。2014 年 6 月，全国人民代表大会常务委员会（以下简称"全国人大常委会"）通过了《关于授权最高人民法院、最高人民检察院在部分地区开展刑事案件速裁程序试点工作的决定》（以下简称《授权试点决定》），拉开了速裁程序适用的帷幕，对简易程序再次进行了"快慢分道"，是认罪认罚从宽制度改革过程中的一个重要尝试。此外，2012 年修正的《刑事诉讼法》增设了"当事人和解的公诉案件诉讼程序"，该程序的设立有利于弥补被害人受到的伤害，有利于恢复被加害人所破坏的社会关系并使加害人改过自新，重返社会。这与从宽制度化解社会矛盾、减少社会对抗、促进社会和谐的设计初衷可谓是异曲同工，也进一步明确了从宽制度的程序法依据，可谓是认罪认罚程序适用的限缩版。可见，刑事速裁程序、刑事简易程序以及刑事和解程序的设立与适用，既诠释了认罪认罚从宽制度及时惩罚犯罪、化解社会矛盾的价值意蕴，又体现了案件繁简分流、优化诉讼资源配置、提高司法效率的价值追求。

二、我国确立认罪认罚从宽制度的背景及意义

（一）我国确立认罪认罚从宽制度的背景

1. 员额制改革的影响

2014年6月，我国开始进行法官员额制的试点改革，经过三轮试行改革，到2017年1月底，员额法官选任工作在我国27个省区市法院完成。尽管员额制改革稳步推进，取得了预期的效果，但是在实践过程中也出现了一些问题。

（1）"案多人少"的问题。一方面，案件数量增加尤其是轻罪案件明显增多成为不容忽视的社会现实。随着社会治理体系的完善和人们法律意识的增强，刑法的规范功能受到越来越多的关注，人们更愿意运用法律手段化解矛盾纠纷，维护自身合法权益。伴随着我国刑事立法的不断完善，过去的一些行政违法行为被纳入刑事处罚范畴，尤其是扒窃、危险驾驶等一些多发性违法行为被列为犯罪行为，导致轻罪案件大幅增加，所占比例越来越高。有数据显示，近年来，全国法院判处3年有期徒刑及以下刑罚的案件比例超过80%。另一方面，案件数量日益增长，但与之相对的是司法人员短缺现状，尤其是法官人数不足。员额制改革是为了实现法官精英化，让真正具备办案实力、办案经验丰富的骨干力量留在员额内，这样一线办案法官必然会减少，但是与之配套的法官助理队伍建设尚不完善，不能充分发挥作用来减轻法官的工作压力。而且许多法院的领导和庭长层级的法官占据员额名额，但不能亲历审判，一定程度上也增加了普通员额法官的办案负荷。同时，经济发展不平衡导致案件数量的不均衡，一些经济发达地区的案件数量激增，而且集中在北京、上海、广州等人口密集地区，这些地区基层法院的案件受理数量超出运转负荷，39%的员额限度导致法官数量明显不足。

（2）审判责任加重，难度增加。员额制改革要求法官对所办案件终身负责，而且一旦出现错案，要追究倒查问责，这无疑进一步加重了法官的责任，成为悬挂在法官头顶上的"达摩克利斯之剑"。这两项机制要求法官审理案件时，判决结果不仅要让当事人信服，同样也要接受公众的监督和评价。并且，员额制改革实行员额淘汰流动机制，对法官的考核更加严格，如果出现考核不达标的情况或者办案质量出现严重问题，法官有可能被淘汰，面临退出员额的风险。不仅如此，刑事诉讼中证明要求以及认定犯罪的证据标准更高、

要求更严。加之目前有关国家安全、公共安全、经济及网络等领域的犯罪呈现新的特点，犯罪手段越来越隐蔽，侦查取证、审判定案难度也在不断加大。刑事审判的责任加重、难度增加一定程度上影响了审判效率。

基于上述问题，亟须通过刑事诉讼制度的改革实现案件繁简分流，提高刑事审判效率，化解"案多人少"的难题。认罪认罚从宽制度的适用可以有效实现刑事案件在庭前程序中的分流，并同时提高刑事简易程序以及刑事速裁程序的适用率，这样一定程度上可以解决"案多人少"的问题，促进员额制的顺利推进。

2. 适应以审判为中心的刑事诉讼制度改革的要求

以审判为中心的刑事诉讼制度改革，旨在突出庭审环节在整个刑事诉讼程序中的关键性地位，克服以往刑事诉讼中庭审虚化的问题，真正实现庭审实质化，确保刑事案件的审判质量，防止冤假错案的发生。但是庭审的实质化必然要求投入更多的司法资源，如果两者之间的关系得不到合理协调，就可能导致诉讼期限延长、效率降低。由于司法资源的有限性，无法使每一个刑事案件都经过严格正当的实质化庭审程序进行审理。因此，在进行以审判为中心的刑事诉讼制度改革与刑事诉讼程序设计之时，必须充分考虑司法资源有限性因素，充分利用程序分流设计，构建合理科学的刑事诉讼程序。认罪认罚从宽制度的确立为庭审实质化改革提供了有力抓手和实践路径。

同时，认罪认罚从宽制度的设计应当与以审判为中心的刑事诉讼制度改革相协调。"以审判为中心"是"认罪认罚从宽"的导向标，为"认罪认罚从宽"提供了基本遵循和行为底线。具体来说，一方面，庭审实质化改革要求的公正价值底线，是认罪认罚从宽制度不能逾越的红线，因为建立在非公正基础上的"认罪认罚从宽"很难顺利推行。另一方面，认罪认罚从宽制度不能与以审判为中心的刑事诉讼制度背道而驰，其适用应遵守刑事司法的基本原则，如无罪推定原则、审判中立原则和罪刑法定原则等。综上所述，必须在庭审实质化改革的理论框架和原则约束下开展认罪认罚从宽制度实践，以此所建构的刑事程序才具有正当性，刑事诉讼结构才更具合理性。

（二）我国确立认罪认罚从宽制度的意义

1. 有助于提升犯罪治理能力

宽严相济刑事政策虽在立法及司法解释中已得以充分体现，但从司法实践来看，实现宽严相济刑事政策中宽缓化一面的制度需求，在现实与预期之间仍然存在很大的差距。近年来，严重暴力犯罪的数量和占比逐年减少，刑事犯罪的重刑率也逐年稳步下降，而以危险驾驶罪为代表的轻微犯罪数量与占比有所增加，轻刑率也一路上扬。面对此种犯罪现象的结构性变化，过去的刑事立法与司法的应对能力略显不足，立法上主要表现为应对重罪有余而惩治轻微犯罪不力，一方面，刑罚体系偏重，过于传统单一；另一方面，刑罚总体的轻缓化程度、非监禁刑以及非刑罚制裁措施在立法上体现不足，刑罚裁量的情节设置不够丰富，刑事诉讼法上的程序设计、出罪机制等制度安排就更为滞后。面对轻微犯罪为主的犯罪态势，以及当下司法资源配置的严峻形势，人案配比矛盾越来越突出，司法实践的应对能力和手段也明显不足，而受重刑主义和报应观念的影响，尚未构建一种对被告人认罪认罚从宽处罚普遍认同的刑罚制度，被告人基于认罪认罚获得的肯定性评价体现还不够明显。为增强贯彻宽严相济刑事政策的自觉性，确保轻缓化政策需求和提高诉讼效率现实需求的实现，一方面，需要从实体上降低刑法罪名的法定刑，完善实体从宽制度，即充分考量同认罪认罚有关的从宽情节，并给予充分的从宽处罚；另一方面，需要从程序上推进案件繁简分流的层次化、精细化、体系化，构建普通程序、简易程序、速裁程序有序衔接的多层次诉讼体系，简案快办，繁案精办，实现诉讼程序与案件难易、刑罚轻重相适应，合理配置司法资源，提升诉讼效率和犯罪治理效能。

2. 有助于优化司法资源配置，提高诉讼效率

首先，通过对认罪认罚的刑事案件进行分流处理，有限的司法资源能够向刑事疑案、难案、重案倾斜，从而形成层次化、精细化、体系化的刑事诉讼程序。根据案件难易不同和刑罚轻重程度进行区别对待，找准"案多人少"症结，减少国家司法资源的不必要损耗，从而提升刑事案件的审判质量和效率。其次，认罪认罚从宽制度建立了行之有效的激励机制，如认罪越早从宽越多的有效刺激，让更多被追诉人能尽快、尽早认罪认罚，其自愿供述的事实更具说服力，而且以此为基础，更容易收集其他证据，案件也更容易及时侦破。最后，从矫正改造罪犯的角度来讲，被追诉人自愿认罪认罚，正面面对自己的罪行，无疑会取得更好的改造效果，从而减少国家改造罪犯的成本，节约国家司法资源。

3. 有助于在刑事司法中保障人权，落实宽严相济刑事政策

从 20 世纪中期以来，我国刑事政策经历了一个明显的发展变化路径，由初期的"镇压与宽大相结合"到"承办与宽大相结合"，最后形成 21 世纪的"宽严相济"刑事政策。[1] 宽严相济刑事政策作为我国刑事司法实践的指导性基础理念，是一种理性的、科学的理念，强调依据具体情况区别对待，对刑事案件做到宽严适度合理，实现宽严并用、罚当其罪。"从宽"作为宽严相济刑事政策的应有之义，也一直是我国贯彻宽严相济刑事政策的具体依据，"从宽"的内涵也广泛存在于当前的理论研究与司法实践中。因此，认罪认罚从宽制度可以说是宽严相济刑事政策内涵的核心体现，是推动我国刑事司法和刑事诉讼改革的有力举措。另外，恢复性司法理念的逐渐兴起也在一定程度上呼吁新的刑事诉讼制度的出台。随着社会的进步与时代的发展，传统的司法理念必然会面临新思潮的冲击，恢复性司法一定程度上颠覆了传统刑事司法的基本形式，但仍旧体现出刑事司法的正义理念，兼具法理内涵与正义价值。[2] 恢复性司法是一种以最大限度地感化、挽救犯罪人为目的的非犯罪化、非刑罚化、非监禁化、轻刑化的刑事司法新理念。[3] 以当事人双方的协商和交流作为解决冲突的基本模式，在调停人的组织下，集合各方有关当事人商议解决问题的方法，促使犯罪人悔过并主动承担责任，同时寻求被害人的谅解，最终犯罪人悔悟重新回到社区生活，受害方得到释怀和赔偿，恢复和构建和谐的社会关系。认罪认罚从宽制度一定程度上契合了恢复性司法的理念，是恢复性司法在中国实现的一种本土化模式。认罪认罚从宽制度与科学的"宽严相济"刑事政策紧密相连，又蕴含前沿的"恢复性司法"的理念，是将刑事政策与理念内涵化、具体化的法律制度，该制度符合刑事司法的正义性、严谨性要求，同时兼具人文情怀，是充分践行政策精神、理念内涵的制度样本。

在认罪认罚从宽制度的适用中，一方面，被追诉人地位转变，能够主动参与到与自己有利害关系的刑事诉讼程序中来。认罪认罚从宽制度赋予了被

---

〔1〕 马克昌：《论宽严相济刑事政策的定位》，载《中国法学》2007 年第 4 期。

〔2〕 陈玉忠：《论合作型刑事审查起诉程序》，载《河北大学学报（哲学社会科学版）》2013 年第 1 期。

〔3〕 李玉杰：《恢复性司法的正义价值——以构建和谐社会为视角》，载《天津法学》2011 年第 4 期。

追诉人程序选择的权利和协商量刑的权利，被追诉人通过自愿认罪认罚等积极行动可以获得量刑上的从宽优惠。而且由认罪认罚从宽导致的程序从简，可以避免过分的诉讼拖延，切实减少诉累，节约被追诉人的诉讼成本，减少刑事诉讼中人身自由、财产权、名誉权等基本权益的长期不确定状态对被追诉人所造成的伤害。另一方面，被害人地位得到进一步重视，有机会参与到诉讼程序中来。公诉机关提出量刑建议时，不仅要和被追诉人协商，还要征求被害人的意见，使得被害人对被追诉人的定罪、量刑有了发言权。不仅如此，如果被告人积极赔偿被害人损失、与被害人达成和解，可将此作为从宽处理的重要考量因素，从而有效地尊重和保障被害人的合法权益。

4. 有助于缓和冲突对抗，促进社会和谐稳定

认罪认罚从宽制度的设计初衷是化"对抗性司法"为"恢复性司法"。首先，在刑事诉讼中被追诉人通过赔礼道歉、退赃退赔、赔偿损失等方式和被害人达成和解，使被害人的损失得到及时救济，有利于被追诉人与被害人之间矛盾的解决。认罪认罚从宽制度作为恢复性司法理念的具体化，化"对抗性司法"为"恢复性司法"，与传统的从宽制度不一样，其强调不仅认罪也要认罚。通过敦促被追诉人在办案机关的主持下，与被害人等受害方进行和解，其量刑的幅度与赔偿、谅解等情节直接挂钩，从而达到化解矛盾、促进和谐的目的。其次，犯罪嫌疑人、被告人认罪认罚的主动作为，不仅使得其在实体方面获得的刑罚责任降低，也使得其在程序方面简化了诉累，从而在与国家的和解中实现了自我的"救赎"。最后，对认罪认罚的被追诉人，尤其是对初犯、偶犯或者轻罪罪犯，适当适用非羁押措施，可有效避免监狱、看守所等的"二次污染"效应，最大限度减少社会的对立面，有效降低罪犯再次犯罪或报复社会的风险，还能适当减少刑事申诉、信访现象，促进社会和谐稳定和国家长治久安。

三、认罪认罚从宽制度的价值

（一）认罪认罚从宽制度的效率价值

多年来，我国刑事司法一直面临着"案多人少"的压力，无论立法还是司法实践都试图竭尽全力摆脱这种窘境，但效果并不理想。为此，从 2014 年6 月起，最高人民法院、最高人民检察院在全国人大常委会的授权下开展了刑事案件速裁程序试点工作，该项试点工作的探索充分证明程序分流是优化司

法资源配置、提升诉讼效率、破解案多人少矛盾的有效途径，但仅仅以繁简程度为标准分流案件已经不能满足实践需求，[1]认罪认罚从宽制度成为有效程序分流进而提高诉讼效率的必然选择。诉讼效率的提高已经成为当下各国司法体系构建的导向，最常见的方式体现在案件的"繁简分流"上。如何利用有效的司法资源解决更多的刑事案件纠纷成为当务之急，行之有效的做法是将优势资源集中在解决疑难复杂案件上，节省简易案件的消耗量，从而达到司法资源的合理分配，提高整体的诉讼效益。

（1）认罪认罚从宽制度的确立，有助于建立审前分流机制。从司法实践来看，为达到提高刑事诉讼效率的目的，多年来我国刑事司法改革立足于简化审判程序，无论是刑事简易程序还是刑事速裁程序都是对审判活动的压缩，截至目前可精简的程序已十分有限，并且这种简化无法减少进入审判程序的案件数量，分流效果有限，不能彻底缓解司法机关的办案压力。因此，应重点改革审前程序，建立审前分流机制，认罪认罚从宽制度便具有此种功能，公诉机关通过与犯罪嫌疑人的认罪认罚协商，从而行使起诉裁量权将部分案件排除在审判程序之外，以提高刑事诉讼效率。在经过历次审判程序的精简化，审判程序的简化分流空间已经所剩无几的情况下，通过侦查阶段适用认罪认罚从宽制度进行诉前分流以及在认罪认罚案件中赋予检察机关程序终结权进行诉中分流，实现案件审判繁简分流、认罪与不认罪案件的分流，从而切实提高刑事诉讼效率，是实现认罪认罚从宽制度效率价值的最直接、最有效途径。[2]

（2）通过减少认罪认罚案件的刑事诉讼程序流程及其工作量，提高刑事诉讼效率。认罪认罚从宽制度的长久生命力在于调动办案人员参与的积极性，其重点在于通过该制度的适用减少办案单位的工作量。认罪认罚案件因被追诉人自愿认罪认罚而使案件结果更稳定，也减少了发生错案的可能性，一些原来为保障案件可靠性而设置的流程就显得多余。一是精简文书材料。在认罪认罚案件中，有些文书材料已无必要或必要性显著降低。比如在审查起诉环节，公诉人员传统上在阅读案卷材料时要制作阅卷笔录，并制定出庭预案。这在案情复杂、被追诉人不认罪、庭审可能出现突发情况时，是有必要的。

---

〔1〕 叶青、吴思远：《认罪认罚从宽制度的逻辑展开》，载《国家检察官学院学报》2017 年第 1 期。
〔2〕 陆旭：《认罪认罚从宽的价值体认与制度构建》，载《湖北社会科学》2017 年第 9 期。

但对于认罪认罚案件，庭审很大程度上成为确认协商结果的环节，再制作阅卷笔录、制定出庭预案已无必要。二是简化程序环节。如以往在取保候审的适用上，案件在公检法之间流动时，下一机关要重新办理取保手续。这样，虽然被追诉人一直在看守所之外，但检察机关和法院都要重新办理取保手续。而换保时，一般要求被追诉人到场，对于公诉人员而言，换保一次就意味着半天时间无法安排出庭公诉等工作。在认罪认罚案件中，被追诉人脱保的可能性一般很低，公检法没有必要通过换保来区分责任界限，这对调动相关人员适用刑事速裁程序的积极性起了很好的作用。[1]总之，在认罪认罚从宽制度下，对犯罪嫌疑人、被告人适用认罪认罚，可以使其获得从宽的处理结果，并能够缩短办案期限，实现公正下的效益提升。

（二）认罪认罚从宽制度的公正价值

诉讼公正是整个刑事诉讼制度和程序最基本的价值目标，也是最低限度的标准要求。任何一种刑事诉讼制度或程序都必须遵循最低限度的程序公正标准，只有满足这一底线要求，刑事诉讼制度或程序才具有正当性和合理性，认罪认罚从宽制度亦不例外。因此，认罪认罚从宽制度的适用不能完全放弃公正价值而一味追求案件处理的高效率，否则就会得不偿失。在刑事诉讼中，诉讼公正具体体现为以下要求：

（1）坚持裁判者中立性及司法最终裁判原则，确保控辩双方在程序中享有同等的权利和机会。认罪认罚案件中，同样也应形成控辩双方平等、裁判者中立的等腰三角形结构，法院中立审理，并对量刑建议作出最终裁决，尊重和保障各方诉讼。

（2）切实保障被追诉人的基本人权。尊重被追诉人是否认罪的选择权，保障其知悉权、程序参与权等。

（3）对同类案件同等对待。认罪认罚案件是具有独立特征的一类案件，对该类案件的办理需要遵循特定统一的规范，以实现对同类案件的同等对待。从宽制度正是基于建立健全统一的规范，确保对认罪认罚案件进行公正的处理。

（4）对不同的情形进行区别对待。以控辩双方对定罪、量刑、程序适用

---

〔1〕　秦宗文：《认罪认罚从宽制度的效率实质及其实现机制》，载《华东政法大学学报》2017年第4期。

是否存在争议为标准，可以将刑事案件分为四类，对认罪认罚案件的处理应当区别于其他三类案件：普通程序是基于不认罪而设；普通程序简化审和简易程序只是基于认罪而设；前期试点的刑事速裁程序虽包含了认罪认罚程序的内容，但同时附加了双方当事人达成调解或和解协议的条件，并将适用范围限定在可能判处 1 年以下有期徒刑、拘役、管制的特定类型案件，也无法实现与认罪认罚案件的精准匹配；认罪认罚从宽制度正是针对认罪认罚案件而设，体现了对不同情形的案件进行区别对待的公正要求。

认罪认罚从宽制度的适用有效体现了诉讼公正价值。一是认罪认罚从宽制度设计遵循控辩平等的基本要求。认罪认罚从宽制度注重尊重和保障被追诉人的人权，维护被追诉人的诉讼主体地位，对于是否认罪、是否认罚均是建立在控辩双方平等协商的基础上，充分尊重被追诉人的自主选择权。二是认罪认罚从宽制度的适用遵循案件事实清楚，证据确实、充分的基本条件。同域外的辩诉交易制度不同，在认罪认罚从宽制度中，控方不得以事实不清或证据不充分而降格指控或撤销部分指控来换取被追诉人的有罪答辩。三是认罪认罚从宽制度的运行遵循刑事诉讼的基本形态。认罪认罚从宽制度在诉讼程序内运行，控、辩、审三方均参与其中。虽然在协商时，以控辩双方参与为主，但法院对案件是否符合从宽制度条件、协商过程及结果是否合法、被追诉人是否自愿等问题仍具有最终裁判权。

第二章 认罪认罚案件控辩协商机制

一、认罪认罚案件控辩协商机制概述

（一）认罪认罚案件控辩协商机制的含义及特点

1. 控辩协商的含义

目前刑事领域中对控辩协商机制的概念缺乏明确的界定。有学者主张，该协商机制可以直接命名为"司法协商机制"，即诉讼主体平等沟通交流，就案件主要问题达成合意，提高刑事案件处理效率。有学者将其定义为"量刑协商"，该机制就是由检察机关启动协商程序，检察机关与被追诉人以被追诉人自愿认罪认罚为目的就量刑问题开展协商，签订协商协议的诉讼机制。[1]多数学者认为，从协商主体角度定义该机制更为合理。我国现有协商机制是检察机关与犯罪嫌疑人、被告人及其辩护人之间的协商，采用"控辩"一词能够明确协商主体，更符合当下刑事司法体制的特点。

我国刑事诉讼中的控辩协商机制起源于 20 世纪 90 年代，后来随着有"中国辩诉交易第一案"之称的孟某某案的处理引发人们的广泛关注，遂逐步出现在刑事司法实践中。对于控辩协商机制含义的理解，学者看法不一。有学者认为，"所谓的认罪认罚从宽协商，本质上属于控辩合意，其直接目的是在控辩之间达成有关认罪和量刑的一致意见，这种合意的过程带有一定的协商成分，但只是一种非完整意义的、有严格边界限制的控辩协商，其程序内

---

〔1〕 陶焜炜：《论认罪认罚从宽制度中"协商性基因"激活之路》，载《江苏警官学院学报》2020 年第 1 期。

容更加偏向于控方单方的合意邀约和辩方的自主同意"。[1]也有学者认为，认罪认罚案件中的控辩协商是由检察官与被追诉人及其辩护人、值班律师之间就量刑建议和程序适用等事项进行的协商。虽然《指导意见》规定"人民检察院提出量刑建议前，应当充分听取犯罪嫌疑人、辩护人或者值班律师的意见，尽量协商一致"，根据法解释学的文义解释，似可认为具有鼓励性和倡导性，"协商"并不具有强制性。但是，现实中听取意见过程，不免具有协商的性质。[2]

笔者认为，认罪认罚案件控辩协商机制是指针对认罪认罚案件，被追诉人表明自愿认罪后，检察人员与被追诉人围绕事实认定、量刑幅度等内容充分协商达成合意的诉讼机制。"合意"是该机制的本质。这种合意既包括实体合意也包括程序合意。实体合意即对协商内容的合意；程序合意即对审理程序选择的合意。

在刑事司法"去职权化"改革背景下，控辩协商机制的引进与认罪认罚从宽制度相吻合。结合刑事司法实践可以看出，我国认罪认罚案件控辩协商机制已经初步形成，只是受传统的对抗式刑事理念的影响，该机制还未获得正式认可。[3]笔者认为，确立控辩协商机制标志着控辩双方的关系由"激烈对抗"走向"协商合作"。即使目前在刑事诉讼中尚未形成一套完整严密的协商体制，也不应否定其存在。虽然现行法律没有明确"协商"一词，但是条文规定的内容已有所体现，如《指导意见》规定，检察机关行使量刑裁量权应当尽量与被追诉人协商一致。该规定可以说为控辩协商机制提供了法律层面的支撑。[4]

2. 认罪认罚案件控辩协商机制的构成要素

（1）协商主体。在控辩协商机制中，检察机关、被追诉人及其辩护人为协商主体。法官作为刑事案件中立的裁判者介入协商程序，容易产生"先入为主"的认识，可能影响审判的中立性，因此法官不得参与协商。对于需要指派值班律师或法律援助律师的案件，值班律师或法律援助律师应当参与协

〔1〕 陈卫东：《认罪认罚从宽制度的理论问题再探讨》，载《环球法律评论》2020 年第 2 期。

〔2〕 韩旭：《认罪认罚从宽制度中的协商问题》，载《法学论坛》2022 年第 6 期。

〔3〕 陈文聪、李奋飞：《刑事控辩协商机制的确立与争议——认罪认罚从宽制度研究述评》，载《苏州大学学报（哲学社会科学版）》2020 年第 5 期。

〔4〕 参见孙锐：《"认罪认罚从宽"的内涵厘定与框架完善》，载《法学杂志》2021 年第 3 期。

商。对于被害人能否成为协商主体，存在不同的观点，后文会进行详细论述。笔者认为，被害人虽与协商结果有利害关系但是并不直接相关，不能直接作为协商主体。但是协商过程中可以赋予被害人知情权并且听取被害人意见，考虑被害人利益。

（2）协商内容。控辩协商内容主要包括两方面：一方面是被追诉人是否承认罪行，另一方面是检察机关是否作出让步。被追诉人认罪即被追诉人在协商过程中自愿供述犯罪事实，在检察人员参与下主动赔偿被害人损失。检察机关让步主要体现在检察机关在不突破法定量刑范围的前提下对被追诉人提出从宽的量刑建议。其中，量刑协商是控辩协商最关键的内容。

（3）协商范围。主张"严格限制说"的学者认为，控辩协商机制适用范围应当按照案件情节轻重加以限制。对此，龙宗智教授认为该机制仅适用于可能判处管制、拘役、3年以下有期徒刑的轻微刑事案件。[1]也有学者认为根据"严格限制说"观点，协商机制的适用范围与简易程序存在交叉，无法充分发挥控辩协商的价值。因此，可以扩大协商机制的适用范围，将3年以下扩大为10年以下。学者们普遍认为严重刑事案件通过协商减轻被追诉人刑罚与刑罚目的不相符，因此对于社会危害严重、社会影响大的刑事案件不可适用控辩协商。主张"证明标准说"的学者认为应当按照证据掌握程度规定案件适用范围。该机制适用于有一定证据但证据不充分的案件。笔者认为，不应对控辩协商的案件范围加以限制。如果以案件轻重程度限制该机制的适用范围，实际上是限制了部分被追诉人的权利，与平等原则相矛盾。同时，允许重罪案件协商更有利于被追诉人自愿悔罪，并能达到教育作用，降低社会危害性与重罪案件发生率。

（4）协商结果。在司法实践中，协商结果影响刑事诉讼程序的适用，能否适用协商程序以被追诉人自愿认罪为前提，其认罪态度及认罪状况、犯罪行为危害轻重直接影响着检察机关是否起诉以及起诉后法院对具体审判程序的适用。检察机关根据被追诉人认罪情况，认为无需提起公诉的，可以直接作出不起诉决定。经审查被追诉人有罪供述自愿真实的，可以直接作为裁判依据，适用简易或速裁程序审理。如果被追诉人非自愿认罪或者协商程序违

---

〔1〕　龙宗智：《完善认罪认罚从宽制度的关键是控辩平衡》，载《环球法律评论》2020年第2期。

法，法官对协商结果不予认可，应适用普通程序审理。[1]

3. 认罪认罚案件控辩协商机制的特点

我国认罪认罚从宽制度中的控辩协商机制与传统协商机制不完全相同，这一机制主要有如下特点：

（1）检察机关的主导性。虽然认罪认罚从宽制度体现了协商性司法的特征，但是我国刑事诉讼依旧以职权主义模式为主。目前来看，我国检察机关权力大，主导整个协商过程，反观辩护方则是诉讼权利不足，被动参与协商。这种不平等的协商关系不仅不利于实现协商结果的合意性和合理性，还有损认罪认罚案件的程序正当性。[2]特别是对于控辩协商程序的启动、被追诉人量刑幅度、审判程序的选择等方面，检察机关具有高度控制权，被追诉人处于相对被动、服从的地位，不平等现象依旧存在。

（2）严格限制定罪协商。目前，量刑协商和程序适用协商是控辩协商的关键。由于我国刑事案件审理坚持罪刑法定原则，因此必须严格限制定罪协商及罪名协商。在司法实践中，被追诉人由于法律知识薄弱，往往只能认识到自身行为的违法性，对罪名构成要件、量刑幅度及刑罚执行方式缺乏深入了解，从而对检察机关指控的罪名存在不同的认识。从该角度解释，控辩双方针对罪名罪数协商的根本原因在于被追诉人对案件事实认识不够充分，本质上仍应属于事实认定的范畴，并非真正意义上的罪名罪数协商。为了不与《刑法》及《刑事诉讼法》的规定相抵触，我国必须严格限制对撤销指控罪行、减少指控罪名的协商。

（3）协商程序自愿性。协商自愿性首先体现在协商程序启动上。被追诉人有权选择是否启动协商程序、在哪一阶段启动协商程序，这种选择不受他人意志干扰。首先，检察机关启动协商程序必须征得被追诉人同意，不得强制启动协商程序。其次，确保被追诉人在知悉全部协商内容的情况下自愿认罪。最后，在协商过程中，检察人员应在被追诉人充分了解全部协商内容的基础上，与其达成协商合意。否则，双方作出的协商合意无效。

（4）协商结果多方获益。协商程序得以顺利进行的动力在于控辩双方均

---

〔1〕 陈瑞华：《论量刑协商的性质和效力》，载《中外法学》2020 年第 5 期。

〔2〕 桂梦美、王思涵：《认罪认罚从宽视域下"协商实质化"研究》，载《广西警察学院学报》2021 年第 3 期。

可由此获得"好处"。达成协商合意不仅对检察机关及被追诉人有益，法院、被害人等也能获益。对检察机关而言，被追诉人主动承认罪行减轻了其证明责任，对于证据不足的案件，避免了因证据不足使被追诉人逃脱追责的不利后果，同时降低了其败诉的风险。对于被追诉人而言，通过协商能够获得从宽量刑，减轻自己所适用的刑罚。对于法院而言，适用控辩协商程序可以大大缩短案件审理周期。同时，被害方可以尽快获得物质赔偿和心理慰藉。

（二）我国刑事诉讼中控辩协商的发展历程及理论基础

1. 刑事诉讼中控辩协商的发展历程

纵观刑事诉讼中控辩关系的发展历史，我国刑事诉讼中的控辩关系经历了无法可依到有法可依、从无序到有序、从完全对抗向合作转变的演进历程。1979 年《刑事诉讼法》颁布前，控辩关系缺少统一的规范及调整，当时的律师制度、审判检察制度不断遭到破坏，由于缺乏辩护一方，根本不存在控辩之间的相互关系。1979 年制定的《刑事诉讼法》虽然明确了控辩双方的诉讼地位及各自职责，但是在 1996 年《刑事诉讼法》修正前，控辩双方基本处于"敌对"关系。辩护人不仅职能弱化，由于多少具有国家工作人员的身份特点，有些情况下甚至需要实施与辩护职责不一致的行为。控方强势的主导地位与辩方的弱势地位导致控辩关系严重失衡，控辩协商不可能得到立法上的认可。2012 年《刑事诉讼法》的第二次修正标志着我国控辩关系由非理性对抗向理性对抗转变。在此阶段，我国大量借鉴当事人主义诉讼模式的做法，将辩护律师的作用提前到侦查阶段，控辩式庭审模式日益成熟。在该阶段，控辩双方协商的做法苗头显现。

其实从刑事司法实践来看，2002 年"中国辩诉交易第一案"已经体现了有关控辩协商的理念。在该案中，被告人孟某某及同伴在与王某争斗过程中导致王某重伤。由于除孟某某外未抓获其他同案犯罪嫌疑人，因此无法确定具体责任人；因掌握的事实不清、证据不足，法院无法以故意伤害罪对孟某某进行定罪。为防止案件无法按期审结，检察人员尝试与被追诉人孟某某展开协商。经过多次协商，法院在孟某某无异议的基础上采纳了检察机关从轻处罚的建议，结合孟某某有罪供述依法作出判决。

2018 年第三次修正的《刑事诉讼法》确立了认罪认罚从宽制度，使控辩关系由完全对抗转变为对抗为主、合作为辅。随着控辩协商机制的发展，不同地区检察机关对控辩协商程序进行了创新性探索。其中，山东省青岛市当地的检察机关在原有的控辩协商机制基础上，结合当地情况探索建立了"远程提审+互联通信+律师见证"的控辩协商新机制。如庄某某和张某某案，在审查起诉阶段双方对盗窃罪的认定均无异议，但是均不承认构成抢劫罪。审查起诉期间，检察人员进行了两次远程提审。第一次提审中，由于两人认罪态度不明确，检察人员并未提出量刑建议。第二次提审中，检察人员通过出示证据、释法说理，使得两人在充分了解相关制度基础上，自愿供述抢劫罪的犯罪事实。检察人员结合两人的有罪供述，提出从宽量刑建议，协商程序顺利完结。同时，不少地方检察机关设立了专门的控辩协商室。如，在发生在湖北省武汉市的黄某帮助彭某某从事非法经营活动案中，案件移送湖北省武汉东湖新技术开发区人民检察院审查起诉后，黄某与辩护律师在专门设立的控辩协商室与检察人员展开协商。在双方协商过程中，检察人员主动出示相关证据，积极展开释法说理，黄某在辩护律师帮助下如实供述犯罪事实。经过多次磋商，黄某最后认可检察机关的量刑建议。此外，认罪认罚控辩协商同步录音录像也已经成为各地区规范控辩协商机制的常态做法。这一做法在上海、宁波、宿迁、无锡、盐城及连云港等地获得落地推广。[1]

通过上述案例不难发现，控辩协商机制在我国刑事诉讼中的适用空间依然较大。可以说，检察机关对适用认罪认罚从宽制度的刑事案件，普遍采取了控辩协商的做法。在协商过程中，检察机关通过出示证据、释法说理的形式，根据被追诉人认罪情况提出从宽的量刑建议，并且及时说明作出量刑建议的理由及依据，同时不断创新控辩协商机制的形式，如创新互联网控辩协商机制、设立专门的控辩协商室、对协商过程全程同步录音录像等，取得了较好的效果。

2. 控辩协商机制的理念基础

（1）"以和为贵"、契约自由的思想理念。"和谐"是儒家思想的核心，该理念要求争议双方在处理人际关系时，不仅要照顾对方的利益，而且要考虑社会公共利益。因此，矛盾冲突往往被"大事化小、小事化了"地解决掉。我国古代刑事案件的处理已经存在一些调解协商的做法。例如，汉朝时期在地方乡镇设立三老。对轻微刑事案件，采取以三老调解为主，县廷起诉为辅

---

〔1〕 王春、叶景：《"镜头下办案"成认罪认罚案件办理常态》，载《法治日报》2021年11月11日。

的审理方式。只有经三老调解失败的刑事案件才移送县廷起诉，县廷审理案件也以"德化"作为定分止争的原则。在唐朝，存在自首减轻处罚以及对从犯从轻处罚的规定。同时在基层乡镇设立乡正、里正和村正，以调解的方式审结轻微刑事案件。明朝时期为提高轻微刑事案件审理效率，在各州设置"申明亭"，负责调解轻微刑事案件。中国古代调解解决刑事案件体现了一定的协商元素，与控辩协商机制的理念存在共通之处。控辩协商的内涵与传统的"以和为贵"思想理念一致，这为控辩协商机制的确立找到了理念支撑。

此外，控辩协商机制体现了契约精神。契约自由是发展市场经济的内在要求，任何环节均需契约作为媒介。契约既是市场经济主体权利义务的实现方式，又是权利义务形成的条件。除市场内部外，政府与市场、政府与社会主体以及政府内部，同样坚持契约理念。为更好地规范公权力，契约观念由经济生活领域向法律领域渗透，立法开始体现契约观念。我国专门制定了一系列经济类法律法规对市场活动加以规范，该类法律法规无疑体现了契约理念。除此之外，《民法典》等民事法律法规也一定程度蕴含了契约精神。因此，在契约精神不断向司法领域渗透过程中，将契约精神纳入刑事司法领域存在合理性，这无疑为构建控辩协商机制提供了理念支撑。

（2）符合刑事政策的要求。构建控辩协商机制符合我国刑事政策的要求。一是符合"坦白从宽"的刑事政策。根据《刑事诉讼法》的规定，司法机关支持被追诉人在任意阶段主动供述自己所犯罪行，司法机关可依据被追诉人的坦白情况对其从宽处理。控辩协商目的与此相同，被追诉人在充分了解认罪认罚从宽制度基础上主动供述犯罪事实，也是为了通过有罪供述获得从宽的量刑建议，与"坦白从宽"的内涵相符。二是符合"宽严相济"的刑事政策。"宽严相济"作为新形势下一项基本的刑事政策，适用于刑事诉讼的任何阶段。该政策要求，在刑事案件审理中要注意区别对待，该宽时则宽，该严时则严。控辩协商机制正是贯彻了"宽严相济"刑事政策的基本要求。

从我国最初推行的"坦白从宽、抗拒从严"政策到现在倡导的宽严相济刑事政策，体现了刑事诉讼由单一惩罚犯罪到惩罚犯罪与社会效果相统一的转变。如果被追诉人自愿认罪认罚，对其在法律程序和法律后果上可以适当从宽，这符合相关刑事政策的要求。

（3）体现了刑事诉讼主体理论。刑事诉讼主体理论注重人权保障，强调对被追诉人、被害人等诉讼当事人主体地位的保护。[1]犯罪嫌疑人、被告人等诉讼主体享有广泛的自主决定权是该理论的内在要求。随着刑事司法制度的不断发展和公民权利保障意识的增强，我国已经由打击犯罪的单一诉讼理念向打击犯罪与尊重和保障人权并重转变。在传统的刑事领域，检察机关代表国家惩罚犯罪，在刑事诉讼中处于主体地位，被追诉人通常被动接受审判，其诉讼主体地位往往受到挑战，从而很难得到真正有效的保障。我国控辩协商机制的确立，一定意义上推动了刑事司法由对抗式向合作式转变，该机制强调控辩双方在自愿合法的基础上运用相互协商与妥协的方法，就犯罪事实及量刑问题达成合意，保证被追诉人充分表达自己的诉求，自愿接受协商结果。该协商机制给予被追诉人平等协商的机会，突出了诉讼主体之间的关联和互动，强调对被追诉人实体和程序选择权的尊重，提高了被追诉人的主体地位，符合刑事诉讼主体理论的基本要求。

（三）确立认罪认罚案件控辩协商机制的必要性

控辩协商在认罪认罚从宽制度中的包含和运用，使得我国85%左右的刑事案件可以通过控辩双方协商而不是对抗来了结，并实现案结事了，其意义不可低估。[2]

1. 落实认罪认罚从宽制度的需要

（1）确立控辩协商机制有助于加强被追诉人认罪认罚自愿性的保障。早在试点时期，"两高三部"印发的《关于在部分地区开展刑事案件认罪认罚从宽制度试点工作的办法》（以下简称《试点办法》）就规定了一系列的保障措施，如值班律师在场见证制度、权利与后果告知程序、听取意见制度等，但是在司法实践中部分被追诉人认罪认罚的意愿可能并非发自内心；此外，检察人员的主导地位一定程度上影响着被追诉人意见表达权的行使，对被追诉人认罪认罚的自愿性也有一定影响。控辩协商机制的确立有助于削弱检察机关的强势地位，将辩方置于与控方平等的地位，同时有助于被追诉人充分表达自己意愿，提高被追诉人对指控犯罪事实及拟制量刑建议的接受度，降低被追诉人反悔的可能性，从而保证认罪认罚从宽制度的顺利适用。

---

〔1〕 彭定：《主体间性视域下中国刑事司法转向——兼论刑事司法协商制度》，湖南科技大学2019年硕士学位论文。

〔2〕 朱孝清：《认罪认罚从宽制度中的几个争议问题》，载《法治研究》2021年第2期。

（2）确立控辩协商机制有助于促使犯罪嫌疑人、被告人自首和坦白。公诉机关通过平等的方式与被追诉人进行沟通协商，并将"量刑优待"作为协商条件以鼓励被追诉人自愿坦白，对被追诉人主动自首和坦白有着极大的促进作用。控辩协商机制的适用，为辩方提供了与检察机关平等对话的机会，体现了对被追诉人诉讼主体地位的尊重，有助于促使其主动认罪并接受惩罚，实现认罪认罚从宽制度的初衷。

2. 有助于优化司法资源配置

一方面，由于刑事案件的复杂性，加之刑事诉讼证明标准的严格规定，有些案件在难以获得口供的情况下，仅凭收集到的物证、书证等证据很难满足证明标准的要求。控辩协商机制的适用便于检察机关在被追诉人有罪供述的基础上及时确定犯罪事实，保证法院尽早审结案件。特别是对一些新型犯罪案件，侦查机关与检察机关即便耗费巨大成本也难以使收集到的证据达到确实、充分的程度。如果通过协商方式促使被追诉人作出有罪供述，就可以及时发现和收集尚未掌握的犯罪工具、赃款、赃物等证据。在全面查明案件事实的基础上，确保案件能够得到及时处理，从而提高诉讼效率，节约司法成本。另一方面，确立控辩协商机制有助于推动双方经过协商明确犯罪事实，减少争议焦点，减少法庭审理诉累。法官对经过协商的刑事案件也可以依据认罪认罚具结书的内容直接适用简易或速裁程序，从而缩短审理周期，一定程度也可以减少二审及再审程序的适用率，从而节约诉讼成本。

3. 促进法治进步的需要

构建控辩协商机制不仅是完善刑事司法制度的重要举措，而且对我国法治化建设也具有积极的促进作用。重视刑事诉讼中的人权保障，是法治进步在刑事司法中的重要体现。

（1）控辩协商机制的确立使辩护律师的实质参与度得到提高。根据《指导意见》的规定，检察人员在协商过程中应当听取辩护律师的意见，辩护律师有权针对犯罪事实及量刑等实体问题向检察人员发表意见看法，从而有助于帮助被追诉人行使辩护权。在一般刑事案件的诉讼过程中，辩护律师的有效辩护主要集中在审判阶段，由于在侦查及审查起诉阶段辩护律师的参与度有限，因此辩护律师在这两个阶段对被追诉人提供法律帮助的力度一般不及审判阶段。在认罪认罚案件中，控辩协商机制的适用使量刑工作提前到审查起诉阶段，辩护律师可以在审查起诉阶段针对检察机关的量刑建议为被追诉人提供实质性辩护。控辩协商机制的适用也突出了值班律师作用的发挥，使得值班律师有权参与到协商过程，为被追诉人提供法律帮助并且对协商过程进行见证。

（2）控辩协商机制的确立有助于确保被追诉人的诉讼主体地位。传统诉讼模式中，被追诉人的诉讼主体地位没有得到应有的重视，被追诉人往往被视为被动接受审判的诉讼客体。而控辩协商机制的构建，强调了被追诉人具有与检察机关平等协商的主体地位。在协商过程中，被追诉人有权影响协商的进展，有权充分表达自己的意见主张，而检察机关应当尊重被追诉人的意见看法，不得引诱或胁迫被追诉人非自愿认罪，这在一定程度也是对被追人诉讼主体地位的肯定。

（四）认罪认罚案件控辩协商机制的价值

1. 实现刑罚目的的要求

刑罚的目的之一是惩罚犯罪，减少罪犯日后的社会危害性。首先，被追诉人是否具备再犯可能性可以根据其认罪态度、是否悔罪、是否积极赔偿等表现进行判断。通过控辩协商，检察人员以降低量刑幅度为条件积极鼓励被追诉人自愿供述罪行，可使被追诉人充分认识自身犯罪行为的严重性，有助于提高被追诉人对刑罚的认可度，更好促进被追诉人改过自新，削弱其再犯可能性。其次，刑罚更重要的作用在于将个案的刑罚作用于社会公众，使其产生内心约束力，克制内心的违法冲动，减少刑事案件发生率。协商有助于警戒其他社会成员，降低社会成员实施犯罪的概率，教育广大公众更积极地运用法律规范自己的行为，实现更好的社会效果。最后，通过协商，不仅可以促进被追诉人积极赔偿，弥补被害人的物质损失，也可以满足被害人的心理需求，经协商合意审结的刑事案件诉讼周期短，被害人可尽早知悉判决结果，有助于尽早修复被害人的心灵创伤。

2. 满足诉讼经济的需求

从认罪认罚从宽这一制度的产生背景也可以分析出，该制度中的"协商"二字是具有中国特色的协商，而非单纯的"辩诉交易"。在我国，认罪认罚从宽制度与以审判为中心的刑事诉讼制度改革是互为支撑的，以审判为中心的刑事诉讼制度以直接言词原则的贯彻为核心特征，强调以规范有序的诉讼程序和严谨的证据规则保障当事人的诉讼权利和案件的办案质量，实现庭审的实质化。上述目的的达成，显然需要投入较多的司法资源。而在司法资源有限的背景下，对司法资源予以合理分配就显得至关重要，认罪认罚从宽制度也就应运而生。认罪认罚从宽制度中控辩协商机制的确立符合经济效益价值的要求，具体体现为：①有助于降低个案司法成本。通过控辩协商机制，被追诉人自愿认罪，减少了侦查机关和检察机关收集和审查证据的资源消耗。对于法院而言，被追诉人自愿认罪，也为法院节省了大量的司法资源，从而保障重大刑事案件的审理能有充足的司法资源。②减少上诉率和错误消耗。被追诉人自愿承认犯罪事实的，可以避免司法机关因证据不足作出错误判决，减少因纠正错误产生的错误消耗。同时，经过协商，双方均满意协商结果，可以大大降低上诉率，总体上降低司法成本。③可以缩短诉讼周期。对适用认罪认罚从宽制度的案件，如果控辩双方通过协商对量刑建议等达成一致，法院即可采取简单的审理方式对案件进行审理，简化法庭调查、质证、辩论等环节，缩短审理周期，在保证诉讼公正的前提下降低诉讼成本，减少案件的积压。

3. 实现诉讼公平正义的需求

公平正义是法治建设的根本追求，当然也是刑事司法的基本价值。在刑事诉讼中，正义是相对的而非绝对的。构建控辩协商机制能够确保被追诉人主动认罪，这样不仅可以提高认定案件事实的准确性，又能够确保被追诉人的诉讼主体地位，使其受到公正的对待，同时还可以加快案件审理过程，保证被害人的受损利益得到及时补偿。因此，构建控辩协商机制无疑促进了刑事诉讼公正的实现。当然，也有学者认为控辩协商机制有损诉讼公正，其理由主要有：①量刑幅度大，超出罪行的惩罚界限。量刑区间是根据行为性质、情节、后果划分的，如果仅因为被追诉人供述罪行就打破规定的量刑区间，显然不足以实现惩罚犯罪的目的。②控辩协商一定程度上降低了证明标准，影响案件事实的准确查明。在刑事诉讼中，允许检察机关经协商获取被追诉人的有罪供述，可能会造成侦查机关及检察机关对被追诉人口供的依赖，收集实物证据的积极性有所下降。另外，通过简化的庭审程序审理案件，法官在证据的调查环节也会有所放松，影响判决公正性。[1]笔者认为，控辩协商机制不会损害公平正义，也没有降低证明标准。控辩协商机制侧重审查被追诉人供述是否自愿、真实、合法，虽然强调犯罪嫌疑人供述的重要性，但是

---

[1] 杨柳：《建构我国认罪认罚控辩协商机制的理论反思》，载《运城学院学报》2021年第1期。

并不完全依赖口供。从这一点也可说明适用控辩协商机制时证明标准并不必然降低。换言之，通过协商，控辩双方的主张及意愿可以得到充分表达，法院判决更能得到双方认可，有助于增进社会公众认可度，更加符合公平正义的价值要义。

二、刑事诉讼中控辩协商机制的域外考察及评析

（一）美国的辩诉交易制度

在美国刑事诉讼程序中，法官可以要求被追诉人在被起诉后进行答辩。如果被追诉人认罪，法官将在确认被告自愿认罪基础上直接作出裁决；相反，如果被追诉人提出无罪抗辩，法院将依法举行听证会。基于口供快速审判是英美法系国家处理刑事案件的有效途径。被追诉人认罪有两种方式：一种是无异议，即被追诉人无条件自愿认罪；一种是存在条件的答辩，即辩诉交易。

控辩协商一词起源于美国的辩诉交易（Plea Bargaining）。美国《布莱克法律辞典》解释称："辩诉交易是指在刑事被告人就较轻的罪名或者数项指控中的一项或几项作出有罪答辩以换取检察官的某种让步，通常是获得较轻的判决或者是撤销其他指控的情况下，检察官和被告人之间经过协商达成的协议。"[1]19世纪，美国刑事案件剧增与司法资源匮乏的矛盾不可调和。辩诉交易制度的确立，可以更好地缓解两者之间的矛盾，在保证审判公正的基础上减少案件积压。"因犯罪不断增加，司法资源有限，执法者利用各种不同方式与被告人协商，与被告人为某种条件之交换，以求对刑事案件快速解决，减少法院的负荷，似已成为世界性的刑事诉讼潮流。"[2]美国辩诉交易制度意味着为鼓励被追诉人自愿认罪，在被追诉人表明愿意就指控书指控的罪名作出有罪答辩后，检察机关对其减少指控或者对其从宽量刑。对辩诉交易可从以下几方面进行理解：①辩诉交易制度并不限制案件范围及适用阶段。无论被指控的是轻罪或重罪，被追诉人均有权在开庭审理前的任意阶段进行交易，均有权以其有罪答辩换取检察官定罪或量刑优待。检察机关具有选择性起诉的权力，对共同犯罪中的从犯，检察官可以对其免罪换取其提供证言，获得对主犯的定罪。在实践中，重罪案件适用辩诉交易制度的比例甚至超过轻罪

---

〔1〕 See Bryan A. Garner editor in chief, *Black's Law Dictionary*, 7thEd, West Group, 2000.

〔2〕 王兆鹏：《美国刑事诉讼法》，北京大学出版社2005年版，第535页。

案件。②协商主体为检察官与被追诉人，不允许法官参与协商。法官对有罪答辩的审查往往仅限为形式审查。③交易内容多元化。除常见的量刑交易外，辩诉交易制度支持罪名交易及罪数交易。量刑交易即被追诉人为取得检察官从宽量刑建议而认罪，检察官对此可以要求法官从轻判刑。如果被告人作出有罪答辩，法官一般会减轻对被告人的处罚，如果是轻罪案件需要判处被告人短期徒刑，法官可以判处缓刑或者直接处以罚金。罪名交易是指检察官经过协商，将较重罪名换成较轻罪名。罪数交易即检察官撤销指控罪名中的一项或者数项，作为交易被追诉人自愿承认其他罪行。其中，量刑交易是辩诉交易的主要内容。[1]

虽然原则上法官不参与交易过程，但是由于在辩诉交易制度适用过程中法官审查不足的问题始终存在，因此美国部分州开始将法官纳为交易的主体。根据各州的不同做法，法官参与交易主要存在两种模式：法官咨询模式和法官调解模式。以佛罗里达州为例，该州采取法律咨询模式：法官的主要作用是对量刑幅度进行预先评估，法官主动向被追诉人说明其可接受的量刑幅度，以便被追诉人据此选择是否进行有罪答辩，但是法官不得将预期的裁判结果提前告知被追诉人。法官审理期间，被告人有权在判决的量刑高于预期量刑时撤回认罪答辩。采法官调解模式的州以康涅狄格州为首，其主张法官应当主持检察官与被追诉人的协商，必要时可以进行调解，也可提前告知预期量刑作为交换条件，促进双方达成认罪协议。为避免法官提前介入交易阶段，影响审判阶段案件事实的认定以及对被追诉人产生"偏见"，控辩双方交易失败的，后续审判活动必须更换法官。

此外，美国各州为加强被追诉人认罪自愿性保障制定了一系列救济措施。如控辩双方达成协商交易后，被追诉人依协商交易的内容向法官作出认罪答辩，存在非自愿认罪情形的，可以在法院正式宣判前撤回其有罪答辩；若存在明显违背自愿性的行为，被追诉人有权在正式判决后行使撤回权，纠正明显不公正的判决。同时，在检察官不履行协商的内容未向法院提出约定的量刑建议时，被追诉人可以依据交易协议申请法院强制执行或者直接撤回其认罪答辩；在被追诉人不履行协商的内容时，检察官也无需履行协议内容，对

---

[1] See Richard B. Miller, "The Epistemology of Plea Bargaining", *Social Epistemology*, 34 (2020), pp. S01~S12.

已经履行部分检察官可以申请恢复之前的状态。

（二）英国的答辩交易制度

20 世纪 70 年代，协商性司法逐步在英国刑事领域盛行。英国协商性司法被称为答辩交易制度，主要具有如下特征：①答辩交易的时间。英国答辩交易发生时间可以提前到侦查阶段。侦查阶段，被告方表明自愿认罪的，警察有权停止侦查或者向法官提出保释申请。审查起诉阶段，被追诉人申请启动答辩交易机制的，检察机关应当同意。检察人员可以根据被追诉人认罪情况向法官提议变更罪名指控，但是不得建议法官施加特别刑罚。②答辩交易的主体。英国答辩交易主要发生在检察机关与被追诉人之间。更具特点的在于，英国为法官参与协商预留了空间。如英国上诉法院允许辩护律师与法官直接协商，允许被追诉人不在场，但是检察人员必须在场。被追诉人不在场的，应当及时告知其交易内容，允许其主张权利。法官可依据被追诉人进行有罪供述的阶段，提出不同幅度的量刑减免意见，量刑幅度通常在原有刑期上降低 1/4 至 1/3。③答辩交易制度的适用范围及内容。虽然英国答辩交易制度并未规定刑事案件的适用范围，但是在交易内容上进行了限制性规定。英国允许检察机关及被追诉人就罪名或罪数进行交易，但是禁止就量刑进行交易。被告人的量刑仍然由法官决定。④法官的审查义务。被追诉人作出有罪答辩的，法官侧重交易程序性审查，对有关实体性问题的审查标准予以降低。[1]

（三）德国的刑事协商制度

2009 年修改的《德国刑事诉讼法典》增设第 257 条 c，正式确立了判决协商制度。该制度也被译为"刑事协商"或"认罪协商"等。[2]德国的刑事协商制度是指"被告人可以全部或部分地承认指控的犯罪事实，在同案犯的案件中作证，放弃申请证据调查，放弃上诉权，同意支付赔偿金等，而法院则对其判处相对较轻的刑罚或确定量刑的范围"。[3]

不论是美国的辩诉交易制度还是英国的答辩交易制度，均认可通过双方交易，被追诉人认罪供述可以直接终结定罪程序，法官仅对交易协议进行形式审查后，就可依据协议内容直接裁判。但是德国的刑事协商机制明显不同，

---

[1] 杨馨德、冯艳：《对我国移植和适用刑事答辩交易制度的思考》，载《大家》2012 年第 12 期。

[2] 李章仙：《德国刑事协商制度改革述评与镜鉴》，载《中国刑事法杂志》2022 年第 5 期。

[3] 周维明：《德国刑事协商制度的最新发展与启示》，载《法律适用》2018 年第 13 期。

其认为被追诉人认罪不足以终结审判程序。虽然被追诉人的口供具有证明价值，但是法庭在对案件事实进行审查时仍需要其他证据加以辅助，被追诉人的口供不单独具有实体法的定罪价值。另外，德国协商的主体与英美两国也不相同，德国协商除了控辩双方的协商，还包括法官与被告人之间的协商，本质上是控辩审三方的协商，"辩诉"一词无法涵盖德国协商的主体内涵。因此，学者通常将其直接称为"刑事协商"。

德国刑事协商的具体适用是被追诉人与检察官、法官通过协商就争议事实的认定、量刑建议达成合意后向法院起诉，法院以此作为裁判基础。德国是典型的实行职权主义诉讼模式的国家，为适应新时代发展，其刑事诉讼模式由传统的以实质真实为目标的诉讼模式逐渐向融合"刑事协商"的诉讼模式转变。[1]德国刑事协商机制包括控辩协商与辩审协商两方面，控辩协商主要体现在附条件不起诉及刑事处罚令制度中。依据德国相关法律规定，经过协商程序，检察官在被追诉人自愿认罪且犯罪情节轻微的基础上，有权在征得被追诉人及法官同意后，直接作出不起诉决定。刑事处罚令制度是指对于申请刑事处罚令的轻罪案件，控辩双方就处罚的内容及方式进行协商。双方就刑事处罚令内容达成合意的，法官通常直接接受其协议的处罚结果。在控辩协商领域，除了常见的附条件不起诉及刑事处罚令制度，控辩双方还可以针对罪名、罪数及量刑问题展开协商。控辩双方可协商以轻罪代替重罪使被追诉人获得较轻罪名或者获得较轻的刑事处罚。辩审协商发生在起诉后到判决前的任何阶段。被告人与法官展开协商的"筹码"有两个：一是对检察机关指控的罪名积极承认；二是声明在诉讼过程中放弃部分程序性权利。法官基于尽快认定案件事实、尽快审结案件事实目的，将会给予被告人一定的量刑优惠。[2]

德国在刑事诉讼中坚持实质真实的审理原则，为避免刑事协商制度范围宽泛与职权主义的诉讼模式相抵触，对刑事协商的适用作出了限制性规定。[3]①严格强调法官发现实质真实的义务。法官可以通过自读程序审查被追诉人有罪供述的真实性，不得仅通过认罪供述与法庭记录完成审查。但是在审查

---

〔1〕　李昌盛：《德国刑事协商制度研究》，载《现代法学》2011 年第 6 期。

〔2〕　王瑞剑：《实质真实主义的妥协——德国刑事协商制度的理论考察》，载《苏州大学学报（哲学社会科学版）》2020 年第 3 期。

〔3〕　周维明：《德国刑事协商制度的最新发展与启示》，载《法律适用》2018 年第 13 期。

标准上，可以比普通程序审查标准有所降低。②严格限制法官与被告人协商的内容范围。[1]在辩审协商过程中，法官可针对量刑问题、审理程序适用问题与被告人进行协商，不允许罪名或罪数协商。例如，德国联邦宪法法院要求量刑协商必须有范围限制，监禁刑与财产刑相独立，不允许监禁刑替代财产刑。在控辩协商机制中，对于检察人员与被追诉人在其他诉讼程序达成的撤销某项指控的协议，法庭不予认可。③加强协商程序监督。《德国刑事诉讼法典》对规范协商记录作出了具体规定。协商记录必须全面，不得仅对相关法律规定进行简单记录，不能只记录相关法律条文，必须对犯罪事实性质、情节轻重以及双方协商过程、协商意见进行全面记录。此外，司法人员必须充分履行告知义务。不论是控辩协商还是辩审协商，司法人员都应当告知辩方协商过程中享有的权利，达成协商合意前，应当告知辩方协商后果。司法人员违反该义务的，应当认定协商程序违法。④加大公开力度。原则上刑事协商过程不予公开，但是公众有权在案件主审程序中知悉协商结果，以便实现对该机制的监督。

（四）对域外国家控辩协商机制的评析

对上述三国控辩协商机制进行评析，有助于为我国控辩协商机制的完善提供借鉴。

（1）关于协商制度的程序规定。①在案件协商范围及内容上，上述三个国家均没有对可协商的案件类型加以限制，尤其在美国重罪案件使用辩诉交易比例高于轻罪案件。因此，构建我国控辩协商机制也应当落实重罪案件的协商程序，提高重罪案件协商操作流畅度。②对于协商主体，检察官及被追诉人作为主体参与协商在各国均获得肯定，但法官是否参与协商，各国做法不一。美国最初完全不允许法官与被告人进行协商，虽然在之后的司法实践中开始探索法官参与协商的路径，但是适用范围极其有限，仅在小部分州施行。英国与德国虽然明示法官可以参与协商，但是同样严格限制法官参与的条件。[2]笔者认为，我国法官一直作为中立的审判者审理案件，如果直接允许法官作为主体参与协商，有损法官的中立地位，对传统的控辩审三者的关系冲击过大，极难获得认同。

---

〔1〕 高通：《德国刑事协商制度的新发展及其启示》，载《环球法律评论》2017 年第 3 期。

〔2〕 夏菲：《辩诉交易强迫认罪问题对认罪认罚从宽制度的警示》，载《东方法学》2021 年第 4 期。

（2）关于协商自愿性审查制度。英美两国在自愿性审查制度中始终坚持当事人主义，法官无法掌握案件的全部卷宗材料，对协议自愿性审查主要通过口头询问完成，并且不再对案件真实性展开严格的实质性审查。德国作为实行职权主义诉讼模式的国家则截然不同，其明确法官负有严格审查义务，应当全面审查案卷材料，不得仅仅依靠被告人的认罪供述定罪。[1]考虑到公众对适用控辩协商机制的担忧在于经过协商，案件证明标准是否降低、被追诉人是否存在非自愿认罪情况、法官实质审查是否有所松懈、裁判结果是否公正，因此，为消除公众对适用控辩协商的抵触情绪，且鉴于我国刑事诉讼模式依旧以职权主义为主，可以参考德国真实性审查相关做法。

（3）关于协商保障性措施。英美德三国的刑事司法协商制度，均重视辩护权的行使，坚持辩护律师实质参与协商。以美国为例，在被追诉人无力聘请辩护律师且自愿作出有罪答辩的情况下，法官应当指派辩护律师为其辩护。德国对于犯罪情节严重的刑事案件，规定了辩护律师强制参与制度；对重罪案件，被追诉人未在协商过程委托辩护律师的，检察官必须指派辩护律师，必须确保辩护律师参与协商。[2]除加强辩护权保障外，美国为保障交易程序顺利进行规定了沉默权、撤回权、被害人意见听取机制等一系列保障措施。与美国的辩诉交易制度相比，德国的刑事协商救济措施相对简单：存在被追诉人非自愿认罪情形的，对被追诉人的救济主要通过上诉完成并且在协商过程中不得协商放弃法律救济；被追诉人认为权利受到损害的，除提出上诉外可以通过申诉维护。我国在被追诉人权利保障上，可以借鉴域外国家做法，赋予被追诉人协商机制启动权并且充分确保值班律师能够参与协商，在未委托辩护人的情况下，保证被追诉人能够及时获得法律帮助。

三、我国认罪认罚案件控辩协商机制的现状及问题

（一）我国认罪认罚案件控辩协商机制的现状

1. 认罪认罚案件控辩协商的法律规定

司法部于 2014 年 10 月 9 日印发的《关于切实发挥职能作用做好刑事案

---

〔1〕　方舟：《中美德刑事速裁程序比较研究——美国辩诉交易制度和德国协商制度的对比借鉴》，载《辽宁公安司法管理干部学院学报》2018 年第 2 期。

〔2〕　蔡艺：《认罪认罚案件中的有效辩护——以辩诉交易中有效辩护的标准为借鉴》，载《河南财经政法大学学报》2021 年第 1 期。

件速裁程序试点相关工作的通知》采用了"量刑协商"的表述，明确规定值班律师应当对认罪认罚案件的被追诉人提供法律帮助。2016 年 11 月 11 日，"两高三部"联合印发《试点办法》，同时北京、武汉、福州等地在试点过程已经开始探索控辩协商的具体做法。从规范性文件来看，全国人大常委会《授权试点决定》、"两高三部"《试点办法》及《刑事诉讼法》中均没有关于"协商"的直接表述，直至"两高三部"《指导意见》第 33 条才出现了"协商"的字眼，即"人民检察院提出量刑建议前，应当充分听取犯罪嫌疑人、辩护人或者值班律师的意见，尽量协商一致"，意味着控辩双方的关系开始从"对抗"向"协商"转变。[1] 实际上，与"协商"有关的表述多出现于试点以来的一些地方实施细则之中。有观点认为，尽管立法上没有明确规定"协商"，但是《刑事诉讼法》第 173 条第 2 款关于检察机关在认罪认罚案件的审查起诉过程中，应当就犯罪事实和罪名、适用的法律规定、从宽处罚建议、适用程序等，听取犯罪嫌疑人、辩护人或者值班律师意见的规定，实际上暗含了"协商"的意思；第 201 条第 1 款关于"对于认罪认罚案件，人民法院依法作出判决时，一般应当采纳人民检察院指控的罪名和量刑建议"的规定，客观上也为检察机关提供了与被追诉方开展协商的便利条件。这种观点也为实务界的一些专家所认同。此外，《指导意见》规定了值班律师制度和法官自愿性审查义务。为防止检察机关滥用量刑裁量权，最高人民检察院于 2021 年印发的《人民检察院办理认罪认罚案件开展量刑建议工作的指导意见》再次强调检察机关作出从宽量刑建议前，应当听取被追诉人的意见，认为被追诉人意见合理的应当采纳，相反应当作出解释说明。"听取意见"是"控辩协商"的低级形态，尚未体现双向的互动交流。这一本质特征也集中体现出我国目前的控辩合意程序与域外的辩诉交易、答辩交易以及刑事协商等制度的不同之处。

在以往一般刑事案件的审判实践中，公诉方确定量刑建议无需听取犯罪嫌疑人的意见，法官量刑也不需要征求被告人的意见，被追诉人往往处于被动地位。而《指导意见》允许控辩双方针对量刑问题进行协商，为控辩协商提供了制度空间。被追诉人自愿认罪的出发点在于获得较轻的刑事处罚，检察人员也以此作为筹码与被追诉人协商，通过充分的沟通协商，双方就事实认定及量刑最终达成合意。此处的合意可以分为两种：一种是检察人员无需

---

[1] 李繁博：《认罪认罚从宽制度控辩协商程序应进一步细化》，载《人民检察》2021 年第 9 期。

进一步释法说理，被追诉人直接认可检察人员提出的从宽量刑建议；另一种是被追诉人对检察人员认定的犯罪事实及从宽量刑建议存在异议，经多次沟通交流后达成一致意见。控辩协商程序主要针对第二种情形。《试点办法》并未规定具体的控辩协商程序，仅仅规定检察机关负有权利告知、听取意见义务。认罪认罚具结书的签署仅仅是协商程序的形式体现，不能代表整个协商程序。

上述相关规定并未明示控辩协商的法律定位，只有少数规定中出现了"协商"的字样，但是认罪认罚从宽制度本身就蕴含控辩协商的内涵，不应否定其存在的价值。目前相关立法对是否允许控辩协商以及控辩协商的具体程序规定得较为抽象单一，对具体的协商流程、协商不成的处理以及协商后的救济机制等更是缺少明确规定，这给控辩协商实践带来较大困扰。

2. 认罪认罚案件控辩协商的实践状况

（1）试点时期的各地探索。

考察各地试点实践可以看到，在试点时期几乎所有的试点地区均制定了实施细则对控辩协商机制进行具体规定，这些规定的主要内容包括以下方面：

第一，关于控辩协商程序的总体规定。如江西省龙南市出台《关于认罪认罚案件控辩协商程序与同步录音录像规定（试行）》，对控辩协商程序作出具体规定。该规定将控辩协商程序具体划分成六个环节：准备环节、认罪及听取意见环节、量刑协商环节、最后陈述环节、认罪认罚具结书签署环节、法律后果再提示环节，并且要求各环节必须遵守客观真实、平等自愿的原则。同时要求检察人员对协商全程制作控辩协商笔录，附卷随案移送。浙江省瑞安市《关于规范适用认罪认罚从宽制度的规定（试行）》对控辩协商程序提出了"可视化"规定，要求检察机关对协商录音录像至少留存两年。该市同时出台《认罪认罚控辩协商检察官用语规范》，对协商过程中的规范用语进行了详细规定。甘肃省玉门市出台的《认罪认罚从宽控辩协商用语规范》与瑞安市出台的用语规范相比，新增《用语负面清单》部分，对协商过程中可能出现的非规范用语进行了总结归纳。

第二，关于量刑问题的规定。如广东省广州市出台的《刑事案件认罪认罚从宽制度实施办法（试行）》首次提出了"先定罪，后量刑"的后置式协商程序。法官应当在被告人最后陈述前告知被告人有权在了解犯罪事实、罪名及罪数前提下决定是否启动协商程序。被告人申请启动协商程序的，法官应当及时要求检察机关在规定时间内安排协商。协商结束后，法院可依据双方达成的量刑合意重新进行裁判。福建省福清市人民检察院就量刑协商作出了具体规定，即被追诉人有权针对量刑幅度、刑罚种类及执行方式、被害人赔偿协议履行方式等问题与检察人员协商。浙江省丽水市在《关于在认罪认罚从宽制度实施过程中加强量刑协商的意见》中对量刑协商的启动方式、量刑期限、协商方式及协商流程等问题进行了细化规定。同时规定了协商留痕制度，要求实现接收材料、审查意见、协商记录留痕。并且规定了协商听证程序，对于经多次协商仍有重大分歧的刑事案件，人民检察院有权自行组织或依据辩护人申请组织听证会，辩护人或值班律师有权参与并发表意见。

第三，关于值班律师的地位及作用的规定。湖北省出台《关于适用认罪认罚从宽制度实施细则（试行）》，首次提出"值班律师辩护人化"的理念，积极探索值班律师与辩护律师的角色转化。该实施细则认为，可以充分发挥法律援助律师的媒介作用，法律援助机构可以依被追诉人申请将值班律师转化为法律援助律师，确保可以全面行使辩护权。这一内容在《指导意见》中尚未予以规定，该实施细则为值班律师的法律定位提供了新思路。山东省同样出台相关规定明确辩护律师有权就案件事实、量刑幅度等内容与检察人员进行协商，同时提出可以探索证据开示制度的新思路。

通过上述部分地区的相关规定，可以看出不同地区都认可控辩协商的合理性，在实施条款中大都使用了"协商"一词，但却没有规定单独的控辩协商程序，只有极少部分地区对控辩协商程序作出了具体规定。

同时还可以发现，试点地区在试点时期对于控辩协商机制的运用大致采取了两种形式：量刑协商和认罪协商。量刑协商是试点地区常见的协商程序。如在一起交通肇事案中，犯罪嫌疑人孟某饮酒后驾车与被害人罗某相撞，孟某符合酒驾标准，被依法逮捕。在查阅相关材料后，检察人员当即向犯罪嫌疑人发送了适用认罪认罚从宽制度性质及后果告知书。初次协商过程中，检察人员再次告知孟某其享有的诉讼权利，并提出拘役两个月罚款5000元的量刑建议。孟某对检察人员的量刑建议存在异议并聘请值班律师，值班律师与检察人员协商称：孟某在自愿认罪的基础上存在自首情节且主动赔偿了被害人损失。随后检察人员重新作出从宽的量刑建议，孟某表示认可。

还有的试点地区建立了"认罪协商"机制，以解决某些疑难案件。例如，孟某、罗某和李某以盗窃为生，在一次抢劫中被公安机关逮捕。罗某和李某承认了他们的罪行，只有孟某拒绝认罪。但罗某和李某证实了三人是朋友，并多次共同作案。案件移交检察机关后，孟某拒绝承认盗窃事实。由于时间的推移，收集其他证据存在困难。经过调查，检察人员决定对孟某适用认罪认罚从宽制度。在讯问嫌疑人孟某时，检察人员告知孟某如果自愿认罪可以受到宽大处理，并且耐心向孟某说明案件的基本情况，积极对其释法说理。随后在辩护律师的帮助下，孟某与他的同伙罗某和李某一起认罪，检察人员就此提出了适当的从宽量刑建议。

（2）《刑事诉讼法》修正后的各地实践。

2018 年《刑事诉讼法》修正后，控辩协商机制在实践中的应用越发广泛，具体体现在以下方面：

首先，重罪案件适用控辩协商的做法时有出现。如江苏省苏州市自 2011 年出现了一个以徐某为主导者的黑社会性质组织，随后徐某被公安机关逮捕。审查起诉过程中，徐某认罪态度恶劣，检察机关主动采取释法说理、证据开示的方式与其辩护律师就量刑问题展开协商。辩护律师在庭审前多次与徐某会见沟通，最终徐某在辩护律师的帮助下如实供述所犯罪行。对于重罪案件，检察机关充分发挥辩护律师作用，主动通过释法说理、权利告知等方式开展控辩协商工作，积极推进控辩协商机制在重罪案件中的应用。

其次，检察机关注重衔接协作，积极推进控辩协商机制在职务犯罪大案要案中的适用。以许某某受贿、挪用公款案为例，许某某利用职务便利先后挪用 5800 万元公款。由于涉案金额巨大，检察机关提前介入此案。提前介入期间，检察机关积极与监察机关沟通，考虑到许某某认罪态度良好，检察机关主动建议监察机关补充相应量刑证据。审查起诉阶段，检察机关积极与监察机关沟通并且就精准化量刑建议与其辩护律师展开实质协商。在协商过程中，针对辩护律师提出的量刑偏重意见，检察机关向辩护律师阐述量刑意见形成的法律依据，并列举同类型案件判决进行对比，最终辩护律师认可检察机关的量刑建议，帮助许某某作出了有利的选择。[1]

最后，智能化控辩协商平台被引入实践当中。如湖南省慈利县人民检察院作为湖南省落实控辩协商同步录音录像制度的试点检察院，对协商全程录

---

〔1〕 参见《成功的辩护丨许某涉嫌"受贿罪、挪用公款罪"案》，载 https://mp. weixin. qq. com/s? Src，最后访问日期：2022 年 12 月 30 日。

音录像。以张某某危险驾驶案为例，协商前技术部门及时制作《同步录音录像通知单（认罪认罚）》送达张某某及值班律师。经多次协商，检察人员就最终认定的犯罪事实、拟提出的量刑建议及依据的法律规定向张某某及值班律师详细说明，值班律师结合案情向张某某提供必要的法律咨询和帮助，双方就认罪情况、从宽量刑建议等问题达成一致意见。协商结束后，技术人员将协商全程刻制光盘，在双方签字确认后附卷随案移送。张某某表示"在整个过程中，自己的意见得到了充分表达，能够感受到检察官办案很规范，案件得到了公平公正办理"。值班律师也表示"自己实质参与了协商过程，协商流程也十分规范透明"。[1] 苏州市吴江区人民检察院逐步探索建立了认罪认罚协商全程录音录像机制。该院设置了值班律师工作室，并专门设立了两间控辩协商室。在律师不便直接参与时，可以通过远程方式对认罪认罚控辩协商过程进行见证。协商室安装了智能投屏系统，以便检察人员向被追诉人出示证据、展示相关法律法规，并根据试点要求将视频上传至"苏州检察机关案件办理平台"，确保控辩双方互动协商的高质高效。对认罪认罚控辩协商实行同步录音录像，有助于提高透明度、保障协商过程规范化运转，而且有助于落实对控辩协商机制的监督。[2]

（二）我国认罪认罚案件控辩协商机制存在的问题

1. 协商阶段和协商主体不明确

虽然我国《刑事诉讼法》对认罪认罚从宽制度作出了具体规定，但是贯穿其中的控辩协商机制仍缺少明确的法律定位。《指导意见》中出现了"协商"的表述，但是该机制的法律定位仍不明确。因此，想要激发控辩协商机制的活力必须明确协商阶段及主体。

（1）协商机制适用阶段不明确。审查起诉阶段适用控辩协商机制已经获得普遍认可，但是在侦查或者审判阶段是否可以适用控辩协商机制则规定不明，理论界对此存在不同认识。学者普遍认为，认罪认罚从宽制度并未限制适用阶段，因此与之配套的协商机制也不应有所限制。但是陈卫东教授等主张，犯罪嫌疑人不能在侦查阶段开展协商。一方面，刑事案件由公安机关负

---

〔1〕 参见《更规范！更透明！慈利检察认罪认罚控辩协商同录试点工作有序推进》，载 https://mp. weixin. qq. com/s？ src. 最后访问日期：2021 年 6 月 26 日。

〔2〕 参见《吴江检察院试点远程控辩协商》，载 http://szwj. jsjc. gov. cn/tuijian/202012/t20201229_1151165. shtml，最后访问日期：2020 年 12 月 29 日。

责侦查，如果由侦查机关与犯罪嫌疑人协商容易造成协商主体混乱，[1]如果允许检察机关在侦查阶段提前介入与犯罪嫌疑人协商也并不现实，极易导致检察机关与公安机关职责混乱，违反了"分工负责"的诉讼原则；另一方面，允许侦查阶段开展协商程序妨碍侦查机关收集客观证据，通过协商尽管可以获得犯罪嫌疑人口供，但同时易造成对口供的依赖，出现"重口供，轻证据"的情况，侦查机关不再进一步收集客观证据，可能影响证据链的完整性。综上，协商机制适用阶段不明确容易导致司法机关职责不清、配合不畅，从而阻碍该机制在刑事司法领域的适用，影响案件事实真实性的认定，造成制度适用与客观真实之间的冲突。因此，控辩协商机制的适用阶段需要通过立法或者司法解释的方式进一步明确。

（2）协商主体存在争议。检察人员与被追诉人作为协商主体毫无争议，但是被害人及法官是否可以参与协商尚无明确规定。在刑事和解制度中，被害人有权针对赔偿金额及赔偿方式等内容与被追诉人协商，刑事和解制度中的协商与控辩协商有异曲同工之处，从该制度来看，被害人具备主体资格。多数观点认为，被害人因被追诉人的犯罪行为遭受的物质和精神损失必须得到赔偿，因此协商过程中必须考虑被害人意见，给予其充分表达意见的权利。少数观点认为，被害人由于合法权益遭受损失情绪波动较大，如果同意被害人参与协商控辩双方极难达成合意，难以发挥协商机制的作用。[2]法官是否参与协商同样存在争议。在德国和意大利，法官可以直接参与协商过程，而且美国也开始由严格禁止法官参与向允许法官参与协商转变。在我国，法官有时会在正式审理前告知被告人自愿认罪可以获得量刑折减，此类做法带有一定的协商因素。因此，在正式庭审过程中是否允许法官参与协商，仍旧存在一定争议。

2. 被告人认罪自愿性保障不充分

首先，无论是在协商过程还是形成协商结果，检察机关均处于主导地位。实践中，个别检察机关会在协商前提前拟定案件可能适用的刑期和适用程序，并且带着"提前准备"与被追诉人进行协商。在这种情况下，被追诉人与检察机关的协商空间被迫压缩，被追诉人的自愿性难以得到充分表达。其次，

---

〔1〕 孙锐：《"认罪认罚从宽"的内涵厘定与框架完善》，载《法学杂志》2021 年第 3 期。

〔2〕 李鹏：《认罪认罚背景下控辩协商程序的构建》，载《湘江青年法学》2021 年第 1 期。

部分检察机关对告知义务的落实并不彻底。部分检察人员强调对案件事实认定、罪名认定及量刑建议等实体内容的告知，但是对程序告知义务不够重视，如对控辩协商过程是否可以变更强制措施、认罪后适用的审理程序、自愿认罪后被追诉人需要承担的法律后果等问题告知不够全面。最后，控辩双方证据掌握能力不对等同样影响被追诉人认罪自愿性。诉讼过程中，控方收集证据能力远在辩方之上，辩方特别是辩护律师在搜集证据中存在诸多限制，特别是调查取证的批准存在困难。辩方证据上的弱势地位，也会导致被追诉人缺少"讨价还价"的底气。

3. 值班律师的法律帮助有限

控辩双方协商是否有效直接取决于被追诉人能否获得有效的法律帮助，只有在双方平等参与的基础上，双方的协商才是合法有效的。在我国刑事诉讼各个阶段，部分被追诉人对诉讼权利的认识不够充分，从而影响诉讼权利的行使。因此，为加强被追诉人的权利保护、改善协商过程中被追诉人的弱势地位，必须加强值班律师对被追诉人的协助，推动双方在平等和自愿的基础上进行协商。现有立法与司法实践对律师辩护权保障机制的规定已经相对完善，但是对新增值班律师制度的规定还不成熟。

首先，值班律师参与协商的阶段较晚。值班律师只能从被追诉人接受讯问之日起参与后续的诉讼程序。由于介入时间相对滞后，值班律师没有时间充分了解案情，即使被追诉人存在非自愿认罪情况，值班律师也难以结合案情为其提供及时的法律帮助。其次，值班律师在权利行使上与辩护律师有明显差距。现行《刑事诉讼法》虽然明确规定了值班律师制度，但是除明确规定值班律师到场见证权外，对其他诉讼权利的规定尚不全面，一定程度上影响了值班律师在协商过程中权利行使的效果。[1] 特别是在轻微刑事案件的协商过程中，个别被追诉人并没有委托辩护律师，只能由值班律师为其提供法律帮助。但是值班律师通常并不全程参与协商，这就导致对被追诉人权利的保障不够充分。值班律师除不能出庭进行辩护外，与辩护律师最大的差别就体现在阅卷权及会见权的行使范围上。[2] 例如，值班律师行使阅卷权范围有

---

[1] 王春、叶景：《"镜头下办案"成认罪认罚案件办理常态》，载《法治日报》2021年11月11日。

[2] 孙长永：《认罪认罚从宽制度实施中的五个矛盾及其化解》，载《政治与法律》2021年第1期。

限。协商过程中，值班律师仅可以查阅案件材料，不享有摘抄权及复制权。受权利范围限制的影响，值班律师无法及时了解案件进展、把握控方对证据的掌握程度，给予被追诉人提供的意见、建议十分有限。最后，值班律师会见被追诉人必须有侦查人员或检察人员陪同。这就导致值班律师与被追诉人无法实现"单独交流"，而且由于值班律师通常驻派于看守所或法院，受司法机关及"先入为主"心理的影响，可能难以与被追诉人建立真正的信任委托关系。

4. 存在忽视被害人合法权益的可能

控辩协商机制注重被追诉人的参与性，往往忽略了被害人的权益诉求。协商过程中，被害人的诉求一般包括两个方面：①对量刑协商过程的参与和意见表达；②被追诉人作出民事赔偿的情况。《指导意见》仅仅规定办理认罪认罚案件，应当听取被害人及其诉讼代理人的意见，并将犯罪嫌疑人、被告人是否与被害方达成和解协议、调解协议或者赔偿被害方损失，取得被害方谅解，作为从宽处罚的重要考虑因素，并规定人民检察院、公安机关听取意见情况应当记录在案并随案移送，但是对赔偿协议金额、被追诉人赔偿方式、被害人意见在处理结果中如何体现都没有具体的规定。目前，对于是否可以在侦查阶段开展控辩协商仍旧存在分歧，使得被害人在侦查阶段的权益保障尚不明确——即便允许侦查阶段可以进行控辩协商，由于在侦查阶段案件正处于调查取证环节，有些犯罪事实可能尚未全面查明，此时被害人参与协商极有可能会干扰对犯罪事实的查明。在审查起诉阶段，案件事实已经查明，被害人有权在该阶段通过参与协商维护自己的合法权益。但被害人参与协商的具体方式还有待进一步明确。通常情况下，检察机关可以代替被害人表达意见主张。但是在协商过程中，如果检察人员忽视被害人的利益诉求或者并没有真正听取被害人的意见，那么关于听取被害人意见的规定就只是形式上的要求，对协商结果不会造成实质影响。被害人作为案件利害关系人，协商过程中有权及时了解犯罪嫌疑人认罪情况、量刑建议及协商结果，但是如果司法机关适用控辩协商程序只是为了追求效率，就可能导致被害人的知情权落实不到位。此外，量刑协商过程中被追诉人有权申请法律援助或向值班律师寻求法律帮助，但是被害人的法律帮助权并未得到重视，在自身法律能力不足的情况下，如果缺少了必要的法律帮助，被害人很难全面表达自己的诉求。

5. 重罪案件的控辩协商难度较大

认罪认罚从宽制度更突出效率价值的实现，轻罪案件通过协商结合被追诉人自愿供述的犯罪事实，容易形成完整的证据链，在此基础上有助于法院精简诉讼流程，缩短案件审结周期。但是重罪案件由于犯罪情节严重、社会影响较大、案情复杂、被追诉人认罪态度不明朗，适用控辩协商难度较大，效率价值难以得到充分实现。但是协商机制集中适用于轻罪案件并不意味着对重罪案件并不适用，只是由于缺乏具体的程序机制限制了重罪案件协商机制的运用。

首先，重罪案件慎重从宽的限制性规定影响重罪案件协商的适用。《指导意见》规定，适用认罪认罚时应当谨慎把握从宽幅度，做到"该宽则宽，当严则严"。对于重大刑事案件，适用从宽制度必须严格把握从宽量刑的幅度，以免从宽量刑结果同公众公平正义的法律观念相矛盾，影响法律的权威性。适用控辩协商机制必须强调对社会治理效果的维护，其意义在于控辩双方通过协商以民主化的手段获得双方认同的结果，可以更好地降低被追诉人再犯可能性，达到更好的社会效果。但是对于重罪案件，特别是暴力犯罪、危害国家安全犯罪，允许协商可能带来负面的社会舆论，因此检察机关往往控制重罪案件协商。[1]其次，辩方协商意愿不强也是影响重罪案件协商的重要因素。目前，我国控辩协商机制不允许犯罪事实协商。与轻罪案件相比，量刑问题虽然是重罪案件的争议焦点，但是检察机关能给予的量刑优惠有限，不可以超过法律规定的幅度。因此，辩方更倾向于在庭审过程中直接就犯罪事实不清、证据不足等可能性与控方展开大范围辩论，即使不认罪认罚，被告人自首、坦白、立功以及谅解赔偿等情节，也可以成为辩护人为其辩护的筹码。最后，司法机关动力不足也是重罪案件协商难度大的原因之一。协商是为了实现效率，在重罪案件中被追诉人口供的价值不如轻罪案件高，公安机关及检察机关仍需收集其他客观证据，确保定罪事实客观真实。同时由于重罪案件犯罪情节严重，检察机关在协商过程中花费的精力和时间不亚于直接审查起诉的消耗，协商机制则显得可有可无。更重要的是，检察机关出于对承担责任风险、遭受"出卖正义"指责的考量，更倾向于不经协商直接审查起诉。并且合议庭对重罪案件量刑问题的审查难度高于轻罪案件，也使得法

---

[1] 周新：《重罪案件适用认罪认罚从宽制度研究》，载《比较法研究》2021 年第 4 期。

院在推进重罪案件协商方面的积极性不高。

6. 控辩协商审查制度不完善

我国《刑事诉讼法》虽然规定法官对被追诉人认罪负有审查义务，但是对审查流程、审查标准、审查结果的处理等配套问题规定尚不明确。实践过程中，法官可能混淆了自愿性和真实性的关系，造成审查误区。自愿性是指被追诉人在不受威胁或胁迫的情况，出于本人意愿作出有罪供述。真实性则是指被追诉人的有罪供述以及犯罪事实应当确实准确。实践中法官往往认为只要保障了自愿性，真实性自然得到保障。其实不然，司法实践中被追诉人自愿进行有罪供述也存在虚假的可能。可见，两者虽然存在交集，但是自愿性属于证据能力层面标准，用以证明证据合法性；真实性则是证明力层面的标准。

加强对被追诉人认罪认罚真实性的审查，是保证协商结果客观真实的关键。从认罪认罚从宽制度的适用来看，法律上关于自愿性审查的规定较为全面，对真实性审查的规定则有所不足，"两高三部"的《指导意见》仅就真实性审查进行了原则性规定，对具体的审查程序及审查内容缺少详细规定。这种情况容易使办案人员产生审查偏向性，忽略真实性审查的重要性，出现以自愿性审查代替真实性审查的情况。

自愿性审查是法官审查的重点，但是由于审查机制不规范，对于如何审查、审查内容及审查标准没有细化的规定，自愿性审查具有随意性，且可能流于表面，不具有实质意义。这易导致法官在判断被追诉人"自知性和自愿性"时发生偏差。在审判实践中，自愿性审查和量刑审查较为口头化，特别是在简易程序或速裁程序中，并不强调书面审查。部分法院将认罪认罚具结书是否为本人签字作为自愿性审查标准，只要认罪认罚具结书是本人签署的即视为被告人自愿认罪，以签字真实性审查代替自愿性审查。但是需要意识到，认罪认罚具结书仅标志着终结协商程序，无法反映协商过程中被追诉人是否自愿。在此逻辑之下，法院的审查理念发生了偏差，虽然保障了效率也符合法律规定，但是容易使得对被追诉人的自愿性审查流于表面。[1]要想避免上述问题，就必须对审查程序进行具体设计，确保审查实质有效。

---

〔1〕 宋宝永：《我国认罪认罚从宽制度的完善思路——兼与"辩诉交易制度"作比较》，载《理论探索》2021年第6期。

7. 控辩协商监督救济机制不完善

（1）缺乏有效监督机制。

一方面，对控辩协商过程和结果缺乏有效监督。在协商程序中，检察人员处于主导地位，导致在量刑建议依据的法律规定是否正确、相似罪名区分是否合理、有无遗漏罪名等方面容易出现监督缺位的现象。检察机关作为刑事诉讼监督机关，有可能忽视对自身的监督，再加上受"谁办案谁决定"原则的影响，可能导致对自身行为监督不到位。笔者认为，如果缺少对控辩协商过程和结果的有效监督，极有可能在协商过程中，因为缺乏对检察机关的必要约束，出现滥用量刑裁量权或强迫被追诉人非自愿认罪的情况，导致协商结果显失公正，效率价值也无法实现。因此，落实对协商过程和结果的监督是规范检察机关行为，确保控辩双方在平等基础上达成合理量刑合意的有力保障。在构建控辩协商机制时，必须制定合理的协商过程和结果监督机制，保证协商程序顺利开展。

另一方面，检察机关内部监督机制不完备，一定程度阻碍了监督的积极性和主动性，导致监督力度不足。一些检察机关的专项监督部门承担了监督职能之外的职责，从而削弱了监督的作用，转移了监督的重点和注意力。此外，检察机关尚未对内部监督机制制定统一和明确的标准。在实践中，检察机关通常结合法律规定、纪律规则为不同事项制定一般或个别标准，但是由于缺乏明确的监督标准及监督问责义务，一定程度影响了检察机关监督机制的运行。

（2）救济机制不够完善。

控辩协商意味着被追诉人需要放弃某些诉讼权利，这对被追诉人来说显然存在一定的诉讼风险。如果没有协商救济机制保障，被追诉人的利益损失将无法弥补。撤回权是被追诉人在协商结束后，认为协商过程存在自身利益受损或者自愿性保障不足等情形，维护自身利益的有效救济措施。但是目前我国对撤回权的内容并无具体规定。具体存在以下问题：①并未规定撤回权行使的阶段。理论界对撤回权行使阶段有两种主流学说：二时段说和三时段说。二时段说将撤回权行使分为庭审前各阶段的无条件撤回以及庭审后的限制性撤回。三时段说认为，撤回权行使应当分为审查前无条件撤回、审查后有条件撤回及判决生效后的例外撤回。撤回权行使阶段不明确，极易造成撤回权滥用，不仅拖延诉讼审限浪费司法资源还会增加辩方的诉讼压力。②缺乏规范的撤回权行使方式。《刑事诉讼法》仅规定了终结协商程序的书面形式要件，即必须签署认罪认罚具结书。那么，撤回协商合意是否需要出具书面的撤回告知书？是否需要值班律师在场？行使撤回权后案件流程如何进展？对于上述问题，需要进一步明确。[1]③撤回权行使后的证据效力问题。根据《指导意见》的要求，被追诉人请求撤回的，应当在法官作出生效判决前提出，但是对被追诉人有罪供述的效力问题并未明确规定。

四、我国认罪认罚案件控辩协商机制的完善建议

（一）明确协商的阶段

从司法实践来看，允许控辩双方在审查起诉及法庭审理阶段进行协商，已经获得普遍认可。与不允许在侦查阶段进行协商的主流观点不同，笔者认为应当允许在侦查阶段进行协商。一方面，现有法律并没有限制认罪认罚从宽制度的适用阶段，控辩协商机制作为其关键性一环，在适用阶段上应与该制度保持一致。另一方面，允许在侦查阶段展开协商，有助于尽快查清犯罪事实、减少羁押逮捕时限，同时提高侦查人员的办案效率。因此，在刑事侦查阶段，如果侦查机关认为案件事实不清难以收集证据可以适用协商机制，应当征求检察机关与犯罪嫌疑人意见。如果检察机关与犯罪嫌疑人同意，可以由双方启动协商程序。

在审查起诉阶段，控辩双方主要针对犯罪事实及罪名认定、从宽量刑的幅度及依据展开协商。存在被害人的认罪认罚案件，协商内容应当包括是否达成赔偿协议、赔偿协议的内容及方式。协商过程中，检察机关应当随时听取被害人意见，及时将采纳结果告知被害人，提出从宽量刑幅度时应当充分考虑犯罪嫌疑人的赔偿情况。

在审判阶段，法官可以建议控辩双方启动协商程序，但是法官仅有建议权不得介入协商程序。双方协商应在启动之日起 7 天内结束。一旦检察机关与辩方达成协商合意，还应制作书面协商笔录。同时，在双方没有协商一致的情况下，应由检察机关和辩方签署协商笔录，在协商程序结束后 3 天内向主管法院提出报告。

（二）明确协商的主体

除检察机关、被追诉人及其辩护人外，应当允许附带民事诉讼原告人直

〔1〕　李鹏：《认罪认罚背景下控辩协商程序的构建》，载《湘江青年法学》2021 年第 1 期。

接参与协商过程。虽然通过立法将法官排除在协商主体外已获得一致认可，但是对于被害人是否可以成为协商主体，目前存在三种不同学说。独立地位说主张被害人享有与被追诉人同样的诉讼地位，控辩双方启动协商程序应当事先征得被害人同意，被害人有权在任意时间参与协商过程。相对独立说认为，被害人在协商过程中享有独立地位，但是只允许其有限参与协商，行使知情权及发表意见权。依附说主张，控辩双方协商结果不受被害人意见约束。笔者认为，被害人全程参与协商势必影响效率价值实现，因此可以通过立法赋予被害人有限参与权。控辩双方达成合意前，应当及时通知被害人到庭，向其说明从宽量刑的法律依据并听取其意见。认罪认罚从宽制度是吸收多方主体的意见与诉求，在被害人与被追诉人相互冲突利益之间寻找适度平衡的制度，其中合理考察被害人意见更是致力于在满足被害人合法利益诉求的同时，又不至于刺激被害人对被追诉人提出更为强制苛刻的要求，实现被害人获得修复权利与犯罪人合理处罚方式上一致性的短期效果。[1] 社会效果则体现为被害人积极参与认罪认罚从宽是对改变当事人不平等法律地位所做的积极探索，与缓和现今不平衡不充分的社会主要矛盾相契合，更与转型时期社会民众亟须获得感、幸福感与安全感的合理诉求相对接。[2]

（三）明确协商的程序

考虑到法的权威性和稳定性，直接修改《刑事诉讼法》明确控辩协商程序并不太现实，可以通过出台司法解释的形式对控辩协商程序加以规定，具体程序如下：①程序启动。应当赋予侦查机关启动建议权。对侦查完毕存疑的部分制作清单移送检察机关，向检察机关说明情况，由检察机关决定是否启动协商程序。案件移送审查起诉后，控辩双方均有权启动协商程序。检察机关征得本院检察委员会同意后，可根据事实掌握情况、证据收集程度主动与被追诉人提出协商。被追诉人为换取较轻的刑罚，也可向检察机关提出协商申请，检察机关应当批准。②协商顺序。协商开始前，检察人员应当针对所查明的犯罪事实、涉嫌罪名、掌握的证据、预期的从宽量刑幅度范围等内容制作协商大纲。协商开始后，先由检察人员依据协商大纲逐条进行说明，

〔1〕 胡小敏：《认罪认罚从宽制度下量刑协商主体间的冲突与衡平》，载《甘肃理论学刊》2021年第5期。

〔2〕 焦俊峰：《认罪认罚从宽制度下被害人权益保障问题研究》，载《法商研究》2021年第1期。

再由被追诉人、辩护律师或值班律师依次提出自己的意见。涉及附带民事诉讼的部分，附带民事诉讼原告可在检察机关支持下与辩方展开协商，检察机关根据双方和解及谅解情况及时调整量刑建议。协商过程中，检察人员应当及时询问被追诉人意见，存疑部分及时向被追诉人解释说明。③法庭审查。法庭审理阶段，法官应当对协商程序进行全面审查。主要审查被告人的有罪供述是否由其他证据进行佐证、检方是否履行告知义务、被告人认罪是否自愿、协议的程序是否合法等。被害人出庭的，应当就协商结果听取被害人意见，不出庭的被害人可以提交书面意见书，法官应当考虑。④审查结果。法官经审查认为协商过程存在违背自愿性的情况，可以认定协商内容无效，按普通程序进行审理；经审查认为协商过程不存在任何瑕疵，有权采纳其有罪供述并依法作出判决；经审查协商程序合法、协商合意自愿真实仅是量刑建议不当的，法官可以直接调整量刑建议。

（四）加强被追诉人自愿性保障

确保被追诉人自愿认罪是启动控辩协商机制的关键。确保被追诉人自愿认罪必须明确认罪与认罚的不同之处。在一些轻罪案件中，由于案件事实比较清楚，检察人员很容易说服被追诉人进行协商，被追诉人与检察人员容易针对罪名类型和数量达成共识，认罪与认罚区别不大。然而，一旦这一制度扩展到所有刑事案件，控方就不容易说服被追诉人开展协商工作。实践表明，许多没有对指控提出异议的被追诉人非常担心他们可能被判处的刑罚，他们认罪是为了尽可能获得更优的量刑优惠。事实上，只要被追诉人在协商过程中自愿供述所犯罪行，无论被追诉人是否认可检察机关的从宽量刑建议，法院也应该对被追诉人从轻判决。由此可见，确保被追诉人自愿认罪是控辩协商机制的核心。司法实践当中，控辩双方实力差距大，被追诉人通常处于弱势地位，协商过程中非自愿认罪情况偶有发生。因此，在区分认罪与认罚的基础上，加强被追诉人自愿性保障是保证控辩协商机制发挥实效的基础，可以从以下几方面入手：

1. 保障被追诉人知情权及辩护律师阅卷权

首先，被追诉人只有充分了解认罪认罚从宽制度，才能保证其自愿认罪。因此，必须完善被追诉人的知情权，确保其有罪供述符合自愿性标准。必须进一步明确检察机关的告知义务，只有使被追诉人全面了解协商内容及后果，才能保证其更自愿地作出有罪供述。协商前，检察人员应当向被追诉人送达权利义务告知书，写明控辩协商程序的基本流程、被追诉人享有的诉讼权利、检察机关的义务、从宽量刑的参考标准等内容，对重点内容应当着重标记加以说明。权利义务告知书除了应说明与协商过程相关的内容，还应说明速裁程序或简易程序适用条件及庭审简化情况。协商过程中，应当告知被追诉人可以随时表达自己的观点看法，对被追诉人存疑部分检察人员应当及时进行释明。此外，应当及时针对认罪情况向被追诉人说明拟提出的"量刑优惠"，以免其产生不合理的预期。被追诉人自首、坦白等量刑情节与"量刑优惠"存在交叉的，应当向被追诉人说明，由被追诉人自行对比选择。协商结束后，检察人员应当及时制作协商笔录，交被追诉人签字确认。

同时，还应加强保障辩护律师的阅卷权。虽然现行《刑事诉讼法》准许辩护律师行使阅卷权，但是对辩护律师阅卷权行使时间有所限制，辩护律师行使阅卷权必须在案件移送审查起诉之后。由于控辩双方在证据收集方面能力存在差异，为了保证辩护律师充分了解案情以及保障被追诉人自愿认罪，应当突破阅卷权的时间限制，允许辩护律师基于协商需要在侦查阶段行使阅卷权，同时监督办案机关为辩护律师行使阅卷权提供便利。

2. 建立证据开示制度

保证控辩双方平等协商，首先应确保双方信息对等。被追诉人只有了解更多与案件有关的线索，才可以在掌握案件事实基础上保证协商的平等性与自愿性。证据开示制度是美国辩诉交易制度的应有之义，目的是防止控辩双方因掌握证据信息不平等导致的协商双方力量不平衡。基于此，有必要进一步完善我国刑事诉讼中的证据开示制度：①明确证据开示义务。我国虽然规定辩方有权查阅、复制、摘抄相关证据材料，但是并未规定检察机关相应的保障义务。因此，为了确保被追诉人能够掌握更多的证据信息，可以在协商过程中明确规定证据开示制度。由于检察机关基本掌握全部案件证据，在开示证据时检察机关应当切实履行开示义务。为避免检察人员故意隐瞒主要证据影响被追诉人协商自愿性，协商开始前，检察人员应当制作证据清单列明拟开示的案件证据。辩方的开示证据义务体现在被追诉人可以在协商过程中提供检察机关未掌握的证据或者证据线索。[1] ②限制证据开示时间。为避免

---

[1] 李昌盛、李艳飞：《比较法视野下认罪认罚案件证据开示制度之构建》，载《河北法学》2021年第9期。

被追诉人过早知晓案件证据，故意破坏、隐瞒侦查人员尚未掌握的证据，增加侦查人员办案压力，应当将证据开示时间规定在案件移送审查起诉后。协商结束后发现新的证据影响案件事实认定和量刑建议的，可以再次组织协商，在协商的过程中开示新发现的证据。证据开示地点原则上设在检察机关，但如果是在审判阶段进行协商，也可以直接在庭审中开示。③明确相应的保障制度。任何一方认为对方掌握的证据影响协商结果的，可以向法院提出强制开示证据的申请，由法院决定是否责令一方强制开示。对于一方在协商过程中进行证据突袭的，另一方可以申请延期协商，检察机关应当同意并明确继续协商的时间。

（五）充分发挥值班律师在协商中的作用

检察机关与被追诉人协商的有效性直接取决于双方是否平等参与协商。在协商程序中，发挥值班律师作用是避免被追诉人基本权利缺失，保障被追诉人平等协商的重要手段。因此，要确保值班律师在法律服务领域发挥有效作用，推动值班律师制度的落实，必须在现有制度基础上对其进行改良。

1. 重视值班律师的作用

完善控辩协商机制必须强调值班律师作用。虽然《刑事诉讼法》并未将值班律师的功能直接定性为辩护而是"法律帮助"，但是在刑事诉讼职能划分的视域下，值班律师参与诉讼无论是提供法律咨询，还是提供实体性与程序性双重的法律帮助，其行为目的均是维护被追诉人的合法权益，其行为性质自然也是辩护职能的体现。[1]在协商过程中，值班律师承担着"补位"的职责，可以将其视为"准辩护人"。应当强调值班律师参与者及见证者的角色定位，即对没有委托辩护律师的被追诉人，检察机关应当及时通知法律援助机构指派值班律师参与协商过程。没有值班律师参与协商作出的认罪认罚具结书无效，法院应当不予认可，被追诉人的有罪供述不得作为法官的裁判依据。协商过程中，应当强调值班律师在法律咨询、提出意见、程序选择建议及变更强制措施等方面的作用。同时，相较于值班律师，法律援助律师同公诉机关的衔接配合更加紧密。因此，想要发挥值班律师作用就要实现值班律师向法律援助律师的转化，将其纳入法律援助机构的管理范围，建立相邻区域值

---

〔1〕 汪海燕：《三重悖离：认罪认罚从宽程序中值班律师制度的困境》，载《法学杂志》2019 年第 12 期。

班律师相互调配的工作制度，推动值班律师同检法部门的合作，提高认罪认罚中值班律师的服务质量。

2. 加强值班律师的权利保障

虽然目前直接赋予值班律师"辩护律师"的地位缺乏理论及实践支撑，且短时间内难以实现，但是为了更好地帮助被追诉人同检察人员协商，必须减少对值班律师的权利限制。保障值班律师既获得实质辩护的地位，又获得有效会见、阅卷和调查取证的权利，更应使其具有与检察机关进行平等协商对话的机会。[1]首先，放宽值班律师阅卷权的行使范围。值班律师在阅卷权内容和行使方式上应当与辩护律师保持一致，同时取消值班律师阅卷权的时间限制。不论案件处在哪一阶段，只要启动协商程序，值班律师即可行使阅卷权，相关机关应当为其提供便利。其次，赋予值班律师单独会见权。协商开始前，值班律师有权会见被追诉人。完善值班律师会见权应当简化其会见流程并且为其提供独立的会见场所。最后，赋予值班律师在场权及监督权。协商开始前，检察人员应当提前通知值班律师协商的时间和地点。值班律师明确参与协商的，检察人员应当事先告知其案件相关情况。同时应当发挥值班律师的监督作用，准许值班律师对协商过程进行监督。值班律师认为检察人员在协商过程中存在违法行为的，可以向检察人员提出异议并要求其改正。检察人员拒不改正的，值班律师有权申请中止协商程序并向检察委员会提出异议，要求检察委员会处理。

3. 完善值班律师准入制度

要保障值班律师的有效参与，必须提高值班律师的职业水平。最直接的做法就是提高值班律师的准入门槛及任职标准。首先，值班律师应当由法律援助机构统一管理，聘任前应当严格审查其是否具备任职资格，并组织其进行任职培训。同时为激发值班律师的工作动力，应当提高值班律师的福利待遇。其次，可以根据值班律师擅长的案件类型组建不同的值班律师团队，更好地服务被追诉人。最后，必须加强对值班律师的管理和监督。司法机关及法律援助机构应当落实对值班律师的监督，确保其在协商过程中为被追诉人提供实质性帮助。发现值班律师在协商过程中存在不当的法律行为时，及时通知其改正。

---

〔1〕 刘少军、马玉婷：《被追诉人认罪认罚自愿性研究》，载《湖北警官学院学报》2018年第3期。

（六）加强对被害人权益的有效保护

协商程序中，想要实现对被害人利益的有效保护可以从以下三点入手：①落实被害人知情权。协商开始前，应当向被害人送达权利告知书，告知被害人权利行使的范围及方式。协商过程中，应当及时向被害人说明协商进展，将被害人自愿认罪情况及时告知被害人。②确保侦查阶段被害人表达权的行使。落实听取意见制度必须凸显被害人表达权的作用。在侦查阶段，公安机关可以建议检察机关启动协商程序，但是提出建议前应当通知被害人，听取被害人意见并且及时向其出示相关证据。鉴于被害人的诉讼主体地位以及社会关系的恢复，在决定适用认罪认罚从宽制度时，检察机关仍应尊重被害人提出的意见。[1]检察机关在协商过程中必须听取被害人意见，及时将意见采纳情况反馈给被害人。③协商过程中应当积极促进被追诉人同被害人和解，督促被追诉人履行赔偿协议，确保赔偿协议履行情况能够实质影响从宽量刑的幅度。

（七）细化重罪案件控辩协商机制

1. 发挥检察机关主导作用

重罪案件案情复杂，被追诉人主观恶性强，因此重罪案件的协商必须强调检察机关的主导作用。首先，落实检察机关程序启动权。考虑到部分被追诉人认罪态度不明确，主动要求协商的积极性不大，对存疑的重罪案件，检察机关可主动与被追诉人进行协商。检察机关应当针对不同的案件类型严格把握证据情况，确保口供与其他证据可以相互佐证，充分解释说明认罪认罚从宽制度的性质及意义，引导和鼓励被追诉人主动供述所犯罪行，主动发挥协商主导作用。其次，主动向被追诉人出示相关证据。重罪案件证据数量多、种类复杂，为保证被追诉人更好地参与协商，发挥协商程序的实质作用，检察人员必须对现有证据进行梳理分类，只有在掌握案件基本事实的前提下才可与被追诉人协商。协商过程中，检察人员应当主动向被追诉人出示相关证据，对证据的来源、证明对象等进行说明，必要时允许辩护律师对主要证据进行复制、摘抄。同时，为了避免出现虚假供述、串供或者毁灭证据的情况，检察人员出示证据仅限于审查起诉阶段。最后，积极促进被追诉人与被害人达成赔偿协议。与轻罪案件相比，重罪案件的被追诉人对被害人的损害更严

---

〔1〕　陈卫东：《认罪认罚案件量刑建议研究》，载《法学研究》2020年第5期。

重，被害人更关注案件结果。因此，协商过程中，检察人员应当主动告知被害人协商进展，推动双方达成赔偿协议，同时督促赔偿协议的落实。

2. 扩大重罪案件协商范围

（1）落实重罪案件协商机制，应当扩大重罪案件协商的内容。轻罪案件中，一旦被追诉人自愿认罪，双方很快可以就案件事实协商一致，其侧重点在量刑协商上。但是重罪案件中，控辩双方对认定的罪名的看法可能不一致、量刑情节可能重复或者交叉。因此，量刑虽然是重罪案件的协商重点，但是控辩双方更多地将重点放在证据及案件事实上。在重罪案件协商过程中，应当将协商重点放在被追诉人口供同其他证据是否存在矛盾、是否有其他证据线索以及案件事实争议点等内容上。重罪案件案情复杂，应当允许多次协商并强调侦查阶段协商的作用。同时可以扩大重罪案件协商范围，将司法人员的解释说明、政策引导和心理疏导及值班律师的指派等相关内容纳入协商范畴。

（2）重罪案件协商应当提出幅度化的量刑建议。重罪案件与轻罪案件协商最大的区别就是量刑建议的提出。考虑到重罪案件事实的认定以及需考虑的量刑情节较多、刑期变动幅度大，检察人员提出精准化量刑建议难度较大。因此，为降低检察人员办案难度，缩小同生效判决刑罚的差距，对重罪案件应当提出幅度化的量刑建议，确保满足被追诉人的心理预期。此外，除常见的自首、立功等因素外，必须附加量刑考量因素：①致死、致伤人数；②是否为累犯；③犯罪目的、犯罪阶段、犯罪手法以及社会影响力；④被追诉人刑事责任能力、是否有事后救助行为、被害人是否存在过错。控辩协商机制在经济类重罪案件与涉众涉黑涉恐案件中适用率较高，结合罪名性质在从宽量刑幅度上也应有所不同。经济类重罪案件的幅度可以规定为25%，涉众涉黑涉恐案件的幅度可仅规定在20%。[1]

（八）完善控辩协商审查制度

控辩双方协商结束后，法院在审理过程中仍会产生对被追诉人自愿性和真实性审查不完善的问题。域外国家特别是英美国家对认罪协商的审查更倾向形式审查，但是形式审查与我国职权主义诉讼模式不相符，我国协商终结后的审查可以划分为三大部分，即自愿性、真实性及程序合法性审查。

---

〔1〕 唐平、石淼：《重罪案件适用认罪认罚从宽制度的建构》，载《上海公安学院学报》2021年第6期。

1. 构建审前自愿性预先审查机制

控辩双方达成合意的认罪认罚案件，只要被追诉人同意就可以直接适用速裁或简易程序审理。但是该程序庭审流程简单，法官没有充分时间在庭审时对其自愿性进行审查，为防止法官对真实性的审查过于简单，可以构建审前自愿性预先审查机制对重点内容进行全面审查判断。构建审前自愿性预先审查机制可以从被追诉人知悉权保护及综合审查两方面出发。一方面，审查被追诉人知悉权是否得到落实。法官在审查过程中，应当审查检察人员是否在协商开始前向被追诉人送达权利告知书，协商过程中是否向被追诉人说明其享有的权利、犯罪事实性质、情节轻重、自愿认罪的法律后果及异议的处理等，保证被追诉人在充分了解相关内容的条件下自愿供述罪行。另一方面，自愿性审查不得仅依靠认罪认罚具结书，应当结合其他材料综合考量。法官应当着重审查辩方提出的协商意见以及检察人员的采纳情况，同时综合考虑赔偿协议的履行情况。一般而言，被追诉人积极主动赔偿的可以反映被追诉人内心比较懊悔，自愿认罪的可能性更高。法官除审查书面材料外，应当审查被追诉人认罪时的认知能力及表达能力，必要时对被追诉人进行当面讯问，同时加强对视频、同步录音录像的审查，通过多角度审查判断被追诉人认罪自愿性。

2. 加强真实性审查

大陆法系国家对经过协商程序的案件，庭审时主要审查认罪及量刑所依据的犯罪事实和证据，坚持自由心证及无罪推定原则。即使是协商达成合意的案件，也要审查协商合意的真实性。

（1）坚持严格的证明标准。案件事实的认定对审理认罪认罚案件具有决定作用。控辩双方经协商一致可以就犯罪事实达成一致意见，虽然一定程度降低了检察机关的举证难度，但是法官在审查真实性时仍应坚持法定的证明标准，要求其在审查结束时必须达到"排除合理怀疑"程度。进行真实性审查应当综合多种证明方法，强化口供补强规则。法官审查时要注意口供的变化，口供频繁变化其真实性自然降低。除审查被告人有罪供述外，法官应当着重审查其他书证、物证，确保能够形成闭合的证据链，以佐证被告人口供的真实性。[1]

（2）严格审查事实依据。为了防止被追诉人的有罪供述被用作判断被追

---

〔1〕　吴庆棒：《认罪认罚案件差异化证明标准研究》，载《社会科学论坛》2021年第4期。

诉人是否有罪和判处刑罚的直接依据，必须加强对犯罪事实的审查。不论法官适用何种程序进行审理，审查过程中都应当结合其他证据明确犯罪事实，对存在特殊情况的认罪认罚案件，审查过程中应当对特殊部分重点审查，防止被追诉人在存在虚假供词或其他证据不足的情况下被误判。同时，在对被追诉人真实性审查过程时，应当审查被追诉人认罪时的主观状态。对检察人员可能存在欺诈、胁迫等违法行为的，法官应当讯问被告人，通知检察机关提交相应材料，讯问被告人时值班律师或辩护律师应当在场。对检察机关拒不提供材料或材料无法说明情况的，法官可推定其有罪供述不真实，不得将其作为裁判依据。

（3）审查量刑合意的真实性。从宽量刑问题是双方协商的核心，法院应当着重审查检察机关的量刑建议是否符合法定的量刑幅度。同时应审查辩护律师及值班律师是否针对事实认定及量刑问题向被追诉人进行了详细说明、是否向公诉机关提出了自己的量刑意见，检察人员是否对辩方的量刑意见进行了恰当处理等。

3. 落实协商程序合法性审查

法官除了审查实体内容，还应审查控辩双方达成协商的程序是否合法。协商程序合法是保证协商结果客观公正的前提，必须注重对协商过程的程序审查。须注重审查以下几点：①审查值班律师参与协商是否合法。协商过程中，需要指派值班律师为被追诉人提供帮助的，检察人员是否提供值班律师、是否将值班律师基本情况、会见情况、法律帮助等相关内容制作书面材料。同时审查值班律师就从宽量刑及事实认定发表的意见，办案人员是否采纳，未采纳的是否说明理由并记录在案。②审查协商过程中检察机关是否存在以引诱、逼迫等强制性手段强迫被追诉人认罪等程序违法行为。经审查认为程序轻微违法的，应当依法提出纠正意见，责令检察人员改正；情节严重的，应当更换办案人员，重新启动协商程序。③审查相关书面材料是否齐全。协商过程中辩方协商意见的采纳情况、应当随案移送的和解协议、谅解协议、赔偿协议及检察机关出具的权利义务告知书等材料是否记录在案并随案移送。

（九）完善控辩协商监督救济机制

1. 完善控辩协商监督机制

（1）推行控辩协商公开化。控辩协商机制的引进赋予了检察人员更大的自由裁量权，为防止检察人员职权扩张而影响控辩协商机制的正常运转，必须采取监督措施规范协商机制的运行，推行控辩协商公开化。

第一，落实控辩协商过程公开化。这里的公开与审判公开的含义并不相同，控辩协商公开化是指允许有关部门随时旁听认罪认罚案件的协商过程，监督协商过程是否存在违法行为。控辩双方协商开始前认为确有必要的，检察人员应当自作出协商决定之日起 3 日内告知有关部门协商时间和地点，有关部门有权随时抽查监督并指派人员出席旁听。一旦发现检察人员存在违法违规行为，情节轻微的及时向检察人员发送纠正违法行为通知书，检察人员及时将纠正情况反馈有关部门。同时，被监督人应有充分的权利和机会表达自己的意见，并对纠正措施提出申诉。并且为更好地督促检察机关协商过程规范化，应当实行"镜头下办案"常态化，对控辩协商过程启动同步录音录像，结束后制成光盘由犯罪嫌疑人签字确认一并移交法院审查。[1]

第二，实行控辩协商流程监控常态化。检察技术部门应当借助认罪认罚案件管理平台，对于协商过程中被追诉人协商权利保障、协商时间、拟制量刑建议，以及认罪认罚具结书、权利义务告知书等关键法律文书的制作进行监控和预警。监控过程中发现协商时出现不规范行为的，应当发送纠正违法行为通知书提示检察人员纠正。情况紧急的可以直接口头提示，后续进行补充记录。

（2）加强检察机关的内部监督。具体可以从以下几方面入手：①规范上级检察机关监督权。上级检察机关监督下级检察机关的协商行为时要防止对案件过度干预，影响检察人员的自主判断。下级检察机关不确定是否能启动协商程序时，可提请上级检察机关对案件进行审查，决定是否适用协商程序。上级检察机关发现下级检察机关在协商过程中存在违法行为或者从宽量刑建议明显不当的，可以提出纠正建议。下级检察机关应当将纠正情况及时通知上级检察机关。②建立量刑建议责任追究制。对检察人员进行监督应进一步统一监督标准，防止影响监督工作的正常运作。同时将检察人员从宽量刑建议采纳情况纳入考核内容，经过核实认为检察人员提出的量刑建议及理由不正确或错误或与生效判决差距较大的，应当要求其说明情况并且按照有关规定追究其责任。③成立协商评估小组，制定具体、详细的协商评价标准和方

---

〔1〕　俞文杰、黄珊：《认罪认罚控辩协商平台：让办案全过程"看得见""摸得着""记得准"》，载《检察日报》2021 年 1 月 23 日。

法。对于下级检察机关运用协商机制结案的案件，由协商评估小组定时定期抽查，可以根据案件情节轻重进行级别划分，规定不同的抽查期限。如根据案件性质由重到轻划分为一级、二级和三级，对应 2 个月、3 个月和 6 个月。

（3）构建控辩协商的外部制约机制。

首先，发挥法官的外部制约作用。虽然我国的控辩协商是建立在平等基础上的，但是控方与辩方之间的协商权仍然存在很大差异。通过协商取得让步不可避免地会损害被追诉人的诉讼权利，并因不平等协商而损害司法公正。法官在协商程序中处于中立者的地位，因此有必要强化法官对协商过程的制约，以确保协商的规范性和正当性。作为居中裁判者，法官审理认罪认罚案件时应贯彻以审判为中心的理念，坚持全面实质审查，发现存在协商程序违法、事实不清、证据不足的情况的，应当及时转化程序进行审理，审理过程必须坚持严格的证明标准，避免裁判不公。法官对控辩协商的制约主要体现在对量刑建议的审查。作为量刑建议的最后把关者，法官应避免审判程序仅成为量刑程序的确认程序。法官应从角色定位出发，无论是对于精准化的量刑建议还是幅度化的量刑建议，都不应无条件地一律采纳或拒绝，也不应对检察机关拟制的量刑持抵触心理，以防一刀切。对于量刑建议明显不当的，法官应当及时通知检察机关调整并递交相应量刑依据，也可以在检察机关量刑幅度以外直接作出对被告人有利的判决。

其次，除法官对检察人员在协商中的违法行为予以纠正外，被追诉人以及被害人特别是辩护律师认为检察人员行为不当或者违法的，可以提请检察委员会或者审判委员会审查纠正。此外，为加强公众对协商程序的监督，除涉及国家秘密、商业秘密及个人隐私的认罪认罚案件，控辩双方达成的协商结果应当对外公布，但是协商过程保密；法官在审查结束后，也应及时公开审查结果。

2. 完善控辩协商救济机制

除保证被追诉人在协商过程中可以充分行使诉讼权利，也应保证其权利受到侵犯后可以及时获得救济。因此，必须完善控辩协商救济机制。

（1）完善撤回权的救济。首先，笔者认为撤回权行使阶段应当以法庭审理为界限。庭审前，犯罪嫌疑人行使撤回权无条件限制，无需说明理由；庭审中，被告人请求撤回的，一般不予准许。但是被告人有初步证据证明协商过程存在违法行为或者违背其真实意愿的，应当允许其撤回认罪，法庭应当按照普通程序继续审理；法庭审理结束后，不允许被告人行使撤回权，被告人存在正当理由的可以依法抗诉或上诉。[1]其次，明确撤回权行使后的证据效力。被追诉人因非自愿供述行使撤回权的，其在协商过程中作出的有罪供述不能作为重新审判的定案依据。若被追诉人行使撤回权只是因为对罪名认定及量刑建议存在异议，则其可以撤回存疑部分的协商合意，其有罪供述依然有效。[2]最后，应当防止被追诉人滥用撤回权。为避免被追诉人滥用撤回权拖延案件审理周期，必须强化被追诉人的责任意识，被追诉人违反诚实信用原则必然也要承担一定的后果。对于被追诉人恶意行使撤回权的，检察机关有权撤销作出的从宽量刑建议，按照最初的指控提起公诉。

（2）完善控辩协商的事后救济。为更好地保障被追诉人权利，必须规范上诉、再审程序。应当允许被追诉人上诉，同时必须对其严格限定，比如只允许被追诉人对法官超出协商范围进行判决的部分上诉。判决生效后，发现协商过程确实存在非自愿认罪、协商程序违法、损害被害人利益及判决结果明显不当等情形的，依法按照审判监督程序审理。但是再审不再允许控辩双方进行协商。被追诉人因不满协商结果申请上诉或再审的，法官应坚持全面实质审查原则，确保判决公正性。

（3）被害人合法权益受协商结果影响的，也应对其予以救济。被害人认为协商结果存在侵害自身合法利益的可能性，可以申请法官对协商过程和协商结果重新审查，检察机关应当提交相关材料。必要时可以要求检察机关先行自查。被害人认定侵犯自己合法权益的，也可以向原检察院或法院申请撤回协商协议或者直接申请再审。

---

〔1〕　李鹏：《认罪认罚背景下控辩协商程序的构建》，载《湘江青年法学》2021 年第 1 期。

〔2〕　张全印：《刑事诉讼中被告人认罪认罚撤回权的立法探究》，载《理论导刊》2017 年第 11 期。

第三章 认罪认罚从宽制度下的量刑建议研究

一、检察机关量刑建议概述

(一) 量刑建议的含义和性质

量刑建议是指在刑事诉讼活动中，承担控诉职能的检察机关依法就被告人的刑罚适用问题向法院提出的诉讼请求。[1]学界对检察机关量刑建议的讨论出现在 2000 年前后，当时的探讨主要围绕各地零星出现的量刑建议改革试点而展开。到了 2005 年，为适应最高人民法院量刑规范化改革，最高人民检察院开始重视量刑建议工作，并制发了一系列文件，将量刑建议"正式确立在我国的司法解释之中，使之成为未来我国量刑程序的有机组成部分"。[2]尽管"定罪"和"量刑"是处理刑事案件时需要解决的两个基本问题，但客观来说，在 2018 年《刑事诉讼法》修正之前，我国的司法实践中更加重视具体案件的"定罪"问题，对案件的量刑及其相关问题的重视程度则相对较低，因此，量刑建议的作用在司法实践中很难得到有效的发挥。自 2018 年《刑事诉讼法》第三次修正以来，检察机关在处理认罪认罚类型的案件时越发重视对"量刑"问题的关注，量刑建议的作用也因此在司法实践中得到进一步彰显。尽管量刑建议制度在立法上已然确立，但对其性质的界定却是学术界至今仍在讨论的问题。对于量刑建议，当前学术界普遍认同的说法主要有"司

---

〔1〕 潘申明、刘浪、周耀凤：《量刑建议前沿理论与实战技能》，中国检察出版社 2016 年版，第 47 页。

〔2〕 陈瑞华：《量刑程序中的理论问题》，北京大学出版社 2011 年版，第 158 页。

法请求说""刑罚请求说""公诉之应有之义说""公诉延伸说""检察监督说"等，这些观点从不同角度阐释了量刑建议的性质。基于上述观点，笔者认为对量刑建议的性质可以从以下几方面进行理解。

（1）量刑建议是公诉权的具体体现。公诉权指检察机关对公安机关及其他侦查机关侦查终结后移送起诉或者监察机关调查终结后移送起诉的案件进行审查后依法向法院提起公诉，并请求法院通过审判程序对被告人进行定罪和量刑的权力。从逻辑关系的角度分析，公诉权与刑罚权密不可分，而量刑建议权的存在则要依附于检察机关对公诉权的行使。量刑建议权来源于公诉权，或者更明确地说，量刑建议权乃公诉权的下位权能。[1]《人民检察院刑事诉讼规则》（以下简称《刑事诉讼规则》）第364条第2款规定："提出量刑建议的，可以制作量刑建议书，与起诉书一并移送人民法院。……"可见，量刑建议是在起诉阶段提出的，此时检察机关是公诉机关，这从形式上初步标示了量刑建议的性质。[2]一般认为，公诉权的权能可以分为提起公诉权、不起诉权、抗诉权三项，[3]提起公诉权又可以划分为定罪请求权与量刑请求权，因此检察机关的起诉行为实际上包含要求定罪与要求处刑两个方面。故量刑请求权的具体行使方式，实际上是以检察机关向审判机关提出量刑建议的形式体现的。

（2）量刑建议是检察机关行使审判监督权的表现。在我国刑事诉讼中，检察机关对法院的审判活动是否合法依法享有监督权。一般而言，认罪认罚从宽制度确立前，检察机关对法院有关量刑环节的监督并不到位，审判监督权所发挥的作用并不充分，量刑畸轻或畸重的现象难以避免。在认罪认罚从宽制度下，量刑建议制度的确立和适用在一定程度上弥补了定罪量刑一体化模式的不足，对法院行使量刑权起到了有效的制约作用，有助于防止其滥用量刑权。检察机关的量刑建议犹如一条贯穿认罪认罚从宽制度的红线，一端衔接着犯罪嫌疑人的认罪认罚具结书，另一端则关系着法院的判决。当然，从理论基础看，非认罪认罚案件与认罪认罚案件的量刑建议确实存在差异，前者的合法性来源于检察机关对定罪量刑的请求权，后者则在此基础上另外

---

〔1〕　冀祥德：《构建中国的量刑建议权制度》，载《法商研究》2005年第4期。

〔2〕　陈卫东：《认罪认罚案件量刑建议研究》，载《法学研究》2020年第5期。

〔3〕　姜伟：《论检察》，中国检察出版社2014年版，第122页。

包含了被告人同意的因素。[1]

（3）量刑建议是程序性价值与工具性价值的综合体现。纵观量刑建议制度的发展历程，不难发现，我国相关法律对量刑建议进行了程序性要求的具体规定，如不仅"两高三部"《关于规范量刑程序若干问题的意见（试行）》（已失效）、最高人民检察院《人民检察院开展量刑建议工作的指导意见（试行）》、最高人民法院《人民法院量刑建议指导意见（试行）》（已失效）对其作出了相关规定，甚至 2018 年修正的《刑事诉讼法》在立法层面上对其予以确立，将其全面纳入法院对具体案件的庭审程序之中，这也意味着检察机关在量刑建议工作的具体实施过程中，对程序性的要求比之前更加严格。同时，从量刑建议权设立的目的来看，一方面是体现司法机关在案件审理时的程序正义以及维护司法权威，另一方面是进一步规范法院的刑事审判权，进而缓和我国司法实践中法院的审判权与检察机关的审判监督权之间的矛盾冲突。[2]因此，量刑建议的价值不仅体现在程序性上，同时也充分体现在工具性之中。随着量刑建议制度在刑事案件处理程序中的广泛应用，检察机关在处理案件时能够更加充分且积极地参与到法院有关量刑的工作中，弥补了其在审判监督方面的不足。从这一意义来看，在具体的审判实务中量刑建议的程序性价值与工具性价值所产生的司法实践效果甚至超过了其本身的实体价值。

（4）量刑建议是一种司法请求权，不具有案件处理结论的终局性。虽然在认罪认罚从宽制度的影响下量刑建议的作用越来越受重视，但其原本请求权的属性不会因此发生根本性变化。在具体案件的审理过程中，检察机关只是量刑建议相关内容的提出者，而并非确定案件最终刑罚的决定者。无论在何种司法背景下，具体的量刑建议是否被采纳，最终都是需要法院通过审判予以确定的。在我国，法院是决定犯罪成立的唯一机关，法院判决是确定定罪量刑的唯一载体。申言之，量刑权是审判权的固有内涵，量刑建议对法院并无拘束力，即量刑建议仅供法院量刑时参考，法院是否采纳建议、如何量刑，悉由法院依法独立作出决定。[3]

综上，检察机关在提出量刑建议时，应被定位为公诉机关，其量刑建议

---

[1]　陈卫东：《认罪认罚案件量刑建议研究》，载《法学研究》2020 年第 5 期。

[2]　王敏远：《认罪认罚从宽制度疑难问题研究》，载《中国法学》2017 年第 1 期。

[3]　朱孝清：《论量刑建议》，载《中国法学》2010 年第 3 期。

权属于公诉权之一部分，即便我国《刑事诉讼法》要求审判机关对认罪认罚案件的量刑建议"一般应当采纳"，但量刑建议的效力仍仅具程序性，不对法院产生拘束力。[1]简而言之，量刑建议本身并不具备决定个案具体刑罚的终局能力，这一固有属性并不会随着大环境而改变。

（二）量刑建议的特征

（1）提出量刑建议的主体具有确定性。从广义上讲，量刑建议的提出主体可以是任何公民、团体、组织、机构以及事业单位；而从狭义上讲，量刑建议的提出主体仅指检察机关。我国 2018 年修正《刑事诉讼法》之前，虽然在立法上对其提出主体并未予以明确，但不能否认在刑事诉讼案件审理的过程中，需要提出量刑建议时，其提出的主体必然是检察机关。而在认罪认罚从宽制度背景下，量刑建议提出主体的确定性特征体现得就更加明显了，检察机关在量刑建议程序中所起的主导作用也更加突出。在我国司法体制中，检察机关在办理刑事案件时的主要职责是依法定程序向法院对被告人提起公诉并同时对案件审理时的相关诉讼活动是否合法进行法律监督。从逻辑关系的角度来看，量刑建议权作为检察机关公诉权的重要组成部分，理应是其履行法律监督职责的具体表现之一。从司法实践中也不难看出，在认罪认罚案件中，检察机关应当对被追诉人认罪认罚的合法性和自愿性进行全面审查，并以此为基础对案件作出准确判断。可见，在认罪认罚从宽制度下量刑建议提出的主体为检察机关的观点，无论在学术界或司法实践中都是没有争议的。

（2）量刑建议以控辩双方平等协商为基础。实际上，在我国刑事案件的审判过程中，多数案件的被告人对起诉书中指控的罪名与量刑建议书内涉及的量刑幅度并未表示反对或是表现出抵触情绪，[2]这也就意味着量刑建议价值的实现必须建立在控辩双方平等协商的基础之上。基于此，在《刑事诉讼法》框架下的量刑建议自然外化出平等协商的特征。最高人民检察院印发的《人民检察院办理认罪认罚案件监督管理办法》第 5 条规定，在办理认罪认罚案件时，检察官应当依法在权限范围内提出量刑建议。在确定和提出量刑建议前，应当充分听取犯罪嫌疑人、被告人、辩护人或者值班律师的意见，切

---

[1] 陈卫东：《认罪认罚案件量刑建议研究》，载《法学研究》2020 年第 5 期。

[2] 陈瑞华：《"认罪认罚从宽"改革的理论反思——基于刑事速裁程序运行经验的考察》，载《当代法学》2016 年第 4 期。

实开展量刑协商工作，保证量刑建议依法体现从宽、适当，并在协商一致后与犯罪嫌疑人签署认罪认罚具结书。由此可见，平等协商作为量刑建议形成的基本条件之一，具有其他环节不可替代的作用。

（三）量刑建议的功能

1. 有效促使被追诉人认罪的功能

认罪认罚从宽制度对贯彻落实宽严相济刑事政策意义重大，在认罪认罚案件的处理过程中，检察机关所提出的量刑建议被追诉人来说通常情况下是易于接受的。在法院对刑事案件的审理过程中，量刑建议的具体内容一般是可以随着被追诉人一方对案件态度的变化而变化的。在司法实践中，有关量刑幅度的变化与被追诉人作出认罪认罚的时间点是相关联的，即量刑建议内容涉及量刑幅度选取的问题时，认罪认罚的时间点也是重要的衡量因素，并且检察机关会以此为基础作出不同程度的量刑减让，鼓励被追诉人尽早认罪认罚。因此，在认罪认罚从宽制度下的司法实践中，为了得到相对较轻的刑事处罚，以便最大限度地保护自身的合法权益，被追诉人往往会主动向公安司法机关陈述案件的相关犯罪事实。由此以往，实践中被追诉人自愿认罪的案件不断增多。

2. 有利于被追诉人息诉服判的功能

从我国近年的刑事司法实践来看，量刑建议制度从内容到形式均有不同程度的细化。量刑建议制度的上述改进对一方带来最为直观的影响集中表现在对案件审理结果的信服，能够产生这一效果，究其原因，最重要的是量刑建议提出模式的变化。2020 年"两高三部"联合印发的《关于规范量刑程序若干问题的意见》第 27 条明确规定，"对于认罪认罚案件量刑建议的提出、采纳与调整等，适用最高人民法院、最高人民检察院、公安部、国家安全部、司法部《关于适用认罪认罚从宽制度的指导意见》的有关规定"，而《指导意见》规定的量刑建议提出模式从原来的幅度刑和相对确定刑并存改变为确定刑为主、幅度刑为辅。基于此，检察机关在处理具有认罪处罚性质的案件时，在作出具体的量刑建议前应当重点考虑以下几个因素：①案件的双方当事人是否达成和解或调解协议；②双方就赔偿事宜是否达成一致意见，且被追诉人是否确已得到被害人谅解；③从公共利益维护的角度而言，被追诉人一方是否对其所造成的公共损失进行自愿的赔偿或修复工作。在此需要特别注意一点，如果被追诉人主动认罪，积极赔偿，但被害方的赔偿请求明显超出法定赔偿标准的合理范围，导致双方未能就此达成调解或和解的，对被追诉人的从宽处理意见一般不会因此而受影响。在检察机关提出的量刑建议全面考虑被追诉人切身利益的前提下，被追诉人对公安司法机关及其工作人员的警惕意识或仇视感会大大降低，而对其工作能力的认可度和信任度则会有很大的提升。最终在案件的审判过程中，自愿认罪认罚的被追诉人对案件的处理结果通常是没有异议的，实践中也就很少会出现被追诉人因不服判决结果而提出上诉或是申诉的状况。

3. 对法院量刑程序的启动功能

基于法院审判权的被动性和不告不理原则的要求，只有检察机关针对某一刑事案件向法院正式提起公诉后，该法院的审判程序才能启动。在审判实践中，法院对刑事案件的审判过程一般可以细分为"定罪"和"量刑"这两大程序。定罪所要解决的问题是被告人的行为是否构成犯罪以及构成何种犯罪，量刑所要解决的问题是在定罪的基础上对被告人应当适用何种刑罚。从某种意义上说，量刑建议实质上是指检察机关向法院明确提出对具体案件中的被告人如何依法量刑的请求，即如果检察机关没有向法院提出对被告人给予具体的量刑请求，法院是不可以擅自启动该程序的。或者说，法院在依法对某一刑事案件的被告人进行刑罚裁量时，就必须以检察机关明确的量刑请求为前提条件。由此，量刑建议的提出与否，对法院量刑程序的启动功能能否真正实现尤为重要。

4. 为法院的量刑提供参考的功能

在一定程度上，量刑建议的具体内容反映的是检察机关针对被告人的犯罪行为，依据《刑法》的有关规定，对被告人给予何种处分的一种预先判断。在我国的刑事审判实践中，如果法院的最终判决与检察机关量刑建议的预期出现较大幅度的差距，这种情况说明控审双方在刑罚的适用问题上存在明显分歧：一方面，检察机关可能认为法院对案情的认识不够充分，对其建议内容的熟识度与理解度不高，从而使得检察机关对案件审理的结果产生不满情绪，并极有可能请求上级检察机关向同级人民法院提出抗诉；另一方面，法院也可能认为检察机关的量刑建议权是对其刑罚裁量权的一种变相侵犯，基于对自身权力的维护，在具体案件的审理过程中可能会对其建议的内容进行较大程度的取舍。在双方共同作用的情况下，被追诉人对案件得到高效公正处理的期望可能难以实现。[1]但具体的量刑建议则为避免这一矛盾产生了积极影响,其对法院审判权的行使具有一定的制约作用,法院在对被告人进行量刑时,必须参考检察机关针对该被告人所提出的量刑的有关建议,以确保能够准确公正量刑。虽然检察机关提出的量刑建议对刑罚裁量结果的预设尺度并不一定是准确无误的,但从实际应用效果来看,它确实为法院在审理案件时对量刑的裁决提供了比较明确的考虑范围。在司法实践中,法院对具体案件的量刑建议应当依照法定程序进行及时有效的审查,确定量刑建议所考虑的相关因素的真实性与准确性,对于案件事实确认无误且建议适当的,法院则应当依法予以采纳。

5. 有助于规范法院量刑程序的功能

判定被告人所犯罪行是否应当承担相应的刑事责任是我国刑事审判工作的根本任务。就定罪而言,在“罪刑法定”理念的影响下,《刑法》一般会对罪与非罪、此罪与彼罪作出明显的区分。也就是说,在刑事案件的审理过程中,法官针对这一问题的认定并不能受其自身意识的左右。但审理过程中的量刑环节则与之大相径庭,鉴于个案的复杂性,《刑法》对具体罪名刑罚的适用的规定大多预留了一定的幅度范围,使得法官在对具体案件的量刑作出裁决时可以在法律规定的预留幅度内有一定的自由裁量空间。在法院对审理的案件依法作出判决前,控辩双方可就量刑建议所涉及的相关问题(诸如量刑情节、量刑幅度等)进行辩论,法官在此基础上形成自己的判断,并对案件的最终审理结果产生一定的积极影响。[2]

二、认罪认罚从宽制度下量刑建议的实践状况

(一)认罪认罚从宽制度对量刑建议的新要求

1. 要求检察机关应当提出量刑建议

《刑事诉讼规则》第274条规定:“认罪认罚案件,人民检察院向人民法院提起公诉的,应当提出量刑建议,在起诉书中写明被告人认罪认罚情况,并移送认罪认罚具结书等材料。量刑建议可以另行制作文书,也可以在起诉

---

〔1〕《专家学者纵谈“量刑建议制度”》,载《检察日报》2001年10月2日。

〔2〕梁友明:《量刑规范化视角下法官自由裁量权的异化及规制》,载《法制与社会》2020年第3期。

书中写明。"《刑事诉讼规则》之所以作出这样的规定，主要基于以下理由：

（1）在认罪认罚从宽制度下，检察机关的基本职责和角色定位与以往相比发生了一定程度的变化。检察机关针对某一具体刑事案件，向法院提起公诉的目的是希望法院通过公正审判，对被告人所实施的违法行为进行确认，并依照《刑法》的相关规定给予被告人应受的惩罚。在认罪认罚案件的诉讼过程中，量刑建议权的存在是检察机关保障公诉权充分行使的重要因素。在我国控辩审三方的诉讼构造中，控方只有在充分且全面阐述定罪和量刑公诉意见的情况下，才能切实履行公诉职能，才能为法官在确定案件最终量刑结果时提供有价值的参考。[1]从诉讼理论的角度分析，公诉权行使的效果要想在真正意义上得到显现，其应当涉及两方面的内容：一是向法院申请依法对被告人的定罪与量刑建议权，二是检察机关的建议应当全面涉及定罪与量刑的环节，这样才有可能使审理的刑事案件在程序和实体上体现公正性。由此，要求检察机关所提出量刑建议的内容应符合制度设立的初衷，并且为刑事案件能够得到及时有效的处理提供强有力的保障。

（2）检察机关作为法律监督机关，对法院审判活动是否合法的监督是其行使公诉职能时所应承担的职责。出于维护司法公信力以及实现公正与效率相统一的考虑，法院经审查确认犯罪嫌疑人、被告人自愿认罪认罚，签署的认罪认罚具结书真实、合法后，没有特殊情形，原则上应当采纳检察机关指控的罪名和量刑建议，这充分体现了对控辩合意的尊重，也是对不采纳量刑建议的适当限制。[2]随着量刑建议制度的不断完善，检察机关的法律监督特性也日趋明显，如《指导意见》对提出量刑建议程序的规定就充分体现了其法律监督职能，其第41条规定人民法院经审理，认为量刑建议明显不当，或者被告人一方对提交的量刑建议有异议且有理有据的，人民法院应当告知人民检察院具体情况，此时人民检察院可以调整量刑建议。上述规定，不单只是表面上对量刑建议进行调整，其更深层的意义在于，在刑事案件审理的过程中，出现法官对量刑建议的具体内容不予采纳的情况时，检察机关具有调整建议内容的机会。这实则是通过此调整手段强化检察机关的法律监督职能，

---

〔1〕　陕西省人民检察院课题组，杨春雷：《认罪认罚案件量刑建议精准化——内涵新解与采纳规则重构》，载《法律科学（西北政法大学学报）》2021年第3期。

〔2〕　苗生明、周颖：《认罪认罚从宽制度适用的基本问题——〈关于适用认罪认罚从宽制度的指导意见〉的理解和适用》，载《中国刑事法杂志》2019年第6期。

从侧面防止法院出现独断专行的可能。可见，在我国的司法实践中，检察机关针对认罪认罚案件提出具体的量刑建议是顺应新时代新发展的必然结果。因此，检察机关在办理此类案件时充分行使量刑建议权，既是履行公诉职责的具体体现，也是适应以审判为中心的刑事诉讼制度改革要求的体现。

2. 量刑建议的提出更加规范

认罪认罚从宽制度推行至今，上至最高人民法院、最高人民检察院下至地方人民法院、地方人民检察院针对其在司法实践中的具体适用均出台了一系列规范性文件，并对量刑建议制度的内容和形式进行了相应完善。例如，"两高三部"于2019年10月印发的《指导意见》，于2020年11月印发的《关于规范量刑程序若干问题的意见》均对涉及量刑建议的内容作了更加全面的规定；另外，2021年最高人民检察院印发的《人民检察院办理认罪认罚案件开展量刑建议工作的指导意见》为检察机关量刑建议的提出提供了操作规范。其中，《指导意见》就量刑建议的提出、量刑建议的采纳、量刑建议的调整等问题作出了明确要求；《关于规范量刑程序若干问题的意见》规定了检察机关提出量刑建议的条件、量刑建议的内容、针对常见及不常见犯罪案件提出量刑建议的不同要求等，如第5条规定："符合下列条件的案件，人民检察院提起公诉时可以提出量刑建议；被告人认罪认罚的，人民检察院应当提出量刑建议：（一）犯罪事实清楚，证据确实、充分；（二）提出量刑建议所依据的法定从重、从轻、减轻或者免除处罚等量刑情节已查清；（三）提出量刑建议所依据的酌定从重、从轻处罚等量刑情节已查清。"上述规定为检察机关量刑建议的提出提供了规范依据，保障了检察机关量刑建议提出的规范化。

3. 明确提出量刑建议的前提条件

从司法实践来看，检察机关在量刑建议提出前，应当充分听取犯罪嫌疑人的意见，并尽量通过协商就量刑方面的有关内容达成一致。由此可以看出，在认罪认罚从宽制度的背景下，量刑建议不再是公诉方的单方意思表示，而是在尊重辩方并与之进行协商后的结果。检察机关在提出量刑建议时需要严格遵守两个要求：①协商的前提应当是犯罪嫌疑人表示自愿认罪认罚。对此，《指导意见》第33条第1款明确规定，人民检察院提出量刑建议前，应当充分听取犯罪嫌疑人、辩护人或者值班律师的意见，尽量协商一致。在认罪认罚从宽制度中，协商是必然需要被引入的，只有在双方经过充分协商的情况下，检察机关方可提出量刑建议。②控辩双方都应该受到协商结果的约束。

《人民检察院办理认罪认罚案件开展量刑建议工作的指导意见》第 25 条第 2 款规定，犯罪嫌疑人及其辩护人或者值班律师对量刑建议提出不同意见，或者提交影响量刑的证据材料，人民检察院经审查认为犯罪嫌疑人及其辩护人或者值班律师意见合理的，应当采纳，相应调整量刑建议，审查认为意见不合理的，应当结合法律规定、全案情节、相似案件判决等作出解释、说明。上述规定反映了检察机关应当听取辩护方的意见以及建议，以充分尊重被追诉人的合法权益，并体现出协商的意味。

4. 提出量刑建议精准化的要求

量刑建议精准化改革是贯彻认罪认罚从宽制度宽严相济刑事政策的应有之义，有助于推动认罪认罚从宽制度的充分落实。认罪认罚案件中量刑建议精准化不仅可以有效缓解当前"案多人少"的难题，从源头减少大量上诉、抗诉案件，快速化解社会矛盾，促进实现司法资源的优化，还可以借助这一规范性要求，促使控审双方在量刑方面形成良性互动。

对于何谓量刑建议精准化，学界存在不同的看法。有学者认为，通过最高人民检察院发布的《人民检察院办理认罪认罚案件开展量刑建议工作的指导意见》可以看出，最高人民检察院对于量刑建议精准化的理解，是要求提出确定刑量刑建议，明确适用的刑种、刑期及刑罚执行方式，实现"点的精准"。[1]提出的量刑建议没有任何的量刑幅度，而精确到具体的点，此为量刑建议的"确定说"观点。此外，对于量刑建议的提出，还存在"幅度说"和"区分说"观点。"幅度说"认为，量刑建议不应是精确到具体点的确定刑，而应是具有一定幅度的建议，幅度差值应当根据刑种的不同和刑期的长短而有所变化。《人民检察院办理认罪认罚案件开展量刑建议工作的指导意见》第 13 条规定："除有减轻处罚情节外，幅度刑量刑建议应当在法定量刑幅度内提出，不得兼跨两种以上主刑。建议判处有期徒刑的，一般应当提出相对明确的量刑幅度。建议判处六个月以上不满一年有期徒刑的，幅度一般不超过二个月；建议判处一年以上不满三年有期徒刑的，幅度一般不超过六个月；建议判处三年以上不满十年有期徒刑的，幅度一般不超过一年；建议判处十年以上有期徒刑的，幅度一般不超过二年。建议判处管制的，幅度一般不超

---

[1] 刘卉：《确定刑：认罪认罚从宽制度下量刑建议精准化之方向》，载《检察日报》2019 年 7 月 29 日。

过三个月。""区分说"主张量刑建议的提出方式应当根据罪行的轻重和刑期的长短差别对待，当被告人的罪行较轻、刑期较短时，应当提出具体到点的量刑建议；当被告人的罪行较重、刑期较长时，应当提出具备上下限的幅度刑量刑建议，以此为审判阶段可能出现量刑情节的变化提供一种应对机制。[1]

作为控辩双方在一定程度上共识的结果，量刑建议在形式上应当具备确定性的特质。若量刑建议不具有确定性，则使被追诉人难以确定是否应当同意检察官提出的量刑建议，从而影响本该事实清楚、证据充分的认罪认罚案件审判的程序进程。确定刑量刑建议是控辩双方在进行充分、深入的协商之后，对于量刑达成共识的结果，其能够最大化地满足被追诉人对于"罚"的期待，从而促进被追诉人作出认罪认罚的选择，推进认罪认罚从宽制度的适用。下面笔者以吕某某、郭某某故意伤害案为例，分析检察机关是如何提出精准化量刑建议的。

（1）基本案情。

2018 年 8 月 31 日 3 时许，犯罪嫌疑人吕某某与被害人吴某某在武汉市硚口区某酒店客房内打牌时发生口角，进而发生厮打，后被同行人员劝开。离开房间后，双方再次在酒店走廊内厮打，犯罪嫌疑人郭某某系吕某某的朋友，见状参与共同殴打被害人吴某某。经鉴定，被害人吴某某头面部等处所受损伤程度评定为轻伤二级。2018 年 10 月 30 日，公安民警电话通知犯罪嫌疑人吕某某、郭某某到公安机关接受调查，两名犯罪嫌疑人因身处外地，均于 11 月 5 日到公安机关投案。2019 年 1 月 8 日，武汉市公安局硚口区分局将犯罪嫌疑人吕某某、郭某某涉嫌故意伤害一案移送武汉市硚口区人民检察院审查起诉，并在起诉意见书中标明犯罪嫌疑人吕某某、郭某某自愿认罪。2019 年 1 月 11 日，武汉市硚口区人民检察院积极化解社会矛盾，讯问中向犯罪嫌疑人吕某某、郭某某释法说理，两名犯罪嫌疑人真诚悔罪、赔礼道歉，并自愿赔偿了被害人吴某某全部经济损失，取得吴某某的谅解。

（2）适用认罪认罚从宽制度情况及量刑建议的提出。

武汉市硚口区人民检察院承办检察官经审查认为，犯罪嫌疑人与被害人

---

[1] 胡云腾主编，最高人民法院刑事审判第一庭编著：《认罪认罚从宽制度的理解与适用》，人民法院出版社 2018 年版，第 39 页。

系朋友关系，因琐事发生争吵进而相互打斗造成被害人轻伤二级。案发后，两名犯罪嫌疑人接到公安机关电话通知后，从外地返回投案。经检察官释法说理，两名犯罪嫌疑人真诚悔罪、赔礼道歉，积极赔偿被害人全部经济损失，取得被害人吴某某的谅解。本案符合适用认罪认罚从宽制度的条件。检察官充分听取了辩护律师意见，向两名犯罪嫌疑人告知可能提出的量刑建议，并说明了量刑建议提出的方法。本案中，具体量刑建议的计算方法为：①确定量刑起点。由于本案适用认罪认罚从宽制度，在量刑起点 6 个月至 24 个月有期徒刑幅度内，选取中间偏下值，确定本案量刑起点为 12 个月有期徒刑。②根据增加刑罚量的情形，确定基准刑。因本案造成一人轻伤二级的后果，无增加刑罚量的情形，因此本案基准刑为 12 个月有期徒刑。③在确定基准刑的基础上，根据本案具有的量刑情节对基准刑进行调节，确定拟建议刑。本案具有以下从轻处罚的量刑情节：一是本案因民间矛盾引发，可减少基准刑的 10%；二是犯罪嫌疑人具有自首情节，可减少基准刑的 20%；三是积极赔偿被害人全部经济损失并取得谅解，可以减少基准刑的 20%。因此，本案拟建议刑为 $12 \times （1-10\%-20\%-20\%） = 6$，即 6 个月有期徒刑。④根据案情由检察官对拟建议刑进行 30% 幅度内的自由调节，确定精准量刑建议。本案无需要适用 30% 自由裁量幅度的特殊情形，但鉴于本案两名犯罪嫌疑人符合缓刑条件，因此，对吕某某、郭某某二人提出确定的量刑建议为有期徒刑 6 个月，缓刑 1 年，并建议本案可适用速裁程序提起公诉。两名犯罪嫌疑人对上述罪名、量刑建议、适用速裁程序均表示无异议，自愿认罪认罚，在辩护律师见证下，签署了认罪认罚具结书。开庭审理中，公诉人简要概述了被告人吕某某、郭某某故意伤害的事实、罪名、证据及认罪认罚情况和量刑建议。两名被告人对指控内容均无异议，审判员核实被告人认罪认罚并签署认罪认罚具结书的自愿性、真实性、合法性，听取了辩护人意见和被告人最后陈述。本案当庭宣判，采纳了检察机关的量刑建议，判处被告人吕某某有期徒刑 6 个月，缓刑 1 年；判处被告人郭某某有期徒刑 6 个月，缓刑 1 年。[1]

量刑建议精准化不仅要求在形式上具有确定性，其内容也应当具备全面性。根据《刑事诉讼法》的规定，量刑建议的内容应当包括刑罚种类、刑期

---

〔1〕 参见《检察机关适用认罪认罚典型案例》，载 https://www.spp.gov.cn/spp/xwfbh/wsfbh/201910/t20191024_435825.shtml，最后访问日期：2023 年 6 月 21 日。

长短、罚金数额大小、刑罚的具体执行方式等。量刑建议的实质准确性不是指控方建议量刑与法院判决量刑完全重合一致，而是指控方根据罪责刑相适应原则对案件的犯罪事实、性质、情节、社会危害性等作出全面、适当的综合性评价。[1]不同于非认罪认罚案件中的量刑建议，认罪认罚案件中的量刑建议既是代表国家的检察机关向法院提出的求刑意见，又是检察机关在审前阶段答应犯罪嫌疑人的"司法承诺"。鉴于量刑建议的双重特殊属性，量刑建议的实体内容应当具备准确性，既不能为了诱使犯罪嫌疑人认罪认罚而提出过于宽缓而不考虑罪责刑相适应原则的量刑建议，又不能为了逼迫犯罪嫌疑人认罪认罚而提出太过严厉的量刑建议。

（二）量刑建议的实践状况及效果分析

1. 量刑建议的实践状况考察

1999年，北京市东城区人民检察院首次推出"公诉人当庭发表量刑意见"的做法，并于次年将量刑建议纳入刑事诉讼制度改革的重要内容。在该程序中，如果犯罪嫌疑人自愿认罪，检察院则以协议的罪名起诉并以比正常量刑建议减轻10%至20%的幅度向法院提出量刑建议。[2]在北京市东城区人民检察院这一做法的影响下，全国各地检察机关陆陆续续开展了有关量刑建议程序的探索实践工作，如浙江省瑞安市人民检察院、江苏省常州市人民检察院、北京市丰台区人民检察院等同样进行了量刑建议的探索，在量刑建议的试点工作中取得了一定的成绩，并且有些探索经验也得到了最高人民检察院的认可。21世纪伊始，我国检察机关整体开始使用新式起诉书，这种新式的起诉书包含了审判请求权和有罪判决请求权的内容，是行使量刑建议权的文书保障。[3]2005年7月，最高人民检察院正式下发《人民检察院量刑建议试点工作实施意见》，自此量刑建议制度作为刑事诉讼程序改革的一项重要内容，正式在全国各地检察院推行。这一时期的量刑建议制度实现了实质性发展，先后确立了11家检察机关作为试点单位。最高人民检察院指出，各地检察院在汇总开展量刑建议制度相关工作经验的同时，要坚持做到在实践中更

---

〔1〕 陕西省人民检察院课题组，杨春雷：《认罪认罚案件量刑建议精准化——内涵新解与采纳规则重构》，载《法律科学（西北政法大学学报）》2021年第3期。

〔2〕 转引自汪海燕、付奇艺：《认罪认罚从宽制度的理论研究》，载《人民检察》2016年第15期。

〔3〕 孟建柱：《完善司法管理体制和司法权力运行机制（学习贯彻党的十八届四中全会精神）》，载《人民日报》2014年11月7日。

加深入开展相关工作内容。2010 年 9 月，最高人民检察院印发《关于积极推进量刑规范化改革全面开展量刑建议工作的通知》，对检察机关进一步做好量刑建议工作提出了具体要求。该通知强调检察机关对公诉案件提出量刑建议，是依法履行法律监督职能的重要内容，有利于保障当事人的诉讼权利，有利于强化对量刑裁判的监督制约，促进法院公正量刑。量刑建议改革对检察机关的公诉能力和水平提出更高要求。检察机关要更新执法理念，牢固树立定罪与量刑同等重视、实体公正与程序公正相统一、打击犯罪与保障人权相统一、办案的法律效果、社会效果和政治效果相统一的理念，切实提高检察机关的公诉能力和水平。一是要提高审查判断证据的能力。在审查起诉中，要客观全面审查案件证据，既要注重审查定罪证据，也要注重审查量刑证据；既要注重审查法定量刑情节，也要注重审查酌定量刑情节；既要注重审查从重量刑情节，也要注重审查从轻、减轻、免除处罚量刑情节。二是要提高指控犯罪的能力。在法庭审理中，公诉人要合理安排证据出示顺序和辩论重点，对于被告人对指控的犯罪事实和罪名没有异议的案件，可以主要围绕量刑和其他有争议的问题出示证据和进行辩论；对于被告人不认罪或者辩护人作无罪辩护的案件，应当先出示定罪证据，后出示量刑证据。三是要提高诉讼监督的能力。对于提出量刑建议的案件，检察机关收到法院的判决、裁定后，应当对判决、裁定是否采纳其量刑建议以及量刑理由、依据进行审查，认为判决、裁定量刑确有错误、符合抗诉条件的，要依法及时向法院提出抗诉。

2019 年"两高三部"的《指导意见》规定检察机关一般应当提出确定、全面的量刑建议，实践中将严格按照上述要求提出来的量刑建议称为"精准量刑建议"。与之相对应的是，自认罪认罚从宽制度 2019 年得到全面有效落实至今，在认罪认罚案件中，确定刑量刑建议与幅度刑量刑建议的提出数量相比，前者所占比例在不断攀升。根据最高人民检察院近年来公布的主要办案数据，2019 年 1 月至 9 月，检察机关提出确定刑量刑建议占比 33.5%，被采纳量刑建议数占提出量刑建议数的 81.6%。[1] 2020 年检察机关提出确定刑量刑建议 865 565 人，占提出总数的 73.5%，同比增加 36.7%；被采纳量刑建

〔1〕　参见史兆琨：《检察机关提出确定刑量刑建议法院采纳率为 81.6%》，载 https://www.spp.gov.cn/zdgz/202010/t20201017_ 482200.shtml，最后访问日期：2023 年 6 月 21 日。

议数占提出量刑建议数的 94.9%，同比增加 10%。[1]2021 年检察机关提出确定刑量刑建议占量刑建议提出数的 90% 以上；对检察机关提出的量刑建议，法院采纳人数占同期提出量刑建议数的 97% 以上。[2]2022 年检察机关提出确定刑量刑建议占量刑建议提出数的 90% 以上；对检察机关提出的量刑建议，法院采纳数量占比更是高达 95% 以上。[3]

2. 量刑建议的实践效果分析

量刑建议制度是一项符合我国司法改革方向的、具有重大而深远意义的制度创新，量刑建议在刑事诉讼实践中的推行产生了良好的效果。

（1）适用量刑建议的案件有了较大范围的扩展。在司法实践中，量刑建议的实践效果往往因地而异。根据统计数据，2018 年，北京、天津、重庆等地提起量刑建议数量占提起公诉人数的 80% 以上。目前，常见 23 种罪名已有明确的量刑标准，这一标准几乎覆盖了我国 90% 的刑事案件。[4]更有意义的是，很多地方检察机关从实践出发，结合当地具体司法实践情况，对其管辖区域内常见的罪名进行归纳整理，使得量刑建议在认罪认罚从宽制度下，适用范围不断扩大，超越了常见的 23 种罪名。尤其是认罪认罚从宽制度下的量刑建议在这些地区的整体实践效果是非常显著的。

（2）量刑建议的推行在保障公正的基础上，对于提高诉讼效率有着积极作用。一方面，量刑建议能够给"案多人少"的法院减轻负担。通过检察机关提出确定刑的量刑建议，在量刑建议非畸轻畸重等明显不当的情况下，审判人员无需再对案件犯罪事实是否成立进行重点审查，而只需把庭审的关注点放在确认被告人对于其认罪认罚行为的自愿性以及对相关法律后果的认知程度上，极大地加快了案件审理的进程，提高了诉讼效率。另一方面，司法实践中法院采纳量刑建议的案件的上诉率明显更低。司法机关将更多的轻微刑事案件定分止争在了一审程序，从而能够将更多的精力放在复杂的刑事案件上，极大地提高了诉讼效率。还需注意到，随着认罪认罚从宽制度在《刑

---

〔1〕 参见《2020 年全国检察机关主要办案数据》，载 https://www.spp.gov.cn/zdgz/202010/t20201017_482200.shtml，最后访问日期：2023 年 6 月 21 日。

〔2〕 参见《2021 年全国检察机关主要办案数据》，载 https://www.spp.gov.cn/zdgz/202010/t20201017_482200.shtml，最后访问日期：2023 年 6 月 21 日。

〔3〕 参见《2022 年全国检察机关主要办案数据》，载 https://www.spp.gov.cn/zdgz/202010/t20201017_482200.shtml，最后访问日期：2023 年 6 月 21 日。

〔4〕 陈国庆：《量刑建议的若干问题》，载《中国刑事法杂志》2019 年第 5 期。

事诉讼法》中正式确立，量刑建议的形成机制发生了很大的变化。被追诉人接受检察机关提出的量刑建议是适用认罪认罚从宽制度的基础，这使得量刑建议只有在控辩双方的意思达成合意时才能产生，更加注重减少控辩双方的对抗，尊重被追诉人的合法权益。由此可见，量刑建议的产生更加注重被追诉人的意愿，表明控辩双方存在协商行为，且最终的量刑建议代表双方共同的意思。当然，辩方也可直接向控方提出自己就量刑方面的看法。实践中也应鼓励法检之间的充分沟通，促进高质量的量刑建议产生。关于量刑建议的采纳情况，根据最高人民检察院公布的全国检察机关主要办案数据，近年来检察机关提出的量刑建议在审判阶段已经达到极高的采纳率。可以说，认罪认罚从宽制度在节约司法成本、提升办案质量以及效率等方面获得了各界广泛的好评。以 2020 年为例，全国检察机关出具的确定刑量刑建议占比达到了73.5%，相比 2019 年的确定刑量刑建议增长了 36.7%，[1]表明控辩双方之间的协商更加充分，检察官的量刑水平也在不断地提高；法院采纳检察机关的量刑建议占比大约为 95%，表明经过控辩协商代表双方意志的量刑建议很大程度上可以被审判机关接受。

（3）量刑建议的推行促进了检察人员业务素质的提高。在量刑建议的提出要求日渐精确化的今天，检察人员需要不断提升自身的业务能力与水平。随着司法体制改革的不断深入，在检察人员办理相关类型的案件时，司法实践对其所提量刑建议内容的精确性有了更高的要求，为此公诉人更加需要强化对相关法律知识的学习能力、具体办案的业务能力、处理案件的水准以及对突发状况的应变能力。值得一提的是，通过量刑建议制度的推行，尤其是认罪认罚从宽制度适用以来，公诉人对案件提起公诉的能力有了显著提升，其提出的量刑建议内容较以往更加客观和具体。公诉人不仅能够准确确定被告人是否构成犯罪、犯罪情节的轻重以及其他与量刑有关的证据与事实，而且提出的量刑建议也越来越精准。

三、认罪认罚从宽制度下量刑建议存在的问题

（一）量刑建议适用比例提高过快

在认罪认罚从宽制度广泛适用的态势下，适用量刑建议制度的案件范围

---

〔1〕 参见《2020 年全国检察机关主要办案数据》，载 https://www.spp.gov.cn/zdgz/202010/t20201017_482200.shtml，最后访问日期：2023 年 6 月 21 日。

也有水涨船高之势，虽然不断扩大其适用范围是改革的必由之路，但在司法实践中，却可能存在量刑建议适用范围进一步扩大和适用过快的风险。

第一，在认罪认罚从宽制度下，不论刑事案件是在侦查程序，还是审查起诉或者审判程序，都可以适用认罪认罚从宽制度。这就意味着在对罪名和可能判处刑罚种类不加限制的情况下，所有的刑事案件都可适用认罪认罚从宽制度。同时有关法律也规定，检察机关不得因被告人所犯罪行的轻重及案情的特殊情况，而对其适用认罪认罚从宽制度的权利予以剥夺，这更是为量刑建议制度在刑事诉讼中的广泛适用提供了便利。但是，如果量刑建议适用比例提高过快，就可能造成检察机关公诉权对法院审判权的冲击，使法院审判权的权威性受到一定挑战。与量刑建议适用比例提高过快相伴生的是量刑建议采纳率虚高的问题。近些年来，检察机关愈加精准的确定刑量刑建议逐渐被法院接受认可，这虽然在一定程度上反映出认罪认罚从宽制度在我国刑事诉讼中的广泛适用，但量刑建议采纳率过高很有可能带来只注重量刑建议的采纳率而不重视量刑建议质量的后果。在量刑建议发展的规范化过程中，这一做法是不可取的。

第二，在司法实践中，个别检察机关存在过分看重量刑建议适用的案件数量，而忽视量刑建议的前提性条件的问题；甚至无视认罪认罚从宽制度适用的基本前提，"灵活"采用体现从宽内容的量刑建议，使得量刑建议在案件处理过程中的适用范围不适当扩大。为了提高适用率，个别地方检察机关对犯罪嫌疑人、被告人是否作出认罪认罚的行为进行虚化处理，即使犯罪嫌疑人、被告人一方没有作出自愿认罪认罚的相关表示，个别办案人员也可能盲目地将案件定性为认罪认罚类案件，以此提高量刑建议的适用率。

（二）量刑建议的规范性不足

量刑建议是认罪认罚从宽制度的基础，检察机关提出量刑建议是体现量刑减让、实体从宽的关键，也是达成认罪具结的前提，是认罚内涵的有形载体。可以说，没有检察官的量刑建议，就没有认罪认罚从宽制度的存续。[1]当然，在看到量刑建议的良好作用的同时，对其本身存在的不足也需要予以关注，其中量刑建议缺乏统一规范是一个由来已久的问题，并且时至今日这一问题仍未得到合理有效的解决。

---

[1] 陈国庆：《量刑建议的若干问题》，载《中国刑事法杂志》2019 年第 5 期。

（1）在司法实践中，不同地区检察机关量刑建议的提出方式差异较大。虽然在认罪认罚从宽制度适用的大背景下对量刑建议的内容、提出程序及方式等已有规范性要求，如"两高三部"印发的《关于规范量刑程序若干问题的意见》第 9 条第 1 款规定："人民检察院提出量刑建议，可以制作量刑建议书，与起诉书一并移送人民法院；对于案情简单、量刑情节简单的适用速裁程序的案件，也可以在起诉书中写明量刑建议。"但个别检察机关在落实相关规定和要求时，仍然存在不同做法。比如，有些地方检察机关在确定量刑建议具体内容时，偏向于关注被告人归案后的相关表现，认为随着被告人态度的变化，其具体的量刑情节、量刑幅度的相关考量因素也会随之改变，因此为了保险起见，其通常不直接在起诉书中提出有关建议的具体内容；但也有一些地方检察机关对这种做法持否定意见，认为在现有体制下，量刑建议制度具有一定的稳定性，一般情况下不会出现较大的变化，出于节省时间以及免去诸多重要性不大且繁琐环节的考虑，在起诉书中直接载明量刑建议更能体现检察机关兑现承诺。[1]

（2）对提出量刑建议所考虑因素的规定过于笼统。例如，《人民检察院办理认罪认罚案件开展量刑建议工作的指导意见》第 14 条第 1 款规定："人民检察院提出量刑建议应当区别认罪认罚的不同诉讼阶段、对查明案件事实的价值和意义、是否确有悔罪表现，以及罪行严重程度等，综合考量确定从宽的限度和幅度。在从宽幅度上，主动认罪认罚优于被动认罪认罚，早认罪认罚优于晚认罪认罚，彻底认罪认罚优于不彻底认罪认罚，稳定认罪认罚优于不稳定认罪认罚。"上述内容仅仅是一般性规定，在对提出量刑建议所考虑的因素缺乏具体规定的情况下，即使针对类似案件，不同地区检察机关的量刑幅度也可能差别较大。再如，最高人民法院、最高人民检察院《关于常见犯罪的量刑指导意见（试行）》（以下简称《量刑指导意见》）只规定了 23 种犯罪的量刑范围，但在司法实践中，刑事案件绝对不会只局限于所规定的 23 种犯罪类型。在这一现实问题的影响下，检察机关在侦办案件的过程中经常会陷入"无法可依"的尴尬境地。换言之，在法律规范没有明确规定的情况下，试图解决量刑建议的不规范适用现象是不切实际的。

（3）检察机关量刑建议的调整方式不统一。在审判实践中，对于一个具

---

〔1〕　陈国庆：《量刑建议的若干问题》，载《中国刑事法杂志》2019 年第 5 期。

体案件在证据、法律条文以及被告人的认罪态度发生变化后，检察机关如何对已提出的量刑建议进行内容上的调整，缺乏规范性规定。《指导意见》第41条第1款规定："量刑建议的调整。人民法院经审理，认为量刑建议明显不当，或者被告人、辩护人对量刑建议有异议且有理有据的，人民法院应当告知人民检察院，人民检察院可以调整量刑建议。人民法院认为调整后的量刑建议适当的，应当予以采纳；人民检察院不调整量刑建议或者调整后仍然明显不当的，人民法院应当依法作出判决。"上述规定只是明确了可以允许检察机关调整量刑建议，但对检察机关如何调整量刑建议却并未作出进一步规定。实践中多数情况下是凭公诉人的个人自由意志对其进行调整。他们或是选择在庭审中对量刑建议的具体内容直接作出改变，或是选择在案件开庭审理之前向法官出示量刑建议调解书，抑或在审理结束后再向法院提交量刑建议书。[1]并且在具体案件的处理过程中，对已作出的量刑建议进行调整是否应当经过公诉人所属检察院检察长的同意，在不同地区其具体的做法大相径庭。

（4）量刑建议程序在不同地区的适用标准存在较大差异，特别是在认罪认罚从宽制度下这一问题表现得更为突出。如2019年1月至9月，我国检察机关提出确定刑量刑建议占比33.5%，[2]而有些地区的数量占比明显高于全国水平。其中最为明显的就是四川省成都市检察机关提出确定刑量刑建议的认罪认罚案件占比高达100%。[3]可以说，这些数据表明，在当下的刑事司法实践中，各地适用标准的差异化现象是十分明显的。

（三）认罪认罚案件提出量刑建议的协商性不充分

在认罪认罚案件中，协商具有重要的地位。协商的程序机制使得我国的司法结构由对抗性司法转换为协商性司法，这在一定程度上有效地缓解了各方之间的矛盾与对立。可以说，协商是认罪认罚从宽制度的核心和基础。

1. 缺乏量刑协商程序

尊重被追诉人的协商权利是量刑建议的基石，并贯穿整个制度。在认罪认罚案件中，被追诉人自愿认罪认罚的，经与检方协商后一般会同意检方提出的量刑建议。在司法实践中，检察机关听取辩方的建议时，一般会考虑犯

〔1〕 胡铭、宋善铭：《认罪认罚从宽制度中检察官的作用》，载《人民检察》2017年第14期。
〔2〕 参见史兆琨：《检察机关提出确定刑量刑建议法院采纳率为81.6%》，载https://www.spp.gov.cn/zdgz/202010/t20201017_482200.shtml，最后访问日期：2023年6月21日。
〔3〕 苗生明：《认罪认罚量刑建议精准化的理解与把握》，载《检察日报》2019年7月29日。

罪嫌疑人及其辩护人或值班律师的建议，因此，在听取意见过程中，必然会存在一定程度的协商环节，以保证被追诉人最终签署认罪认罚具结书。[1]但从司法实践来看，量刑建议提出过程中的控辩协商机制仍然存在不足。尽管2019 年"两高三部"的《指导意见》第 33 条明确规定了"协商"一词，但实际上所谓量刑协商机制仅仅是依据相关规定对量刑建议的提出过程作出学理性的分析和界定，对于量刑协商程序，法律层面实际上并没有系统和具体的规定。

2. 控辩双方在协商中的地位不平等

虽然控辩协商是达成量刑建议的前提，但司法实践中经常可以看到，检察机关在所谓的协商过程中扮演的是一个近乎指导者的角色，而协商的另外一方则处于相对弱势的地位，甚至是扮演了一个服从者的角色。控辩平等协商的核心要素尚未完全满足。与一般案件中的量刑建议不同的是，认罪认罚案件中的量刑建议是控辩双方协商后的合意产物。检察人员在认罪认罚案件中不再是单纯的求刑者，而是代表国家与被追诉人进行沟通协商，尽可能在庭前产生代表双方意志甚至三方意志的量刑建议，其肩负着"求刑"和"审判"的双重责任。一般而言，控辩双方能够进行平等协商是确保该制度目标达成和实现程序正义的前提条件。因此，检察机关提出的量刑建议只有是在控辩双方真实意思表示下形成的，才有可能获得辩方的认可，并被法院予以采纳。但在认罪认罚从宽制度适用中，检察机关在程序控制上的主导地位，意味着其在量刑建议的形成和提出过程中发挥着决定性作用。被追诉人作为控辩协商的主体之一实际上却并不具备与控方平等协商的地位，由此容易导致被追诉人认罪认罚的反悔，从而不利于认罪认罚从宽制度目标的达成。

（四）存在量刑建议精准化的障碍因素

随着认罪认罚从宽制度的全面实行，检察机关提出精准的量刑建议成为该制度有效运行的关键。推进认罪认罚案件量刑建议精准化，是刑事诉讼中公正价值和效率价值的要求，有利于丰富检察职能，确保自愿认罪认罚，对提高诉讼效率以及惩罚犯罪和保障合法权益具有重要意义。随着精准化量刑建议在认罪认罚案件中的适用，也出现了一些需要解决的问题。

---

〔1〕　陈瑞华：《刑事诉讼的公力合作模式——量刑协商制度在中国的兴起》，载《法学论坛》2019 年第 4 期。

1. 对量刑建议精准化含义的理解不一致

(1) 检察机关公诉权与法院裁判权之间的冲突。

就普通刑事案件而言，由于量刑建议只具有请求权的性质，因此其是否被法院的裁判结果所吸收采纳最终还是由法院来决定。在认罪认罚案件中，量刑建议虽冠以建议之名，但这一要求在很大程度上影响了法院的自由裁判权。有学者指出，目前正在进行的量刑建议精准化改革，使得检察官呈现出日渐法官化的趋势，检察人员在刑事案件中的主导作用正在逐渐超越法官。[1]然而，其实检察机关在认罪认罚案件中提出的量刑建议与一般案件中提出的量刑建议具有同质性，都是检察机关行使量刑请求权的载体，虽然认罪认罚案件中的量刑建议还体现了辩方的意志，但对于案件的最终审理结果并不具备法律上的约束力。也就是说，检察机关公诉权的行使边界是不能对法院审判权的行使产生实质性影响，检察机关在行使公诉权时应当将范围限定在司法请求权性质之内。[2]因此，法院在认罪认罚案件中采纳检察机关的量刑建议，尤其是对确定刑量刑建议的采纳并非意味着其量刑裁判权被检察机关量刑建议这一司法请求权取代。在司法实践中，多数认罪认罚案件属于轻罪案件，主要以危险驾驶罪、盗窃罪、轻故意伤害罪为主，案情较为简单，大多可适用速裁程序或简易程序。对于这些案件，检察机关和审判机关之间已形成了一套成熟且共通的量刑规则和标准，出现明显量刑偏差的可能性较小。既然检察机关提出的量刑建议没有不当之处，法院予以采纳自然在情理之中。[3]

当然，基于认罪认罚从宽制度的特点，认罪认罚案件中检察机关量刑精准化的要求以及认罪认罚从宽制度适用中检察机关主导地位的特点又在一定程度上影响着法院的量刑裁判。《刑事诉讼法》第 201 条第 1 款规定："对于认罪认罚案件，人民法院依法作出判决时，一般应当采纳人民检察院指控的罪名和量刑建议……"最高人民检察院印发的《人民检察院办理认罪认罚案件开展量刑建议工作的指导意见》第 4 条规定："办理认罪认罚案件，人民检察院一般应当提出确定刑量刑建议。对新类型、不常见犯罪案件，量刑情节

---

〔1〕 闫召华：《检察主导：认罪认罚从宽程序模式的构建》，载《现代法学》2020 年第 4 期。

〔2〕 李振杰：《困境与出路：认罪认罚从宽制度下的量刑建议精准化》，载《华东政法大学学报》2021 年第 1 期。

〔3〕 董坤：《认罪认罚案件量刑建议精准化研究》，载《检察日报》2020 年 8 月 18 日。

复杂的重罪案件等，也可以提出幅度刑量刑建议，但应当严格控制所提量刑建议的幅度。"基于此，有学者认为，在"法院一般应当采纳"的立法范式下，精准化量刑建议已从求刑权转化为带有预决性质的量刑权，法院可以只对量刑建议进行形式审查，只要不存在法定例外情形均应予以采纳。[1]也有学者指出，过于精准的量刑建议事实上侵蚀和削弱了法官的量刑裁量权，检察机关应以提出幅度刑量刑建议为主，为法官的量刑留下足够的裁决空间。[2]还有学者认为，推动量刑建议精准化，强化了检察权在案件处理过程中的效力，甚至使检察机关具有了对案件结果产生实质性影响的权力，不断扩张的检察权，压缩了法官在刑事案件中的审判空间。[3]上述观点的核心思想是由于检察机关在量刑上与被追诉人协商，弱化了审判阶段法官的参与度，致使法官一般情况下只能对控辩双方所达成的共识予以接受，在此过程中，公诉权的边界会在审判权中延伸，法院的定罪量刑权面临着被架空的风险。对此，笔者认为上述认识有所偏颇，在认罪认罚案件中，检察机关提出量刑建议以及《刑事诉讼法》第 201 条第 1 款要求人民法院依法作出判决时，一般应当采纳人民检察院的量刑建议，体现出量刑建议确实对法院裁判的形成具有较强约束力，但并不能以此认为这一要求侵犯了法院的独立审判权。《刑事诉讼法》第 201 条第 1 款的规定只是强调法院对控辩双方在合法范围内形成的诉讼合意的一种尊重和认同。也就是说，被追诉人认罪认罚与检察机关的量刑建议仅代表双方合意，法院应当给予充分尊重，但是否采纳仍由审判机关决定，法院依然是最终裁判权的行使主体。既然量刑建议属于求刑权的范畴，那么它再精准、再确定，也还是建议，而非结论，都需要经过法庭审理和法官审查并确认后，才能形成具有法律效力的刑罚裁决。[4]

（2）量刑建议精准化的含义不明确。

在认罪认罚案件中，对于"量刑建议精准化"的含义，学界存在不同的理解。有观点认为，精准化量刑建议是指提出确定刑量刑建议。持这种观点

---

〔1〕董坤：《认罪认罚案件量刑建议精准化与法院采纳》，载《国家检察官学院学报》2020 年第 3 期。

〔2〕黄京平：《幅度刑量刑建议的相对合理性——〈刑事诉讼法〉第 201 条的刑法意涵》，载《法学杂志》2020 年第 6 期。

〔3〕赵恒：《量刑建议精准化的理论透视》，载《法制与社会发展》2020 年第 2 期。

〔4〕余剑：《精准化量刑建议的法律性质及其展开》，载《东方法学》2023 年第 4 期。

的学者指出，"精准量刑建议"是指对刑罚种类、刑罚期限以及刑罚执行方式等内容提出明确、具体的建议，即确定刑量刑建议。[1]也有观点认为，量刑建议精准化是指提出幅度刑量刑建议。持这种观点的学者认为，量刑建议精准化要让步于现实情况，尤其是"刑罚个别化"，在我国目前的诉讼制度和司法环境下，相对于确定刑量刑建议，幅度刑量刑建议的科学性更强，可以更好地发挥优势，有利于实现公平正义。[2]还有观点认为，精准化量刑建议是指以提出确定刑量刑建议为主，幅度刑量刑建议为辅，并根据具体案情作相应调整。持这种观点的学者认为，对于一些新型、疑难的案件，量刑证据和量刑信息收集难度较大，且某些酌定量刑证据是否采纳可能需由法官进行定夺。因此，如果要求检察机关在最初量刑协商时便全部提出确定刑量刑建议是与实际情况不相契合的。[3]

此外，对量刑建议明显不当也有不同的理解。如何区分量刑建议"不当"与"明显不当"，理论上有分歧，实践中亦无标准。有观点认为，"明显不当"是指刑罚的主刑选择错误，刑罚的档次、量刑幅度畸重或者畸轻，适用附加刑错误，适用缓刑错误等。还有观点认为，"明显"描述的是不当的程度，应当从一般人的正常认知角度进行判断，具体可以从量刑建议违反罪责刑相适应原则、与同类案件处理明显不一致、明显有违一般司法认知等方面加以把握。根据《人民检察院办理认罪认罚案件开展量刑建议工作的指导意见》的规定，法院经审理认为量刑建议明显不当的，应当告知检察机关对量刑建议进行调整。如何判断量刑建议是否明显不当，应从罪刑是否相当的角度进行评价，即量刑建议中的刑罚是否与犯罪事实、性质、情节和对社会危害程度相当；该判断需要结合量刑过程进行具体审查。

在认罪认罚案件中实现量刑建议精准化，不仅可以通过实践探索不断积累经验，也可以借鉴国外有关国家的有益做法。在日本和荷兰，检察机关提出确定刑量刑建议已有先例。"日本在公判程序中，检察官请求将抽象之规定适用于具体案件时，不仅应对是否存在犯罪构成要件的事实进行陈述，还应当明确适用的法条，陈述妥当的具体刑罚种类及其分量的意见。"荷兰检察系

---

〔1〕 苗生明、周颖：《认罪认罚从宽制度适用的基本问题——〈关于适用认罪认罚从宽制度的指导意见〉的理解和适用》，载《中国刑事法杂志》2019年第6期。

〔2〕 臧德胜：《科学适用刑事诉讼幅度型量刑建议》，载《人民法院报》2019年8月29日。

〔3〕 王洋：《认罪认罚从宽案件上诉问题研究》，载《中国政法大学学报》2019年第2期。

统于 1995 年开始着手制定精细化的量刑建议准则，简称"北极星准则"，为检察官作出具体量刑建议提供重要参考。[1]

2. 检察机关的量刑水平有待提高

量刑建议精准化包含"确定"和"准确"两个方面的要求，二者缺一不可，其中的"准确"更是认罪认罚从宽制度的关键所在。这就要求提出的量刑建议需符合罪责刑相适应原则，否则即使是确定刑量刑建议，如果过重或者过轻，都会难以被犯罪嫌疑人和被害人所接受。同时，对公诉人的量刑水准有较高的要求。确定刑量刑建议的提出意味着检察官需要对案件结果承担更直接的责任，幅度刑量刑建议反而让法官有了选择的余地，能够把最终的量刑责任转移给法官，这就造成个别检察官提出精准化量刑建议的动力不足，更愿意提出和法律规定一样宽泛的量刑建议，而对附加刑和缓刑的量刑建议也较为模糊。要想改变这一现状，就需要检察官实现由单方指控者向中立裁判者的角色转换，不断积累量刑经验。当然，量刑经验的积累并非一蹴而就，即使是法官在量刑时也需要整合各种影响量刑的因素，并运用自身通过认识、分析案情所形成的思维，最终形成量刑裁判。

还应看到，在认罪认罚案件中，量刑建议说理不充分也是影响量刑建议精准化的因素。量刑建议只有有理有据，而且论证充分，才有可能得到法院的采纳。然而，检察机关在提出量刑建议时未能对其中的量刑内容、刑种刑期等说明理由，对于是否适用缓刑等问题也未能进行充分说明。另外，认罪认罚具结书的内容趋于格式化，导致量刑理由叙述比较笼统，尽管不会出差错，但却没有详细说明各个量刑情节对量刑结果的影响，其他诉讼主体也就无从判定量刑建议是否合理，这种只有结论而缺乏论证的量刑建议实际上难以令人信服。

四、认罪认罚案件中量刑建议的优化对策

(一) 制定具有可操作性的量刑指导规范

在认罪认罚案件中，检察机关的量刑建议对法院量刑的制约作用越来越明显，因此检察机关相较法院而言更需要精准的量刑指导规范。认罪认罚案件中量刑建议的科学化、规范化、精准化首先取决于量刑建议的提出要具有

---

[1] 董坤：《认罪认罚案件量刑建议精准化研究》，载《检察日报》2020 年 8 月 18 日。

可操作性强的参照标准。在我国，尽管"两高三部"于 2020 年 11 月印发了《关于规范量刑程序若干问题的意见》，最高人民法院、最高人民检察院于 2021 年 6 月印发了《量刑指导意见》，但由于这两个意见所包含的罪名比较少，其对检察机关提出量刑建议的指导作用比较有限。笔者认为，优化认罪认罚案件中量刑建议的重要路径之一即制定具有可操作性的量刑指导规范，以促进量刑建议的科学化、规范化、精准化。在制定量刑指导规范时，应注意如下几点：

首先，梳理整合司法实践经验，结合已有的量刑指导规范，由最高人民法院和最高人民检察院联合制定包括全部罪名在内的量刑指导规范和认罪认罚案件量刑指导规范，检察机关要形成与法院统一、明确的指导规范。同时，最高人民检察院还应当及时总结司法实践，制定发布专门的量刑指导性案例，在全国范围内指导认罪认罚案件的量刑建议规范化和精准化，从而有效提高我国量刑指导规范的水平及利用效率。检察机关学习法院量刑经验，不仅可以保障量刑建议的精准化，还能够有效行使监督权，对法院的量刑活动进行监督。

其次，量刑指导规范作为未来认罪认罚案件量刑的具体指引文件，应当尽可能做到明确、具体并具有较强的可操作性，这样才能最大限度地保障量刑建议的精准化。在量刑从宽的具体定量方面，应当综合考虑被追诉人认罪认罚时所处的诉讼阶段为侦查、审查起诉还是审判阶段，被追诉人选择适用的诉讼程序为普通程序、简易程序还是速裁程序，罪行的严重程度以及犯罪后的悔罪程度等上述可能影响量刑减让幅度的因素，构建精细化、比例式的规范体系，为量刑建议的提出予以更加明确的指导。目前我国法院在认罪认罚案件中普遍采取"三二一"量刑减让模式，即根据犯罪分子认罪认罚所处诉讼阶段的不同，分别给予他们 30%、20%、10% 的量刑减让幅度。[1]在司法实践中，这种宽泛简单的规定往往不能对司法机关产生较强的法律拘束力，尤其涉及具体个案的复杂情形，司法机关不单独评价认罪认罚情节，笼统决定量刑减让幅度的情况也时有发生，但总体来说"三二一"量刑减让模式值得肯定。从目前的司法实践来看，仅依据被追诉人认罪认罚时所处的诉讼阶段不同来粗略确定量刑减让的比例难以应对具体案件中出现的繁杂情况。因此，检察机关在办理认罪认罚案件时可以先根据"三二一"量刑减让规则作

---

[1] 刘伟琦：《认罪认罚的"321"阶梯式从宽量刑机制》，载《湖北社会科学》2018 年第 12 期。

出大致的量刑从宽比例衡量评定，然后在第一次评定的基础上综合评价所有可能影响量刑的因素，对评定结论作进一步的修正，最终确定一个较为精准的量刑减让比例，并依此提出最终的量刑建议。

（二）明确认罪认罚案件中从宽的幅度

从我国的量刑建议制度发展、改革的实践过程及经验来看，在刑事诉讼中，检察机关在提出量刑建议时多存在措辞模糊而不具体的情况，"从重""加重""从轻""减轻"处罚等程度性建议的使用频率往往较高。实际上，在认罪认罚案件中，检察机关如果能够提出从宽幅度明确、可预期的量刑建议，其实更能有效激励被追诉人积极认罪认罚，从而促进该制度的有效落实。因此，设计区间化的量刑建议从宽幅度是非常必要的，当然，在设计区间化的量刑建议从宽幅度时，需要考虑到以下情况：

1. 量刑情节不确定

综合考虑量刑情节是检察机关针对认罪认罚案件提出具体、科学、准确的量刑建议的基础。如果认罪认罚案件适用刑事速裁程序，那么审查起诉阶段量刑建议的提出实质上是整个量刑工作的提前开始，是其后审判环节中量刑辩论和最终作出量刑结论的前提。倘若检察机关在提出量刑建议时不能综合考量诸如自首、立功、坦白、初犯、偶犯等关系从宽量刑的情节并进行横向比较，之后的量刑辩论和量刑结果就失去了准确的前提。极有可能使被追诉人推翻认罪认罚具结书而导致程序转回简易程序或普通程序，造成司法资源浪费。也有可能因量刑结论的畸轻畸重导致不能罚当其罪，引起抗诉或者上诉。因此，认罪认罚案件要求量刑建议精准化的前提实质也是要求对量刑情节予以精确化考量。基于此，笔者认为，一方面，在司法实践中检察机关应当对被追诉人所犯罪行和量刑情节，对照上文提出的统一的量刑建议规范的从宽幅度比例标准，区分法定量刑情节和酌定量刑情节，区分不同情形的参考幅度和幅度的底线标准，依法依刑种提出确定刑量刑建议；另一方面，积累并参考认罪认罚案件有关量刑的案例指导，针对个案的社会危害性、类案的社会矫正效果、坦白或者自首情形、是否适用缓刑等情节充分开展社会调查并进行综合研判，依据实际确定个案的相应情节的从宽幅度，作为统一的量刑建议规范的实践补充，有效提高不同案件的量刑建议的准确性、科学性。

2. 认罪认罚阶段不同

在公安机关将认罪认罚案件移交检察院，随后审查起诉程序启动后，检察机关提出的量刑建议不能超越法定量刑幅度的边界。在此基础之上，根据被追诉人认罪认罚的诉讼阶段不同，从宽幅度的设计也理应不同。因为认罪认罚阶段越早，对于案件侦破作用越大，耗费司法资源越少。如有观点认为，对于在侦查阶段、审查起诉阶段、审判阶段三个不同阶段认罪的，从宽的幅度可以分别在 20% 至 30%、20% 至 10%、10% 以内对应适用从宽幅度，从而最大限度激励被追诉人尽早认罪认罚，这就要求公诉机关在提出量刑建议时要尽量确定具体，即使提出不确定刑也要尽量缩小幅度，并对所提幅度作出合理解释。同时，对符合速裁和简易程序的认罪认罚案件，也应就程序适用不同在量刑时有所区别，对于司法资源耗费小的认罪认罚案件的从宽幅度要优于其他程序。

3. 犯罪情节轻重不同

第一，对于认罪认罚从宽制度，尽管轻罪案件和重罪案件均可以适用，但应当根据情节有所区别。不同犯罪案件，情节各有不同，在认罪认罚案件中，即使是同一罪名而情节不同的案件，从宽幅度也应有所不同。如对于社会危害性极大、犯罪性质极其恶劣、犯罪手段残忍的重罪案件或者死刑案件，即便是被追诉人认罪认罚，考虑到一旦从宽便会显失公平正义，也可以不适用从宽。相反，有些刑事案件犯罪情节显著轻微，犯罪嫌疑人如果能够真诚悔过并自愿认罪认罚，检察机关也可以依此情形决定适用不起诉程序，这也是一种从宽手段。

第二，对于犯罪情节应进行轻重区分和判断。首先，对于具体罪名，根据《刑法》所规定的量刑幅度，考量犯罪情节轻重程度不同，科学设计标准一致的量刑计算方式，犯罪的时间和地点、手段和方法、犯罪动机、结果和后果、犯罪后的态度等常见情节都应作为从宽幅度的重要考量因素。其次，还要准确判断情节恶劣、情节严重、情节轻微、情节显著轻微等影响从宽幅度的犯罪情节因素，并根据不同的情节明确从宽的幅度。最后，在量刑幅度相似相近的危害人身安全犯罪和财产犯罪案件中，被追诉人认罪认罚的，也应区别从宽幅度，尽管各种条件相似，认罪认罚程度相同，适用程序相同，但危害人身安全犯罪的从宽幅度应明显小于财产犯罪。如对于强奸罪的五种加重情节，同时具备两个加重情节的被追诉人的犯罪性质恶劣程度显著高于具备一个加重情节的，因此，即使被追诉人认罪认罚，也应对从宽幅度严格予以限制。

（三）完善量刑协商程序及保障机制

1. 加强对被追诉人量刑协商的权利保障

（1）切实保障被追诉人的协商自愿性。量刑协商是控辩双方所进行的一项"最低限度的合作"，犯罪嫌疑人、被告人通过认罪认罚，从而换取对自身较为有利的量刑幅度，从某种意义上来说削弱了传统控辩对抗程度。正是由于被追诉人自愿认罪认罚，为其实体权利的保障与简易程序的适用提供了可能。涉及协商性司法的"交易""讨价还价"等因素，都是控辩双方所能进行的更大程度的诉讼合作。[1] 自愿认罪认罚是最基本的适用前提条件，也是认罪认罚从宽协商机制的存在基础。自愿性是启动协商机制的预设前提，被追诉人是否具有自愿性不仅需要控辩双方的确认，还需要检察机关的实质审查，排除合理怀疑。自愿性作为协商的前提，要求控辩双方之间的协商必须遵循自愿原则，为此应排除检察机关单方面的强制要求甚至威胁等做法。在认罪认罚案件中，自愿认罪并同意量刑建议是犯罪嫌疑人认罪具结的前提，这就必然要求检察机关在正式提出量刑建议前，应当与犯罪嫌疑人、辩护人或者值班律师进行量刑协商，同时还要听取被害方意见，以防止程序回转。

（2）加大对被追诉人协商权利的保障力度。为了使认罪认罚从宽协商制度得以顺利适用，进一步保障控辩双方在协商中的对等性、平等性是非常必要的。基于此，在协商过程中必须强化对被追诉人诉讼权利的有效保障。最高人民检察院反复强调，犯罪嫌疑人、被告人有反悔的权利，且上诉权不可剥夺。[2] 为了削弱检察机关在协商过程中所处主导地位对被追诉人的不利影响，应当强化被追诉人以下权利的保障：①反悔权或撤回权。被追诉人既可以自愿认罪认罚，亦可以自主决定反悔。保障被追诉人的反悔权或撤回权，不仅可以防止其被迫认罪认罚，同时也是抵抗不当量刑建议的有效方式。尽管撤回认罪答辩是被追诉人行使自我决定权的体现，但一般情况下被追诉人自愿认罪认罚后不能随意撤回这一承诺，否则会影响适用认罪认罚从宽制度

---

〔1〕　陈瑞华：《刑事诉讼的前沿问题》，中国人民大学出版社 2016 年版，第 463 页。

〔2〕　参见《认罪认罚从宽制度若干争议问题解析（下）——专访最高人民检察院副检察长陈国庆》，载《法制日报》2020 年 5 月 13 日。

的初衷。司法实践中，比较现实的选择是合理限制被追诉人行使反悔权，可将被追诉人的反悔分为正当反悔与不正当反悔，并适用不同的反转程序。对于不正当的反悔，检察官应遵循禁止违反承诺原则，法官遵循"事先告知、听取意见与可撤回"的正当程序，决定不采纳认罪认罚具结书。②知情权、表达权与异议权。在量刑建议之合意的达成上，尽管检察机关处于程序的发动者地位，但是，鉴于在协商的过程中，被追诉人应当享有充分的知情权，检察机关应就其量刑建议进行说理。同时，被追诉人有权发表意见和提出异议，以此实现真正的协商，并最终达成合意以及签署认罪认罚具结书。[1]

2. 规范量刑协商的启动程序

首先，需要对协商程序的启动方式、启动主体、协商范围、协商结果的履行以及拒绝协商的后果等作出明确规定，以保障量刑协商的程序正义。其次，赋予被追诉人在侦查阶段启动量刑协商程序的权利。目前立法对于在侦查阶段能否启动量刑协商程序尚未作出明确规定，认罪认罚程序的启动主体主要为检察机关，未来为了提高被追诉人认罪认罚的积极性，应当赋予其在侦查阶段启动量刑协商的权利，允许其就变更强制措施等程序性事项与侦查机关进行协商。最后，构建三方参与的协商机制。确保检察机关、辩护律师或者值班律师、犯罪嫌疑人三方能够共同参与量刑协商，在三方协商过程中，检察机关应当改变以往重定罪轻量刑的观念，增强提出精准量刑的责任感，在提出量刑建议后，要充分听取辩方关于量刑的意见，并对不予采纳的意见作出说明，以此充分保障犯罪嫌疑人的知情权，使其能够充分评估该量刑建议是否符合自身利益，进而自愿选择是否认罪认罚。为确保认罪认罚的真实性，整个协商过程应进行全程录音录像，这样既能防止检察机关滥用权力，也可以避免被追诉人反悔上诉。

3. 明确量刑协商的主体和协商的诉讼阶段

（1）明确量刑协商的主体。首先，检察机关应当属于一方协商主体。在认罪认罚案件中，检察机关代表国家追诉犯罪，其需要综合考量被追诉人的认罪认罚阶段、全部定罪量刑情节以及全案事实，以此确定较为精确的量刑建议并提交法院。即便认罪认罚发生在审判阶段，也应由检察机关作为协商主体开展协商，而审判机关始终处于对协商结果居中裁判的地位。其次，被追诉人是量刑协商的另一方主体。基于被追诉人在诉讼中的明显弱势地位，为确保量刑协商的公正性，有必要使被追诉人的辩护律师或者值班律师能够参与到量刑协商过程，能够为被追诉人提供有效法律帮助。最后，刑事案件的被害人，如有必要也可以参与到量刑协商中来。被害人作为刑事案件的受害者，能否对其降低伤害，最大限度进行抚慰，达成谅解也是考量认罪认罚案件社会效果的重要方面。从以往经验看，就民事赔偿问题达成一致，对刑事和解和提高诉讼效率经常能起到决定作用。而被害人的自愿谅解，会直接影响认罪认罚案件从宽的幅度。因此，民事赔偿是否完成，和解协议是否达成应当成为量刑协商的重要参考，对从宽的幅度也应有所差异。这样一方面起到了对被害人进行经济上弥补的作用，另一方面也是对被追诉人深刻认罪悔罪、积极赔偿的一种激励。鉴于被害人在量刑协商过程中的重要作用，认罪认罚案件中如有必要应将被害人确定为量刑协商的主体，允许其在认罪认罚从宽制度启动之初就可以提出赔偿主张，并根据赔偿情况就量刑问题发表意见。

（2）明确量刑协商的诉讼阶段。虽然认罪认罚可能发生在侦查、审查起诉、审判中的任何一个阶段，但是由于公检法三机关职能不同，加之侦查机关的主要任务是查明案件事实和收集证据以及查获犯罪嫌疑人并对其进行讯问，此时移送审查起诉尚未进行，因此公安机关本身无权就量刑协商及量刑问题作出处置，法律也并未赋予其提出量刑建议的职权。可见，量刑协商的阶段应当是审查起诉阶段和审判阶段，履行该职责的机关应限定为检察机关。在司法实践中，即便认罪认罚发生在审判阶段，也应由检察机关作为协商主体开展协商，因为审判机关始终处于对协商结果居中裁判的地位，如果法官也参与协商，势必会影响审判机关的中立性和公正性。

4. 确立控辩双方平等协商保障机制

（1）确立证据开示制度。证据开示制度的确立目的在于通过控辩双方在审前双向开示与定罪量刑有关的证据材料，以利于充分保障辩方的案件证据知情权，使被追诉人在全面了解案件事实和证据的基础上作出是否自愿性认罪认罚的判断。证据开示制度的确立能够改变控辩双方在证据收集方面的天然失衡状态，让辩方也能掌握与控方对称的有效的证据信息，形成控辩双方平等协商的平衡局面。针对目前控辩协商信息不对称、地位不对等的问题，检察机关应当积极探索证据开示制度，即在审查起诉阶段向犯罪嫌疑人、值班律师、被害人等多方主体披露其目前掌握的证据，与值班律师就现有证据展开充分沟通协商，以此为基础形成犯罪嫌疑人易于接受的量刑建议。在制度的适用上，既可以是检察机关依职权主动开示，也可以是值班律师、犯罪嫌疑人依申请开示，开示的内容主要涉及基本犯罪事实证据和影响量刑的相关证据以及程序性材料等。检察机关还应当就量刑建议的计算方法向被追诉人释明，便于值班律师有针对性地对量刑幅度提出相关意见。[1]需要强调的是，控辩协商中的证据开示制度是指双向的证据开示，犯罪嫌疑人和值班律师也应当将其掌握的证据向检察机关进行开示，这能够帮助检察机关全面掌握案件信息，提出更加精准的量刑建议。同时，在证据开示中，要加强对相关信息的保护，诸如对证人证言要进行技术处理。[2]

（2）加大值班律师的参与力度。在司法实践中，值班律师的职能和定位不清晰，导致部分值班律师工作积极性较低，难以发挥其应有的作用，有的地方甚至直接把值班律师称作"见证律师"。加大值班律师的参与力度，可以从以下两个方面入手：一方面，明确值班律师有权正式介入案件的时间节点，在犯罪嫌疑人签署认罪认罚具结书之前给予值班律师会见犯罪嫌疑人、阅卷的时间，在会见犯罪嫌疑人和阅卷之后，确保值班律师向犯罪嫌疑人解释具体的法律规定以及认罪认罚的预期后果等。另一方面，要调动值班律师为犯罪嫌疑人提供法律帮助的积极性。政府要明确责任，完善值班律师物质保障，提高值班律师的待遇，以此激发值班律师的工作热情，使其能够及时帮助犯罪嫌疑人理解罪名，并就量刑幅度与检察机关展开充分协商。建议将增加值班律师的物质补贴作为调动值班律师积极性的出发点，通过加大政府购买律师协会法律服务的力度，提高值班律师的补贴费用，从源头解决值班律师的物质保障匮乏境况。[3]

（四）构建大数据量刑建议系统

伴随着"大数据"一词的出现和快速发展，无论是大众的学习、工作、生活抑或思维的方式都发生了翻天覆地的变化。长期从事信息技术科研工作

---

〔1〕 周新：《论认罪认罚案件量刑建议精准化》，载《政治与法律》2021 年第 1 期。

〔2〕 张玉玺：《认罪认罚案件量刑建议精准化探究》，载《广西政法管理干部学院学报》2023 年第 4 期。

〔3〕 蔡元培：《法律帮助实质化视野下值班律师诉讼权利研究》，载《环球法律评论》2021 年第 2 期。

的机构认为：大数据是一种隐形资产，需要经过新处理模式的处理才能激发其中隐藏的多种综合性能力，从而更好地适应现实和更多地发掘各种各样的信息。[1]虽然不同的主体对于"大数据"的概念的认识有差异，但是有一点是相通的，那就是都能认同大数据已远远超出了传统数据处理和分析工具的能力，这就为大数据的发展提供了前所未有的条件和机遇。司法大数据产生于司法实践活动中，那些被广为收集的数据经过深层次的加工处理，可以成为能够提高诉讼效率、助力司法公正的有力工具。同理，在刑事司法实践中，利用大数据的巨大功能，建立适宜的大数据量刑建议系统，有助于促进量刑建议的精准化。

（1）加强对各类刑事数据的分析、梳理，形成完整的同类型案件量刑报告。刑事案件数据分析系统是在对国内所有刑事数据进行收集、开发、分析的基础上所建立起来的数据系统，通过不断细化这一系统的各种功能，使得该系统的功能和定位能够契合当下的司法大数据模式的发展，推进刑事司法数据智能化应用的进程。笔者认为，刑事案件数据分析系统理应包含以下几点内容：刑事案件基本数据、诉讼服务数据、程序数据、庭审数据、文书数据、执行数据等。简而言之，这一系统应该同步于刑事司法的整个过程。在当前的司法实践中，虽然还没有形成完善的刑事案件数据分析系统，但已经具备了良好的平台基础，当务之急是如何完善好各个系统，并且打通各系统之间的内部连接，将不同系统的功能和作用最大化地激发出来，以期实现建立这一系统的初衷。

（2）将案件所涉及的裁判文书、相关证据等进行纵向划分，形成对案件的智能类比分析系统，为司法审判提供更加科学、准确的数据支撑。另外，这一智能类比分析系统应该以犯罪的时间、地点、动机、情节轻重程度为纵向分类依据，形成同类型案件的量刑分析报告。例如，在盗窃类案件中，首先以地区为横向分析依据，着重考量这一案件类型在不同地域审判过程中量刑的区别，并且找到量刑差异最大的地区，分析这些地区差异大的原因，确保建立在大数据基础上的量刑分析报告能够涵盖所有地区的量刑数据信息；其次以时间为纵向分析依据，分析同一类型的案件在不同的时间节点的量刑有无根本差异及存在差异的原因，以期得出的量刑分析报告能够贯穿不同的

---

〔1〕 钟政：《基于大数据的量刑建议系统研究》，载《贵州警官职业学院学报》2018 年第 3 期。

时间，并且显示出实体法的不断变化和衔接，使得分析报告更加完善，更加具有实用性和可操作性；最后对于动机和情节轻重程度的研究目的亦是如此。总之，智能类比分析系统的形成主要是为了扩大数据的涵盖范围，为大数据量刑建议系统填充实践力量，使其更有说服力。

（3）运用提前编写好的量刑公式进行测算，得出准确的量刑建议。尽管大数据量刑建议系统的运用为量刑建议奠定了良好的基础，但是要想获得准确的量刑建议，还需要编写出一套可行性、操作性较高的量刑公式，这是保证最终实现大数据量刑建议系统功能的关键一环。笔者认为，科学的量刑公式需要多领域专家的共同努力和参与才能得出，因此我们应该把数学专家、法律专家、社会学专家以及计算机方面的专家都吸收进来，其中法律专家和社会学专家帮助提供有关影响量刑建议的具体因素，数学专家和计算机方面的专家帮助解决公式具体设置方面的困难，由此量身打造出一个科学、准确、合理的量刑公式。

（4）合理利用人工智能技术和大数据。加强数据信息建设，并根据大数据提供的不同地域、不同时间、不同种类案件的裁判结果等相关数据来为检察官的量刑建议提供参考。通过智能系统，形成量刑结果的数据库，能有效提高检察机关出具量刑建议的精准性。在广泛应用大数据平台的基础上，建立特殊的、仅针对量刑情况的规范化平台，通过不断更新对裁判量刑的影响因素这一变量，同时重视每个案件自身的独特性，从而借助智慧手段实现量刑建议的精准化、数据化，使之成为统一的认罪认罚案件量刑指导规范的技术支撑。[1]随着网络信息技术的飞速发展，大数据的具体运用程序已经遍及我国司法领域的各个方面，量刑建议制度作为司法体制改革的重要内容之一，必然会受到大数据的影响。从司法实践中不难看出，检察机关在处理刑事案件时对大数据的准确适用，不仅增强了量刑建议的智能化，而且提升了其内容的高效性与准确性。但大数据也有不足之处，如其自身固有的机械化特征以及对事物价值判断的缺陷等，使大数据只能作为检察机关提出量刑建议时的辅助工具。虽然只是作为辅助工具存在，但其对有效合理地规制量刑建议仍有重要意义。

---

〔1〕 顾玫帆：《认罪认罚从宽案件量刑建议应关注三个问题》，载《检察日报》2019 年 3 月 4 日。

总之，形成准确的量刑建议需要建立在对司法大数据熟练应用的基础之上，紧紧围绕定罪的事实和证据，利用大数据使得量刑建议更加智能化、规范化，从而推动认罪认罚从宽制度中的量刑建议从青涩走向成熟。[1]

（五）确立不采纳量刑建议说明理由和容错机制

1. 构建法院不采纳量刑建议的说理制度

量刑建议权作为一种请求权，反映了检察机关对量刑的预期，虽然对法院的量刑并无绝对的约束力，但它提醒法院要审慎量刑——如果法院不采纳控方的量刑建议或者与其有较大分歧，需要在判决书中说明理由；如果检察院认为法院量刑不当，则有权提出抗诉。[2]量刑建议体现了作为法律监督者的检察机关对司法裁判的重要组成部分——量刑结果的监督。量刑建议促使法院在判决中加强量刑说理，这不仅有利于增强量刑裁判的说服力，而且有利于挤压极少数法官利用量刑自由裁量权进行权力寻租的空间。[3]为使检察机关的量刑建议不流于形式，充分发挥其内在的审判监督作用，促进公正廉洁执法和量刑公开，有必要构建法院不采纳检察机关量刑建议的说理制度。同时，审判机关对量刑建议采纳与否应明确写入判决书，具体是在判决书表述中引入检察机关的量刑建议，并将是否采纳量刑建议向检察机关和当事人作出明确说明。对于法院送达的《不采纳量刑建议理由说明书》，检察机关应当进行严格的审查监督。

2. 建立容错机制

量刑建议发生错误或者偏差时如何进行纠正，是量刑建议制度的重要组成部分。为保证检察机关合理行使量刑建议权，应设置容错机制和相应的程序保障机制。①法院作为审判机关，在庭审中应该对认罪认罚的自愿与否、在认罪认罚过程中是否获得值班律师法律帮助、认罪认罚具结书的签署是否真实合法等进行审查，作为认罪认罚案件量刑建议审查的第一步，一旦发现存在非自愿认罪认罚，则对于检察机关的量刑建议有理由直接予以否定并依法直接作出判决。②保障犯罪嫌疑人、被告人的反悔权，即一旦被追诉人反悔，所签署的认罪认罚具结书即无效，从宽量刑的建议即无效，法院可以直

〔1〕　吴冬、张东武、吴海伦：《认罪认罚从宽制度改革中量刑建议研究》，载《人民检察》2017年第17期。

〔2〕　刘宝霞：《我国检察机关量刑建议机制研究》，载《天津法学》2012年第3期。

〔3〕　朱孝清：《论量刑建议》，载《中国法学》2010年第3期。

接不予采纳或允许检察机关作出相应更改。③对于因为检察机关认识错误而导致的审判机关没有采纳检察机关提出的量刑建议的，法院应适时书写《不采纳量刑建议说明书》，检察机关在受到该说明书后应尽快根据案情进行具体分析和改正。④对于双方对量刑存在严重分歧的案件，检察机关认为法院理由说明不充分，量刑不当的，可以依法启动抗诉程序进行纠正或者依法提出检察建议，发挥审判监督作用。

第四章

被追诉人撤回认罪认罚问题研究

一、被追诉人撤回认罪认罚概述

(一)被追诉人撤回认罪认罚的含义

在《指导意见》中,大多涉及"认罪认罚撤回"的相关规定,都是使用"反悔"一词。对此,笔者认为将被追诉人否认认罪认罚的行为统称为"撤回"更为妥当,主要基于以下理由:①从词义分析上可以看出,"反悔"侧重被追诉人内心的主观意愿,而"撤回"更侧重被追诉人的客观行为。法律规范的是行为,无论行为人有怎样的内心活动,最终受到法律约束的仍是行为人将内心活动转化于外在表现的行为。②在刑事诉讼中,认罪并非被追诉人作出的承诺,而是被追诉人认同检察机关指控的犯罪,并自愿作有罪供述;认罚是指被追诉人真诚悔罪,愿意接受其与检察机关量刑协商后的处罚,同样不存在双方当事人对于量刑的允诺。因此,被追诉人对认罪认罚的否认,并非违背诚实信用原则的随意"反悔",而是其基于先前的认罪认罚获得的对其撤回的权利。综上,笔者认为,将被追诉人否认认罪认罚的行为统称为"撤回"更为妥当。基于上述认识,对于被追诉人撤回认罪认罚的含义可以作如下理解:在认罪认罚案件中,被追诉人基于对认罪认罚的反悔,而撤回认罪认罚的意思表示以及相关承诺性材料的行为。可见,作为被追诉人内心反悔的外在表现形式,撤回认罪认罚既是被追诉人的一项权利,也是终止认罪认罚从宽制度适用的标志。

（二）被追诉人撤回认罪认罚的特点

1. 撤回认罪认罚时间的不确定性

被追诉人撤回认罪认罚可以发生在其认罪具结后的任何刑事诉讼阶段，具有时间上的不特定性，具体可分为：起诉前的撤回、一审程序中的撤回、一审法院判决作出后生效前的撤回三种情况。起诉前的撤回，指被追诉人自愿认罪认罚并签署认罪认罚具结书后，在检察机关提起公诉前又撤回的情形。根据《指导意见》的规定，此行为将导致的直接结果是：认罪认罚具结书失效，人民检察院应当在全面审查事实证据的基础上，依法提起公诉。一审程序中的撤回，指被追诉人在刑事案件审理过程中，撤回其之前的认罪认罚，认罪认罚从宽制度适用终止，案件转为普通程序处理，人民法院应当根据审理查明的事实，依法作出裁判。一审法院判决作出后生效前的撤回，指在一审法院判决作出后的上诉期内，被追诉人提起上诉的情况。司法实践中，所占比重较大的是一审法院判决作出后生效前被追诉人的上诉。

2. 撤回认罪认罚原因的不确定性

由于被追诉人撤回认罪认罚存在于不同的阶段，且在不同的阶段，被追诉人又有着不同的心态与目的，因此被追诉人撤回认罪认罚又有着不确定的原因。

被追诉人在起诉前与一审程序中撤回认罪认罚的，原因多是其是在对制度的理解或认罪认罚的后果缺乏清晰认识的情况下，签署了认罪认罚具结书；也有被追诉人表示自己是在非自愿情形下签署认罪认罚具结书的，或是在有其他因素干扰下签署认罪认罚具结书的。简言之，就是认罪认罚具结书的签署违背了被追诉人的自愿性。反映到具体的司法实践中，主要表现为：被追诉人的认罪认罚具结书是在办案机关的暴力、威胁、引诱或欺骗等手段下签署的，或是被追诉人在签署认罪认罚具结书前，办案机关未充分履行告知义务。至于被追诉人提出上诉的，原因往往是其对罪名、量刑、事实、证据等有异议，或是以留所服刑为目的的"技术性上诉"，甚至是恶意的无理由上诉。

3. 撤回认罪认罚结果的不稳定性

被追诉人撤回认罪认罚结果的不稳定性主要体现于以下方面：在客观方面，由于被追诉人撤回的时间不同，即当时案件所处的程序不同，导致出现不同的后果；而在主观方面，即使不同的案件处于同一阶段，案件的结果也可能出现不同的情况。这是因为我国认罪认罚从宽制度中，缺乏对被追诉人撤回行为的法律规制，导致司法实践中，检察机关与审判机关没有一个具体的标准来判定被追诉人撤回行为的性质，从而难以作出准确的判断。

被追诉人撤回认罪认罚直接导致的结果就是被追诉人撤回认罪答辩，其与检察机关先前达成的认罪协议中的量刑优惠也不复存在，程序转回普通程序。当量刑建议被法院采纳，法院已作出了一审判决后，被追诉人在案件事实或证据没有发生变化的情况下，以量刑过重或无其他理由提出上诉，便有可能被检察机关认定为认罪认罚动机不纯。《指导意见》赋予了检察机关对此类案件的抗诉权力。当检察机关认为被追诉人上诉理由不适当时可进行抗诉，就有可能会造成对被追诉人抗诉而加刑的局面发生。被追诉人在签署认罪认罚具结书后又撤回的，其在认罪认罚期间作出的有罪供述效力如何，是否能够作为证据使用，目前法律并无明确规定。而司法实践中常见的是，尽管审判机关并不只依据有罪供述来定罪，却多将有罪供述用作证明被追诉人曾承认过犯罪的证据。

（三）被追诉人撤回认罪认罚的性质

1. 撤回认罪认罚是被追诉人行使自我决定权的体现

根据自我决定理论，自我决定是人类依靠经验进行选择的能力，是指在明知的前提下，结合环境的因素，判断出个人的需求，并作出自由的选择。在刑事诉讼中，被追诉人利用自己的主体地位在刑事诉讼的规则与程序允许范围内，根据自己的意愿作出决定与选择，就是其行使自我决定权的体现。关于被追诉人在诉讼中主体性的判断，有学者认为，要看被追诉人在诉讼中，当其个人的权益受到影响时，其是否有权进行选择，是否能够在诉讼中将个人的命运掌握在自己的手中。[1]以此为基础，在刑事诉讼中，被追诉人为获得从宽量刑而自主选择适用认罪认罚从宽制度，便是其行使自我决定权的体现。相对地，被追诉人基于自己的利益考量，撤回其认罪供述的，也是其行使自我决定权的体现。以上所述行为实际上都是认罪认罚自愿性的体现，办案机关不能阻止被追诉人在法律允许范围之内行使撤回的权利。否则，就违背了认罪认罚从宽制度最核心与最基本的要求。综上而言，被追诉人撤回认罪认罚是其行使自我决定权的体现，只要其基于适当的理由与时间主张撤回，

---

〔1〕 参见陈瑞华：《刑事诉讼的前沿问题》（第5版·上册），中国人民大学出版社2016年版，第463页。

就应当被支持。

2. 撤回认罪认罚是被追诉人行使辩护权的体现

关于被追诉人撤回认罪认罚的性质定义，当前学界中存在"救济权说"与"辩护权说"两种观点。"救济权说"将被追诉人撤回认罪认罚视为其权利受到侵害时的一种救济手段。持该观点的学者支持"无救济则无权利"，提出认罪认罚从宽制度贯穿刑事诉讼的全过程，被追诉人撤回认罪认罚的本质是其基于错误认识等认罪认罚后，提供自我救济的手段。

辩护权是法律赋予被追诉人根据案件事实与相关法律，对检察机关的指控进行辩驳的诉讼权利。[1]持"辩护权说"观点的学者认为，刑事诉讼由控、辩、审三方组成，控方与辩方应在审判方的平衡下，处于相对平等的诉讼地位。狭义的辩护权是指被追诉人反驳指控及获得律师法律帮助的权利；广义上的辩护权，应包含其拥有的全部诉讼权利，因为被追诉人为反驳指控而行使辩护权，都是为了对国家追诉进行防御。[2]

笔者认为，将被追诉人撤回认罪认罚的行为归为其救济的手段是片面的，并不能反映出该行为的本质。一方面，在我国认罪认罚从宽制度中，撤回认罪认罚应当属于被追诉人的一项诉讼权利，属于广义上的辩护权。另一方面，被追诉人撤回认罪认罚，是其利用制度的自愿性要求而做出的行为，并非被追诉人在行使救济权，被追诉人既能自愿认罪，放弃部分诉讼权利，也能自愿撤回认罪，紧握自己的诉讼权利。综上所述，被追诉人撤回认罪认罚的权利并非基于其本身诉讼权利受到侵害而产生的救济性权利，而是被追诉人在认罪认罚从宽制度中本身就享有的权利，即辩护权利。

（四）允许被追诉人撤回认罪认罚的必要性

1. 保障被追诉人认罪认罚自愿性的需要

自愿，是指根据自己愿意而未受他人强迫所行事，其行为的作出是遵从自己的主观意愿。而保障被追诉人的自愿性是认罪认罚从宽制度的核心与基本要求。自愿如实供述犯罪，接受检察机关指控的犯罪事实、罪名及量刑，是被追诉人能够适用认罪认罚从宽制度的前提。那么，既然被追诉人可以自愿接受，就完全应当可以自由地撤回其有罪供述，这是认罪认罚自愿性的体

---

〔1〕 熊秋红：《刑事辩护论》，法律出版社 1998 年版，第 6~7 页。

〔2〕 周宝峰：《刑事被告人权利宪法化研究》，内蒙古大学出版社 2007 年版，第 312 页。

现。认罪认罚从宽制度可以简化审判的程序，但不能减少被追诉人的权利，而程序的简化的确需要被追诉人自愿放弃一些诉讼权利。因此，为保障被追诉人必要的诉讼权利，确保其认罪认罚的自愿性，允许被追诉人撤回认罪认罚是法律应当赋予其自力救济的机会与途径之一。

2. 保障被追诉人与检察机关协商公平性的需要

认罪认罚从宽制度的本质是被追诉人与检察机关协商，以失去个别诉讼权利的代价，得到检察机关较轻的量刑建议。[1]虽然从刑事诉讼的理论构建上讲，控方和辩方应当是在审判机关的居中裁判下，处于相对平等的地位，但在司法实践中，双方所承受的风险并非完全均衡。对于被追诉人而言，检察机关处于完全的优势地位。而正是由于控辩双方在协商中地位的不平等以及信息的不对等，导致被追诉人对案件的认识容易受到干扰，从而导致控辩双方的协商公平性失衡。因此，允许被追诉人撤回认罪认罚，并保障该权利合理合法地行使，可以减少控辩双方地位不平等带来的不良影响，使被追诉人与检察机关的协商公平性得到保障。赋予被追诉人撤回认罪认罚的权利，一方面保证了其诉讼主体地位，另一方面排除了其对适用认罪认罚从宽制度的顾虑，并从侧面平衡了控辩双方所处的法律地位。

3. 保障案件公正处理的需要

为保障被追诉人认罪认罚的自愿性，相关法律法规设置了一系列制度和规则，如值班律师制度、强调侦控机关告知义务、非法证据排除规则等。但这些制度和规则尚不成熟，其效果还有待检验。而且，在认罪认罚案件中，被追诉人已经放弃了部分诉讼权利，为避免其罪名与量刑出现判罚不当的情况，必须赋予其撤回认罪认罚的权利。此外，允许被追诉人撤回认罪认罚可以从侧面提升办案机关的办案质量。因为如果法律禁止被追诉人撤回认罪认罚，有可能会有鼓励办案机关狠抓有罪供述之意，这就为非法取证提供了动力。

当然，可以预见到，被追诉人撤回认罪认罚，可能会导致司法机关工作量加大，以及诉讼程序的回转，降低司法效率。但是，追求司法效率的前提是确保案件的公正审理，不能本末倒置。允许被追诉人撤回认罪认罚有助于保障其行使作为诉讼主体的权利，平衡控辩双方的协商公平性，从而在确保

---

[1] 陈瑞华：《论协商性的程序正义》，载《比较法研究》2021年第1期。

公平正义的前提下进一步追求诉讼效率，使公正与效率价值实现更高层次的统一，减少刑事冤假错案的发生，而这才是认罪认罚从宽制度设立的初衷。

二、域外刑事协商程序中被追诉人撤回认罪认罚的考察与启示

（一）美国辩诉交易制度中被追诉人认罪认罚的撤回

美国辩诉交易制度，是指在开庭审理之前，控方与被追诉人进行协商，以后者进行认罪答辩为代价，换取检察官较轻的指控或要求法官对其从轻处罚。[1]促进司法公正与效率的高层次统一，是我国确立认罪认罚从宽制度的目的之一，而美国辩诉交易制度则体现了其对司法效率的追求。因此，了解并借鉴美国相关制度中的规定，有助于解决我国被追诉人撤回认罪认罚存在的相关问题。

1. 撤回的形式

在美国辩诉交易制度中，被追诉人撤回认罪认罚发生在不同的阶段，具有不同的条件，呈现为两种形态：撤回认罪答辩以及一审作出判决后的上诉。《美国联邦刑事诉讼规则》规定了被追诉人撤回认罪答辩的权利。在交易达成后，审判机关通过司法审议程序来决定是否接受被追诉人的认罪答辩。而以法官接受认罪答辩的时间节点作为分界线，可以将撤回认罪答辩细分为无条件撤回和有条件撤回。在法院接受被追诉人的认罪答辩前，被追诉人可以任何理由随时撤回其认罪答辩，不受各种限制；但在法院接受认罪答辩后及量刑前，被追诉人撤回的理由必须要先经过法院的审查。而能够被法院审查通过的理由，一般如下：①被追诉人的认罪答辩，是在其非自愿或是未清晰理解指控的情形下作出的；②被追诉人并未获得实际而有成效的律师援助；③被追诉人对案件事实或法律适用作出了错误的理解；④被追诉人没有得到辩诉交易协议中的预期利益，且控方也未履行承诺作出协议的量刑建议；⑤审判机关认为被追诉人无罪，或审判机关审判结果中，定罪与量刑不符合控方的建议；⑥其他适当理由。

至于被追诉人在一审作出判决后的上诉，相关法规对其上诉权进行了限制。不同于拥有完整上诉权的作无罪答辩的被追诉人，适用辩诉交易并作出了认罪答辩的被追诉人，原则上不能以对定罪有异议为由而提起上诉，只被

---

〔1〕 周娅：《辩诉交易制度探析》，载《江西公安专科学校学报》2001年第3期。

允许对量刑提起上诉。而允许被追诉人行使完整上诉权的事由，美国联邦最高法院以判例的形式给出了三种情况：①被追诉人的联邦宪法权利在其作出认罪答辩前遭受侵犯，直接影响政府是否有权对其控告；②被追诉人在辩诉交易进行中，联邦宪法权利被检察机关侵害；③被追诉人可以对法院驳回的"排除非法证据申请"进行上诉，但前提是，该申请是在其作出认罪答辩前提出的（该种情况仅适用于美国的部分州）。概言之，虽然《美国联邦刑事诉讼规则》规定，作出认罪答辩的被追诉人，仅能对量刑问题提起上诉，但是只要被追诉人符合三种例外情形之一便可就定罪问题提起上诉。

2. 撤回的后果

一方面，法庭审理程序发生转化，被追诉人的审判将重新由法官的量刑裁判回转为普通审判程序，即陪审团审判程序。另一方面，对于被追诉人撤回认罪答辩后，其先前的认罪答辩中描述的案件事实在之后的诉讼程序中是否具有证据能力这一问题，美国给出的答案是否定的。这是由于被追诉人在辩诉交易中所作的认罪答辩供述可能是由于前文提到的原因，因此在被追诉人撤回其认罪答辩后，被追诉人的有罪供述在审判方看来缺乏可靠性，故其所作的有罪供述及据其供述所取得的证据不能在后续的刑事诉讼中使用，也不能在民事程序中作为对被追诉人不利的证据使用。

（二）英国答辩交易制度中被追诉人认罪认罚的撤回

英国于 19 世纪在立法上确认了答辩交易制度，并在司法实践中大规模地适用并发展至今。与美国的辩诉交易制度相比，英国对答辩交易制度采取极为谨慎甚至是否定的立场，这一立场可追溯到中世纪后期和文艺复兴时期。[1]英国答辩交易制度规定，被追诉人作出认罪答辩后，能得到量刑上的优惠，案件也可以直接进入量刑阶段。

1. 撤回的形式

英国并未对被追诉人撤回认罪答辩的时间加以限制，其可在法庭判决作出前申请撤回，但不论何时撤回，都要经过审判机关的审核。换言之，被追诉人撤回认罪答辩时必须阐明其撤回的原因，经过法官的允许方可撤回。

英国答辩交易制度规定，被追诉人必须在量刑裁决作出前，以书面形式提出撤回认罪答辩的申请，并提供适当的理由，且需附带相关证据或证人作

---

〔1〕　郑曦：《英国被告人认罪制度研究》，载《比较法研究》2016 年第 4 期。

证。而审判机关对于考察撤回事由合理性的依据，主要是被追诉人的自愿性，包括：①被追诉人是否清楚理解被指控罪名的性质，以及罪名成立的后果；②被追诉人承认被指控的罪名，是否出于其自愿。至于被追诉人的上诉权，英国相关法规也对其加以部分限制。适用答辩交易制度并作出了认罪答辩的被追诉人，不能以对定罪有异议为由而提起上诉，只被允许对量刑提起上诉。而允许其对定罪问题提起上诉的例外情形如下：①被追诉人的认罪答辩内容不合规，在认罪的同时存在辩辞；②被追诉人的认罪答辩是在被胁迫的情形下作出的。

2. 撤回的后果

一方面，被追诉人撤回认罪答辩后，其审判程序首先发生变化，原本的法官个人量刑裁判转化为陪审团审判。另一方面，《英国刑事诉讼法典》规定了被追诉人滥用上诉权的处理：若被追诉人无正当理由提起上诉而被法院驳回，被追诉人在上诉开始至上诉程序终结期间被羁押的日期，不可被算在判决的实际刑期内。

(三) 德国刑事协商制度中被追诉人认罪认罚的撤回

德国刑事协商的现象最早出现于 20 世纪 70 年代，随着刑事案件数量的逐年递增，案件案情的复杂多样，刑事协商在德国司法实践中的适用频率与范围不断增加与扩大。而作为大陆法系的典型代表国家，德国对待辩诉交易制度也十分慎重，直至 2009 年，德国才将刑事协商制度在《德国刑事诉讼法典》中予以规定。

1. 撤回的形式

在德国司法实践中，主要存在两种类型的刑事协商程序，即刑事处罚令和自白协商。

德国刑事处罚令程序规定于《德国刑事诉讼法典》第六编，仅适用于《德国刑法典》中规定的较轻的罪 。[1]并且要以刑事法官或舍芬庭（即陪审庭）就该案享有管辖权为适用前提之一。[2]首先，刑事处罚令的申请是由检察机关提出的，但是提出它的前提条件是被追诉人自愿认罪。在被追诉人自

---

〔1〕 参见《德国刑法典》第 12 条第 2 款所规定的轻罪，即最高刑为 1 年自由刑或科处罚金刑的违法行为。

〔2〕 琚明亮：《德国刑事处罚令程序的理论与实践》，载《检察日报》2020 年 7 月 8 日。

愿与检察机关达成协商后，检察机关通过书面列明被追诉人的犯罪事实、证据、罪名以及量刑建议，可以直接向法院申请刑事处罚令。其次，为保障刑事处罚令的公正性，《德国刑事诉讼法典》就刑事处罚令程序中被追诉人撤回认罪认罚的问题规定，允许被追诉人通过书面的方式，向审判机关提交对刑事处罚令的异议，但又限制该行为必须发生于法定的期间内。而当刑事处罚令被取消且失效后，案件将发生程序回转，即刑事处罚令程序被终结，案件重新转为普通程序进行审理。最后，德国通过立法规定了此类被追诉人的上诉权，赋予其完整的上诉权。[1]德国相关法律还明文规定，协商中不允许被追诉人放弃上诉权。[2]在德国刑事司法实践中，如果协商的结果中存在被追诉人自愿不保留自己进行上诉权利的内容，那么审判机关会对被追诉人进行释明，向其强调协议中关于其放弃上诉权的部分无效，其仍有权利提起上诉。但是，如果被追诉人清楚自己的诉讼权利，且经提示后依旧自愿选择放弃，那么此时的"放弃"才转为有效。反之，若法院没有强调该问题，就不受被追诉人放弃上诉权承诺的约束。

德国的自白协商制度，是指在审查起诉前或庭审程序中，被追诉人以认罪自白的方式获得检察机关较轻的指控或审判机关较轻的判罚。法官在协商过程中居于主导的地位，若其判断协商中被追诉人被指控的罪名不适当，就可决定终止程序。至于协商中被追诉人的有罪供述，相关法律规定禁止将其作为对被追诉人不利的证据在之后的程序中继续使用。而为了加强对被追诉人协商的自愿性保障，自白协商制度也赋予了被追诉人撤回其认罪自白的权利。只要被追诉人认为协商内容损害了其合法权益，即可示明撤回协商内容，案件转为普通程序审理。

2. 撤回的后果

《德国刑事诉讼法典》第 244 条第 2 款规定："法院应调查对裁判有意义的事实与证据。"据此，关于协商程序终止后被追诉人认罪答辩的效力，相关法律禁止将此类答辩作为不利于被追诉人的证据使用。但关于据该类答辩而获得的其他证据是否可以在后续的诉讼中使用，德国相关法律未予以明示。

---

〔1〕　参见《德国刑事诉讼法典》第 35a 条的规定："被追诉人应当知情，通过协商作出的判决，其有权上诉。"

〔2〕　参见《德国刑事诉讼法典》第 302 条第 1 款的规定："通过协商作出的判决，被追诉人不得放弃法律救济。"

至于协商程序终止，案件转为普通程序后，原审法官需不需要回避，在德国有着不同的声音。在德国的刑事司法实践中，案件由协商程序转为普通程序后，原审法官依旧审判该案件，支持不需回避的多是出于诉讼效率的考虑。而也有学者提出，虽然法律排除了协商中不利于被追诉人的证据使用，但是法官对于被追诉人是否有罪的心证，在协商过程中可能早就形成了，而在协商程序终止后，不更换原审法官，便无法保证其审判的客观公正性。[1]

（四）法国庭前认罪答辩制度中被追诉人认罪认罚的撤回

法国于 2004 年从立法上确立了庭前认罪答辩制度，允许在一些特定的轻罪案件中，被追诉人可以在认罪的前提下与检察机关进行量刑上的协商。需要注意的是，此处的"协商"，并不同于前文其他国家的协商。在该制度中，控辩双方地位悬殊，检察机关可以自行决定量刑建议，而不参考被追诉人对量刑的看法。因此，被追诉人往往只能被动选择是否接受，而且考虑的时间也只有 10 日。

1. 撤回的形式

法国庭前认罪答辩制度最大的特点就是，审判机关可以通过主动审查认罪答辩的合法性与自愿性，决定同意或拒绝核准检察机关的量刑建议。换言之，审核法官拥有决定案件程序的权力。审核法官对认罪答辩主要审核的内容有：①被追诉人是否有罪；②被追诉人的认罪答辩是否出于自愿；③检察机关的量刑是否适当；④相关程序的运作是否合法。如果审判机关拒绝核准检察机关所提的量刑建议，检察机关就只能重新启动侦查程序或以普通程序提起公诉。被追诉人可以在法庭审理之前，拒绝检察机关的量刑建议，也可以撤回对检察机关量刑建议的认可。而正是由于审判机关对认罪答辩的主动实质性审查机制，适用了庭前认罪答辩制度的被追诉人一般是以上诉的方式撤回认罪答辩，法国也在《法国刑事诉讼法典》中确认了该类被追诉人的上诉权，但未加以限制。适用了庭前认罪答辩制度的被追诉人，依旧可以通过普通上诉的方式，撤回其认罪答辩。

2. 撤回的后果

首先，被追诉人提起上诉，案件就会进入二审程序，自此以普通上诉案

---

[1] See Thomas Weigend, Jenia Iontcheva Turner, "The Constitutionality of Negotiated Criminal Judgments in Germany", *German Law Journal*, Vol. 15, No. 1 (2014).

件审判的程序进行审理即可。其次，如果被追诉人在审判机关审查认罪答辩前，拒绝了检察机关的量刑建议或撤回了对检察机关量刑建议的认可，检察机关就只能重新启动侦查程序或以普通程序提起公诉。最后，至于在庭前认罪答辩程序终止后，被追诉人在协商中作出的认罪答辩的效力，相关法律禁止将此类答辩作为不利于被追诉人的证据使用，之前庭前认罪答辩程序中，被追诉人的认罪答辩以及相关笔录都归于无效，且禁止将其作为证据上交预审庭或审判庭 。[1]

（五）相关启示

虽然不同国家的司法理念与司法模式有所不同，但通过分析总结上述四国关于被追诉人撤回认罪认罚的相关制度经验，可以发现其中有很多值得我国借鉴的地方。

1. 被追诉人撤回认罪认罚的事由限制

通过对四国认罪答辩撤回形式进行分析与总结，不难看出各国都对被追诉人撤回认罪的事由加以限制，虽然限制的时间和具体事由内容有所不同，但整体上都禁止被追诉人任意撤回。

美国辩诉交易制度规定，法院接受被追诉人的认罪答辩前，被追诉人的撤回不受各种限制；但在法院接受认罪答辩后及量刑前，被追诉人的撤回必须经过法院的审查，具体允许撤回的事由已在前文中阐述。而在一审作出判决后，被追诉人原则上只能以对量刑有异议为由提起上诉。

英国答辩交易制度规定，被追诉人必须在量刑裁决作出前，以书面形式提出撤回认罪答辩的申请，并阐明其理由，且需附带相关佐证或有相关证人作证。至于被追诉人的上诉权，英国相关法规也对其加以部分限制。被追诉人原则上不能以对定罪有异议为由而提起上诉，只可对量刑提起上诉。

德国刑事协商制度规定，在刑事处罚令程序中，被追诉人必须在法定的期间内，以书面形式向审判机关提交对刑事处罚令的异议。不同于英、美两国，德国通过立法赋予了此类被追诉人完整的上诉权，且不允许其放弃上诉权。

法国庭前认罪答辩制度规定，被追诉人可以在法庭审理之前，撤回其认罪答辩。至于上诉权，法国也在《法国刑事诉讼法典》中确认了该类被追诉人的上诉权，且未加以限制。

---

[1] 参见施鹏鹏：《法国庭前认罪答辩程序评析》，载《现代法学》2008 年第 5 期。

综上可见，美国和英国对被追诉人撤回认罪认罚的时间与事由作出了相关细致规定与限制，而德国和法国虽然没有对被追诉人撤回的事由作出限制，但对撤回认罪认罚的时间作出了规定。而我国认罪认罚从宽制度中，对被追诉人撤回认罪认罚的时间与事由缺乏详细的规定，因此可以借鉴上述四国相关经验，以完善我国被追诉人撤回认罪认罚机制。

2. 对被追诉人获得有效辩护的保障

英美与德法虽然属于不同的法系，但是都十分注重被追诉人辩护权的保障，这也是它们诉讼程序制度的核心之一。

美国重视辩护律师对刑事案件的有效参与。美国的辩护律师不仅为被追诉人提供法律帮助与建议，还参与同控方关于定罪量刑的协商，因此对辩诉交易起着非常重要的作用。美国相关法律规定，审判机关必须明示没有委托辩护律师的被追诉人，可以向法院申请律师来为其提供法律援助并为其进行辩护。英国十分重视律师的专业能力。在英国，值班律师的资格不是被动地由司法机关或律师事务所赋予，而是必须由职业律师通过统一的值班律师资格考试才能获得。且值班律师后期还要参加定期的法律培训，以保证其工作质量。

针对被追诉人的律师辩护，德国的刑事协商制度规定了选择辩护人制度。该制度的制定目的，是保障被追诉人在没有委托辩护律师的情况下，仍能得到专业的法律援助与辩护。法院有为应当被指定辩护人的被追诉人在其辖区内指定一名律师为其辩护的义务。[1]法国庭前认罪答辩制度也规定了较为完善的律师参与机制。在法国的刑事诉讼中，被追诉人必须有律师对其协助和提供辩护，且律师必须发挥有效的法律帮助作用，并体现在全部程序阶段中。[2]

综上可见，美国、英国、德国和法国都通过制定相关律师制度，保障被追诉人能够获得有效辩护。为了确保我国认罪认罚从宽制度能够更加科学、合理，可以借鉴域外相关经验，进一步完善值班律师制度，使被追诉人得到有效的辩护，从而实现控辩双方的地位平等。

---

〔1〕 曾沐睿：《浅谈德国选择辩护人制度——以我国指定辩护制度的借鉴为视角》，载《法制博览》2015 年第 6 期。

〔2〕 参见《法国刑事诉讼法典》第 495-8 条第 4 款规定："被追诉人不得放弃律师协助权，律师提供法律援助应贯穿整个程序。检察机关提出量刑建议时，律师必须在场。"

　　3. 有关排除有罪供述的规定

　　不论是美国、德国还是法国的刑事协商，都对被追诉人撤回认罪答辩前有罪供述的法律效力问题有所规定。在美国辩诉交易制度中，被追诉人撤回认罪答辩后，其所作的有罪供述不可再作为对其不利的证据使用，且据其供述所取得的其他相关证据也不能在后续的刑事诉讼中使用，甚至还不能在民事程序中作为对被追诉人不利的证据使用。简言之，被追诉人在协商中提供的证明其有罪的供述及相关证据都将被排除。

　　根据前文对德国被追诉人认罪答辩效力问题的分析可以得出，在德国刑事协商制度中，协商程序终结后，相关答辩不得作为对被追诉人不利的证据继续使用。虽然德国相关法律未明示，根据被追诉人先前所作认罪供述所取得的其他证据能否在后续的诉讼中使用，但通过《德国刑事诉讼法典》第257c条，可以明确的是德国对被追诉人撤回认罪答辩前有罪供述的法律效力问题还是持否定态度。

　　在法国庭前认罪答辩制度中，被追诉人认罪答辩的效力问题主要出现在以下两种情形：①审核法官拒绝核准检察机关所提量刑建议后，检察机关对被追诉人提起公诉，庭前认罪答辩程序转回普通刑事诉讼程序进行审理；②被追诉人不接受检察机关的量刑建议或接受后又反悔，检察机关重新启动侦查程序或以普通程序提起公诉。法国相关法律规定，在这两种情况下，被追诉人在该程序中所作的有罪陈述及案卷笔录全部归于无效，不得作为证据在之后的审判程序中使用。

　　综上可见，美国、德国和法国都明确了被追诉人撤回认罪供述的效力，即不可在后续诉讼程序中产生不利于被追诉人的法律效果。相较于这些国家，我国的认罪认罚从宽制度正处于初步实践阶段，在此过程中可以借鉴域外有益经验，使被追诉人在自身合法权益受损时，能够没有后顾之忧地撤回其认罪认罚。如此，一方面可以保障被追诉人认罪认罚的自愿性，另一方面有助于我国更好地实现司法公正与司法效率的统一。

三、被追诉人撤回认罪认罚的理由及撤回中存在的问题

　　在我国，根据被追诉人撤回认罪认罚的时间分类，主要可归纳为三个阶段，即一审法院庭前审查前，一审法院庭前审查开始至作出判决前，以及一审法院判决作出后生效前。而审查起诉阶段被追诉人撤回认罪认罚的数据不

易调查统计，因此笔者通过查阅资料，节选了 L 市 G 区 2018 年 1 月 1 日至 2021 年 3 月 11 日被追诉人于审查起诉阶段、法庭审理阶段以及法庭判决后的认罪认罚撤回数据。该地区认罪认罚案件中共有 284 件撤回案例，其中庭后上诉 269 件，占比高达 94.7%。由此可见，该地区的被追诉人撤回认罪认罚的众多方式中，上诉的方式占有大的比例。因此，笔者主要通过调查司法实践中被追诉人上诉情况及相关数据来分析其存在的问题。

2021 年 1 月至 11 月，我国适用认罪认罚从宽制度的案件上诉率为 3.5%。[1] 笔者在中国裁判文书网上搜集了河北省保定市中级人民法院 2021 年 1 月至 12 月审理的所有适用认罪认罚从宽制度的上诉案件共 86 件，分析并记录了被追诉人的上诉理由及上诉结果，如表 4-1 所示。

表 4-1　2021 年河北省保定市中级人民法院认罪认罚案件中被追诉人上诉情况

	量刑	罪名	证据	事实	无正当理由
驳回上诉，维持原判（件）	44	3	5	29	1
改判或者部分改判（件）	2	0	0	1	0
准予撤诉（件）	0	0	0	0	0
发回重审（件）	0	0	0	1	0
总计（件）	46	3	5	31	1
占比（%）	53.5	3.5	5.8	36	1.2

（一）被追诉人撤回认罪认罚的理由

1. 以量刑过重为由的撤回

根据表 4-1 中的数据，在河北省保定市中级人民法院审理的适用认罪认罚从宽制度的 86 件上诉案件中，被追诉人以一审判决量刑过重为由而提起的上诉案件达 46 件，占总数的 53.5%，而其中仅有 2 件案件被二审法院改判或部分改判。由此可以总结，在认罪认罚上诉案件中，半成被追诉人是以一审判决量刑过重为由提起上诉的，但上诉成功的却很少。对此被追诉人可能会误解量刑建议的内容，认为法院并未按照自己心里设想的量刑建议中的最低

---

〔1〕　参见《最高检明确：这种案件要抗诉！抗是为了不抗》，载 https://www.spp.gov.cn/zdgz/202201/t20220114_541676.shtml，最后访问日期：2023 年 12 月 23 日。

标准量刑。然而，其实只要法院判决的量刑结果是在检察机关量刑建议的范围之内，就说明已经适用了认罪认罚从宽制度，并采纳了检察机关的量刑建议。

以下是笔者收集的众多被追诉人上诉案件中，以量刑过重为由上诉的比较有代表性的案件之一：2020 年 8 月 8 日晚 21 时许，被告人马某某在自己家中，因家庭矛盾与父亲马某、母亲杨某发生打斗。在打斗过程中，被告人马某某将母亲杨某推倒在地，致杨某右前臂骨折。经鉴定，被害人杨某右前臂损伤程度为轻伤一级。现场勘验笔录、现场平面示意图、现场照片能够证明案发现场情况。根据上述事实和证据，一审法院认定被告人马某某构成故意伤害罪，但念其系自首且自愿认罪认罚，对其从轻判处有期徒刑 1 年 6 个月。在一审法院公示判决后，检方未抗诉，马某某认为一审判决认定事实不清、量刑过重，其曾因车祸致伤残九级，因家庭纠纷，酒后失手造成其母受伤，上诉请求依法改判缓刑。二审法院在审理后认为，上诉人马某某的行为已构成故意伤害罪。至于上诉人马某某提出因家庭纠纷，酒后失手造成其母受伤，请求改判缓刑的意见，经查，上诉人供述因家庭矛盾将其母杨某推倒致伤的事实，以及被害人陈述、证人证言、司法鉴定意见书、现场勘查笔录等足以证实，故对该意见不予采纳。鉴于上诉人马某某已取得其母杨某即本案被害人的谅解，且本案系家庭纠纷引发，故酌情予以从轻处罚。原判定及适用法律正确，审判程序合法。据此，二审法院判决驳回上诉人马某某的上诉，维持一审判决的定罪部分，撤销量刑部分，改判有期徒刑 1 年。此案二审法院虽然驳回了马某某的上诉改判缓刑的请求，但将一审判决 1 年 6 个月的有期徒刑改判为 1 年，减少了被追诉人的量刑刑期。

在笔者选取的案件样本中，高达 44 件案件的以量刑过重为由的上诉被驳回，占以该理由上诉样本数的 95.7%，究其原因，一方面是部分被追诉人对认罪认罚从宽制度的认识不够全面而产生了错误认识，以为协商的量刑建议就是法院的判罚结果，而最终超过心理预期的判罚使其产生心理落差，导致其在适用认罪认罚从宽制度后仍选择上诉。另一方面，还应注意一些被追诉人在一审法院已在检察机关的量刑建议范围以内量刑的现实情况下，存在侥幸心理，本着"上诉不加刑"的心理，单纯以量刑过重为由提出上诉，试图获得更轻刑罚。这个行为扭曲了被追诉人撤回认罪认罚的意义，也背离了认罪认罚从宽制度制定的初衷。

2. 以罪名、证据、事实有异议为由的撤回

根据表4-1中的数据，在河北省保定市中级人民法院审理的适用认罪认罚从宽制度的86件上诉案件中，被追诉人因不接受对其所定罪名而提起的上诉案件有3件，占总数的3.5%；因对一审证据问题存在怀疑的上诉案件有5件，占总数的5.8%；认为一审事实认定错误而提起上诉的案件有31件，占总数的36%。这些案件多以法院驳回上诉、维持原判而告终，其中仅有2件对案件事实有异议而提起的上诉案件被改判或发回重审。

以下是笔者收集的众多被追诉人上诉案件中，以案件事实不清为由上诉的比较有代表性的案件之一：2019年8月23日20时08分许，被告人赵某某驾驶冀F×××××轻型普通车，沿保定市西二环路由北向南行驶至七一路交叉口南300米处时，与由北向南步行的行人王某2发生交通事故，致王某2受伤，车辆受损，被告人驾车逃逸。被害人王某2经抢救无效于2019年8月24日死亡。保定市公安局交通警察支队第三大队作出的交通事故认定书认定：赵某某未在危险路段降速，且发生交通事故造成人员伤亡后，未及时救助伤者。判定赵某某承担事故全部责任，王某2不承担事故责任。根据法律规定，一审法院酌情支持赔付原告人死亡赔偿金307 460元，医疗费11 709.22元，交通费、误工费、住宿费5000元，丧葬费37 877.5元，被抚养人生活费12 373元，以上共计374 419.72元。2018年6月11日，被告单位瑞佳园林公司为本单位的冀F×××××轻型普通车在被告平安保险公司投保了商业第三者责任险，保险金额为500 000元并附加了不计免赔险，保险期间为2018年6月12日至2019年6月11日。2018年11月30日，被告单位瑞佳园林公司为本单位的冀F×××××轻型普通车在被告平安保险公司投保了交强险，保险期间为2018年11月30日至2019年11月30日。一审法院认为，被告人赵某某违反道路交通法规，发生重大交通事故后驾车逃逸，造成一人死亡，负事故全部责任，构成交通肇事罪，应在3年以上7年以下有期徒刑区间量刑。被告人赵某某经侦查机关电话通知主动交代自己所在地点，并原地等待侦查机关抓捕，符合主动投案的立法本意，且到案后能够如实陈述，应当认定为自首，且认罪认罚，依法可从轻处罚。综上所述，三原告人的各项损失374 419.72元，应由被告人在交强险和商业第三者责任险范围内赔偿，因未超出保险限额，被告单位瑞佳园林公司不再承担民事赔偿责任。原审被告单位平安保险公司上诉提出，一审审查事实不清，被告单位瑞佳园林公司投保的商业第三者责任

险已经逾期，不在保险期限内，请求改判其在商业第三者责任险范围内不承担赔偿责任。二审法院查明事实后认为，原审被告人赵某某因犯交通肇事罪给三原审附带民事原告人曲某、曾某、王某 1 造成的经济损失应予赔偿。赵某某系瑞佳园林公司的员工，瑞佳园林公司法定代表人在公安机关的证言及赵某某供述证明，该车平时由赵某某掌控，应认定事故发生时被告人赵某某处于执行职务过程中，应由用人单位承担侵权责任。对于赵某某所造成的损害应由瑞佳园林公司承担。瑞佳园林公司认为赵某某驾驶车辆属个人行为，可以另行主张权益。瑞佳园林公司系肇事车辆的登记车主，投保了交强险，平安保险公司作为本案肇事车辆的保险人，应承担交强险赔偿责任。瑞佳园林公司投保的商业第三者责任险已经逾期，不在保险期限内，平安保险公司在商业第三者责任险范围内不承担赔偿责任。原审判决对应予赔偿的范围及项目、赔偿标准均已有评判意见，二审法院予以认同。据此，二审法院判决："一、撤销一审判决第二项；二、被告单位平安保险公司保定中心支公司赔付原告曲某、王某 1、曾某保险赔偿金人民币 120 000 元；三、被告单位瑞佳园林公司于本判决生效之日起 10 日内给付原告曲某、王某 1、曾某保险赔偿金人民币 254 419.72 元；四、维持河北省保市竞秀区人民法院［2020］冀 0602刑初 36 号刑事附带民事判决第三项；即驳回附带民事诉讼原告人的其他诉讼请求。"

本案中的被告人在一审判决后以事实不清为由提起上诉，虽然其未对一审量刑提出异议，但二审事实认定如其上诉所述，则其原一审量刑势必被改判。

3. 无正当理由的恶意撤回

根据表 4-1 中的数据，在河北省保定市中级人民法院审理的适用认罪认罚从宽制度的 86 件上诉案件中，被追诉人无正当理由提起上诉的案件只有 1件，仅占总数的 1.2%。虽然数据上显示无正当理由撤回认罪认罚并上诉的被追诉人并不多，但此处的无正当理由仅是被追诉人上诉时未说明正当理由，而实际上的无正当理由上诉的情形往往暗含于前文所述的以量刑、罪名、证据或案件事实为由提起的上诉中。至于所有适用认罪认罚从宽制度的上诉案件中到底有哪些是有真实原因上诉，哪些是"投机"的恶意上诉，由于我国对此无相关制度规制并缺乏实质性的审查程序，依据现有资料还难以准确判断。

4. 以期望留所服刑为目的的撤回

根据我国《刑事诉讼法》的规定，如果犯罪人在判决生效后，余下的可被执行刑期已不足 3 个月的，由其所在的看守所代为执行。因此，与无正当理由上诉的被追诉人稍显不同的是，某些被追诉人以期望留所服刑为目的进行"技术性上诉"并不是对量刑减少、罪名改变等抱有心理预期，而仅是为了将剩余刑期尽量拖延降低，以减少监狱刑期甚至回避转至监狱服刑。在此次收集的河北省保定市中级人民法院的案件样本中，虽无此类案件，但仍可以推测，在我国的刑事诉讼中，以留所服刑为目的的"技术性上诉"时有发生。在这些案件中，被追诉人被判的刑期都较短，其在一审判决后表面上以量刑等理由提起上诉，实际上却是通过上诉拖延时间以达到留所服刑的目的。这种被追诉人为避免被送监服刑而进行的认罪认罚撤回行为是投机且恶意的，属于钻法律的空子，严重影响了认罪认罚从宽制度的正确实施。

（二）被追诉人撤回认罪认罚存在的问题

1. 被追诉人撤回认罪认罚的具体事由缺乏规范化

保障被追诉人撤回认罪认罚的自愿性，是我国认罪认罚从宽制度得以适用的基础。因此，允许撤回认罪认罚是法律应当赋予被追诉人的诉讼权利。但允许撤回并不代表可以让其以随意的理由撤回。也正因为我国相关法律法规没有明确规定被追诉人可以撤回认罪认罚的具体事由且也未规定实质性审查程序，导致实践中出现了大量不当撤回认罪认罚的现象，甚至有些是被追诉人的恶意撤回。这些现象的出现，不仅增加了办案机关的工作量，造成司法资源的浪费，也同样为被追诉人带来了风险。因此，目前立法上亟待明确规定被追诉人撤回认罪认罚的具体事由及实质性审查程序，以保障被追诉人撤回认罪认罚开端点的合规与合法。

2. 被追诉人撤回认罪认罚后的证据效力模糊

对于被追诉人撤回认罪认罚后，其先前所作认罪供述的证据效力，《指导意见》并未明确。至于此类供述是否还能在后续的诉讼程序中使用，立法上也没有明确。这就导致了我国司法实践中，此类供述及其相关证据在后续的诉讼程序中大多数都作为被追诉人的有罪证明而继续使用。如此产生的结果，要么是被追诉人认罪认罚后，出现了应当撤回其认罪认罚的合理事由，但被追诉人迫于上述证据效力压力而不敢撤回其认罪认罚；要么是由于被追诉人撤回认罪认罚，检察机关认为该行为说明被追诉人没有良好悔罪，甚至可能对被追诉人报复性指控，导致被追诉人不仅没有得到量刑的优惠，反而加重了量刑。因此，关于被追诉人撤回认罪认罚后，其先前所作认罪供述的证据效力，我国立法尚需进一步明确。

3. 被追诉人撤回认罪认罚所获法律帮助有限

控方和辩方在审判机关的居中裁判下，处于相对平等的地位，是我国刑事诉讼的理论构建。而在我国的司法实践中，控辩双方所处地位、所掌握的信息以及所承担的风险并非完全均衡。对于被追诉人来讲，检察机关处于相对的优势地位。因此，为平衡控辩双方在刑事诉讼中的地位，保障被追诉人与检察机关的协商公平性，应给予被追诉人足够的法律帮助。虽然 2018 年修正的《刑事诉讼法》确立了律师值班制度，但相关实施细则并不明确。形式上看，被追诉人可依法获得值班律师的帮助，但仍存在实质性、有效性不足的问题 。[1]究其原因，一方面是值班律师参与率低。在我国司法实践中，一些被追诉人为了表现其认罪认罚、真诚悔罪的态度，而放弃了律师辩护，包括值班律师的援助；而即使有被追诉人向值班律师表示希望撤回其认罪认罚，由于值班律师的流动性或者一些律师为了节约代理案件的时间，也可能导致值班律师不一定会全身心地帮助被追诉人行使其撤回认罪认罚的权利，还可能通过告知被追诉人撤回认罪认罚所带来的不利法律后果，来打消被追诉人撤回的想法。另一方面是值班律师权利规定模糊，使其即使想全身心地帮助被追诉人，其权利的缺失也会影响其工作的质量。法律虽然明确了值班律师的部分权利，但这些权利目前并没有相应的配套措施加以保障。通过对比法律赋予辩护律师与值班律师的阅卷权可见，值班律师对于案件材料只能"查阅"而不能"摘抄、复制"，这意味着值班律师有可能会对案件细节把握不准确，从而影响对被追诉人提供法律帮助的工作质量。关于值班律师的会见权，《法律援助值班律师工作办法》（以下简称《工作办法》）首次赋予了值班律师的双向会见权 。[2]这虽是巨大的进步，但《工作办法》依旧没有对值班律师的会见时间作出具体的规定。这就导致司法实践中可能出现"会见难"与"会见拖延"的现象。还有值班律师的调查取证权，不论在《刑事诉讼法》与《指导意见》中，还是《工作办法》中，都未提及。这势必会影响

---

〔1〕　闫召华：《认罪认罚后"反悔"的保障与规制》，载《中国刑事法杂志》2021 年第 4 期。

〔2〕　参见《工作办法》第 22 条与第 6 条。

值班律师对被追诉人法律帮助工作的开展，影响工作质量。

四、被追诉人撤回认罪认罚机制的完善

（一）完善被追诉人撤回认罪认罚的相关规定

1. 明确赋予被追诉人撤回认罪认罚的权利

被追诉人认罪认罚自愿性的前提是被追诉人有自愿选择的可能。因此，完善被追诉人撤回认罪认罚机制的第一步，就是将撤回的权利在立法上明确赋予被追诉人。我国《刑事诉讼法》未明示被追诉人拥有该权利，《指导意见》虽然规定了"认罪认罚的反悔和撤回"部分，但只笼统地规定了出现该情况的处理办法，并未明确赋予被追诉人撤回认罪认罚的权利。而我国关于被追诉人撤回认罪认罚的司法实践中之所以存在诸多问题，究其根本，就是理论与制度上没有为"被追诉人撤回认罪认罚"这一行为正名。名不正则言不顺，在我国的司法实践中，被追诉人的这一行为，可能会被误解为悔罪态度不佳，成为其人身危险性较大的表现，从而导致其被从重处罚。[1]

目前，我国的认罪认罚从宽制度尽管得到广泛适用，相关规定不完善也是客观存在。我国作为一个人权大国，应该对刑事诉讼中被追诉人的辩护权利提供应有的保障。因此，必须从立法层面明确赋予和保障被追诉人的相关辩护权利，而撤回认罪认罚的权利就是其中之一。而这也是建立系统性的被追诉人撤回认罪认罚机制的重要环节。

总之，当前对被追诉人撤回认罪认罚合法性的忽视以及异化理解，在客观上损害了被追诉人的辩护权，且影响了认罪认罚从宽制度的深入实施。因此，要想完善被追诉人撤回认罪认罚机制，必须将被追诉人撤回认罪认罚的权利进一步合法化。

2. 规范被追诉人撤回认罪认罚的时间与事由

通过归纳我国刑事案件诉讼程序的时间发展规律，可将被追诉人撤回认罪认罚的时间分为三个阶段，即一审法院庭前审查前、一审法院庭前审查开始至作出判决之前、一审法院判决作出后生效前。

首先，在被追诉人与检察机关就认罪认罚事项开始协商到一审法院开庭

---

[1] 张全印：《刑事诉讼中被告人认罪认罚撤回权的立法探究》，载《理论导刊》2017 年第 11 期。

审理前，应当允许被追诉人可自由撤回其认罪认罚，但需对其撤回认罪认罚的次数加以限制。在此阶段，案件还未进入一审程序，案件事实、证据以及认罪认罚协议均未经过法院审核，既没有浪费司法资源，也没有对当事人的量刑造成任何影响。因此，基于认罪认罚自愿性的要求，应当在一审法院庭前审查前允许被追诉人自由撤回其认罪认罚。但正如自由也是有边界的，权利的行使也不能没有节制，自由行使权利不代表可以滥用权利，若允许被追诉人毫无限制地行使撤回的权利，将有损司法的威严与公信力。故应对其撤回的次数加以限制，比如可以规定至多有两次撤回的机会。如此不仅可以保障被追诉人认罪认罚的自愿性，还可以防止被追诉人滥用权利，从而维护我国司法的公信力与裁判的稳定性。

其次，在一审法院庭前审查开始至作出判决之前的阶段，被追诉人的认罪认罚应当被允许附条件地撤回。在此阶段，案件已被正式提起公诉，之前阶段的所有有关案件事实的资料、证据以及被追诉人的认罪认罚协议已被法院审查，对当事人已产生了一定拘束力。因此，此时被追诉人撤回认罪认罚权利的行使需加以事由限制。至于具体的事由，笔者通过借鉴域外刑事协商制度，针对在法院接受被追诉人认罪答辩后及量刑前，被追诉人可以请求撤回认罪答辩的事由，总结了以下几点：①被追诉人所作的认罪认罚，是在其非自愿的情况下作出的；②被追诉人所作的认罪认罚，是在无辩护律师或值班律师在场的情况下作出的；③控方未按照认罪认罚协议中的承诺作出量刑建议；④被追诉人提供可以证明自己无罪或罪轻的新证据，且被法庭认可；⑤其他法庭认为正当的事由。而法庭应依据被追诉人提出的事由进行实质性审查，决定是否批准被追诉人撤回认罪认罚而转入普通程序审理的申请。

最后，在一审法院判决作出后生效前的阶段，应当允许被追诉人通过上诉的方式撤回其认罪认罚，但应对上诉理由加以限制并制定实质性审查措施。在此阶段，一审判决还未生效，被追诉人认罪认罚协议也未生效，故可允许被追诉人以上诉的方式撤回其认罪认罚。但为了避免在司法实践中出现笔者在前文所述的"投机上诉""技术性上诉"与恶意上诉导致的大量司法资源浪费情况，需对以上诉的方式撤回认罪认罚的被追诉人的上诉理由加以限制。笔者通过借鉴域外刑事协商制度，认为在我国司法实践中，被告人以上诉方式撤回认罪认罚的，其上诉理由应当符合以下条件之一：①出现新的证据或原证据发生变化，且足以改变案件事实、定罪或量刑；②有证据证明被追诉人所作的认罪认罚，是在其非自愿的情况下作出的；③当事人在法庭一审判决作出后达成和解，且该情节足以影响定罪或量刑；④其他法庭认为正当的事由。而法庭应依据被追诉人提出的事由进行实质性审查，决定是否批准被追诉人的上诉申请。

（二）明确被追诉人撤回认罪认罚的后果

1. 明确被追诉人撤回认罪认罚后的审判程序回转问题

由于被追诉人在一审程序开始之前撤回认罪认罚的行为，并不会产生审判程序的回转问题，因此关于此问题的讨论主要集中在案件进入一审程序后。关于在一审程序阶段，被追诉人在案件审理过程中撤回认罪认罚的，根据《最高人民法院关于适用〈中华人民共和国刑事诉讼法〉的解释》（以下简称《刑诉法解释》）的规定，应依照具体情况来决定是否转换审判程序。至于审判程序转换的事由，根据相关规定，在速裁程序中，如果被追诉人非自愿认罪认罚，或否认指控的犯罪，就应当将速裁程序转换为普通程序进行审理。通过以上规定可以总结得出，如果在一审程序中，被追诉人撤回认罪认罚的理由为认罪认罚违背其自愿性或否认指控的犯罪事实，则速裁程序应当进行回转，审判机关应将审理程序转换为普通程序进行审理。而如果被追诉人仅是不接受量刑，对定罪没有意见，则可以在其同意的情况下，将速裁程序转换为简易程序进行审理。

2. 明确被追诉人撤回认罪认罚后的证据效力问题

根据《指导意见》的规定，被追诉人在检察机关提起公诉前"撕毁"认罪认罚具结书的，认罪认罚具结书失效，检察机关应当在全面审查事实证据的基础上，依法提起公诉。然而，认罪认罚具结书中被追诉人之前所作的有罪供述，是否还能在之后的程序中继续使用，相关法律对此并没有作出规定。笔者认为，需要明确的是，被追诉人撤回认罪认罚后，其作出的有罪供述不应再作为对其不利的证据使用，理由如下：首先，认罪认罚具结书是在控辩双方协商下由被追诉人所签署的，其中内容也并非完全是检察机关调查取证后得出的结果，因此，被追诉人撤回认罪认罚后，其有罪供述应当归于无效。其次，被追诉人撤回认罪认罚后，直接导致认罪认罚具结书归于无效，其失去认罪认罚从宽制度带来的定罪、量刑优待。但若被追诉人在协商中所作的有罪供述仍可作为证据使用，检察机关仍可从中获益，这实际上在一定程度上破坏了辩控双方的平衡性。若被追诉人撤回认罪认罚后，其在认罪认罚协商中所作的有罪供述仍可作为证据使用，必会降低侦查人员的取证积极性，甚至增加其采取不正当方法获取有罪供述的概率，使案件质量得不到保障 。[1]最后，若不排除此类证据，就可能会有暗示办案机关口供定罪之嫌，如此违反司法诚信伦理 。[2]综上所述，笔者认为应当借鉴域外刑事协商制度的相关规定，明确排除此类供述及相关证据，不得使其在之后的诉讼程序中继续使用。

3. 明确被追诉人撤回认罪认罚后案件原审判、检察人员的回避问题

被追诉人撤回认罪认罚后，案件原审判、检察人员是否需要回避，应当分情况讨论。对于审判人员来说，在进入审判程序后，审判人员的心证已经慢慢对被追诉人形成有罪论断，并对案件走向发生影响。这些主观性因素很有可能在后续审理过程中形成错误判断与不当偏见，影响判决的公正性。因此，笔者认为被追诉人撤回认罪认罚后，办理案件的原审判人员应当回避。对于检察人员来说，首先，其在刑事案件中的职责之一就是调查事件真相，通过调查取证来证明犯罪嫌疑人有罪或无罪。因此，侦查活动的本质就是通过拼接与案件有关的信息形成逻辑关系，重现客观案件发生的过程，心证的主观介入影响不大。其次，效率也是侦查活动所追求的重要目标之一，若因被追诉人撤回认罪认罚而更换侦查人员，将影响侦查工作的连续性，并拖延查明案件事实真相的速度。因此，笔者认为被追诉人撤回认罪认罚后，办理案件的原检察人员无需回避。

---

[1] 谢作幸、陈善超、郑永建：《认罪认罚从宽制度的现实考量》，载《人民司法（应用）》2016 年第 22 期。

[2] 万毅：《认罪认罚从宽程序解释和适用中的若干问题》，载《中国刑事法杂志》2019 年第 3 期。

第五章 认罪认罚案件上诉权问题研究

一、认罪认罚案件上诉权概述

(一) 认罪认罚案件上诉权的内涵

刑事上诉权是指一审裁判生效前,刑事被追诉方请求上级法院对案件重新审理、变更或撤销原裁判的诉讼权利。上诉权是刑事案件被告人特有的一项诉讼权利,是被告人请求上级法院撤销或改变原审法院对自己作出的不利裁判结果的救济方法。上诉权设置的初衷在于最大限度地保障被告人的合法权益,确保国家刑罚权的正确适用。无论是实行三审终审制的国家,还是实行两审终审制的国家,都赋予了刑事被告人针对一审裁判提起上诉的权利。在整个刑事诉讼体系中,上诉权发挥着引导诉讼程序运行、促进公正裁判的作用。

作为一项新兴的刑事诉讼制度,认罪认罚从宽制度的创新主要体现在"公力合作模式"上,[1]即通过让渡一定刑罚利益的方式,鼓励犯罪嫌疑人、被告人尽早认罪认罚、如实供述犯罪事实,是司法机关有效收集证据、节约办案时间、合理配置司法资源的一剂良方。认罪认罚案件中的上诉权属于上诉权的子概念,认罪认罚从宽制度适用于所有的刑事案件。与普通刑事案件中的上诉权相比,认罪认罚案件中的上诉权存在以下三种特殊属性:①从上诉理由来看,认罪认罚案件被告人提起上诉的理由更加广泛,除了常见于普通刑事诉讼程序中的上诉种类,还包含被告人以反悔认罪认罚为由提起的上

---

〔1〕 陈瑞华:《刑事诉讼的公力合作模式——量刑协商制度在中国的兴起》,载《法学论坛》2019 年第 4 期。

诉；②从行使上诉权的目的来看，认罪认罚案件被告人行使上诉权不仅是为了追求公正的裁判结果，还存在部分被告人先虚假认罪，再利用上诉不加刑原则谋取更轻刑罚，或利用认罪认罚从宽制度和无因上诉制度的漏洞，通过上诉拖延刑期来实现"留所服刑"等不正利益的情形；③从上诉权行使的效果来看，认罪认罚案件中上诉权的行使将产生更强的负面效益。被告人的上诉使得检察机关和法院又要为审理案件投入更多的时间和精力，使得之前因适用认罪认罚从宽制度为优化司法资源配置、提高诉讼效率作出的努力前功尽弃，不仅没有节约司法资源，反而延长了办案期限，增加了不应有的工作负担。

综上分析，认罪认罚从宽制度在刑事司法改革中发挥了积极的作用，但同时也产生了被告人滥用上诉权等不容忽视的问题。司法实践中，被告人认罪认罚获得量刑优惠后，又无理由或以根本不能成立的理由提起上诉的案件有增无减，我国现行立法规范在如何应对此类上诉的问题上语焉不详。上诉权是被告人必备的诉讼权利，认罪认罚案件中毫无限制的上诉权，不仅增加了被告人利用制度漏洞滥用上诉权的概率，还可能造成刑事二审程序功能的异化，为案件实体裁判结果和诉讼程序的公正增添了隐患。

（二）认罪认罚案件上诉权的构成要素

1. 上诉权行使的条件

上诉条件由法律预先规定，是被告人提起上诉及法院启动二审程序时，应当符合的某些基本要求。不同国家对刑事上诉权行使的条件规定有不同的标准，具体可分为形式要件和实质要件。我国《刑事诉讼法》及相关司法解释规定，被告人行使上诉权应当具备法定形式要件，以公诉案件为例，上诉权的行使应满足以下四项基本要求：①享有上诉权的主体限于被追诉方，即被告人及其法定代理人有权直接向上级法院提出请求，要求上级法院对案件重新审理，经被告人同意后，辩护人以及被告人的近亲属也有权提起上诉；②上诉的对象限于一审法院作出的未生效判决及部分未生效的裁定；③上诉须以"书面"或"口头"两种形式提起，以书面方式提起上诉的，根据《刑诉法解释》第379条的规定，被告人应在提交的上诉状中载明上诉请求和理由；④上诉权的行使有严格的法定期限限制：对一审判决提起上诉的期限为10天，对一审可上诉的裁定提起上诉的期限为5天，法定上诉期满后，一审裁判即生效，被告人的上诉权就不复存在。

上诉利益属于上诉权的实质性构成要件，即一审裁判中直接涉及的，有关被告人人身、财产利害关系等的实质性利益，要求提起上诉的被告人受到了一审不公正或是错误裁判的损害。[1] 在对上诉采取实质性审查的国家，欠缺上诉利益的上诉即属不合法的上诉，法院对其应从程序上予以驳回，不得开展实体法上的审判。[2] 我国现行法律规范并未对认罪认罚案件中的上诉权作出不同于普通刑事案件的规定，被告人行使上诉权无需以具备上诉利益为前提，即便已经签署了认罪认罚具结书，且法院在裁判结果中也认可了检察机关的量刑建议，被告人仍然有权依照法律规定的程序，无理由地提出上诉申请。从正当程序的角度来讲，尤其在认罪认罚案件中，大量无上诉利益的上诉本身即欠缺启动二审程序的价值，除非被告人彻底推翻认罪认罚的决定，否则在此类上诉案件中，即便被告人获得被二审法院重新审判的机会，大多也终是面临被裁定驳回上诉、维持原判的裁判结果。可见，上诉利益的明确，对于规范诉讼行为、保障被告人的诉讼权利以及促进刑事案件繁简分流具有不可忽视的重要意义。

2. 上诉理由

严格来讲，我国现行《刑事诉讼法》未对被告人的上诉理由作出明确规定。在无因上诉制度下，有无上诉理由以及以何种理由提起上诉不是启动二审程序的必备要件。享有上诉权的主体只要在满足行使上诉权程序性要件的前提下，表明对一审裁判"不服"，就可以产生启动二审程序的法律效果。被告人未提出上诉理由，或提出的上诉理由不适当，均不能作为法院拒绝受理上诉申请的根据。从体系解释的角度观察，我国实行无因上诉制度是由于在遵循全面审查原则的刑事上诉程序中，二审法院的审理范围不受上诉对象的限制，被告人不论以何种理由提起上诉，二审法院都需对案件重新审理，重新认定案件事实和适用法律，故而上诉理由也就显得无足轻重了。对比来看，英美法系国家对被告人的上诉则采取实质审查的方式，将作出有罪答辩的被告人行使上诉权是否提出明确的上诉理由，提出的上诉理由是否具备上诉权行使的实质性构成要件，以及是否具备启动二审程序的必要性，作为上诉法院审查的重点，而将没有明确提出上诉理由和没有相应证据支持的"空白型上诉"排除在二审程序之外，这在一定程度上降低了被告人滥用上诉权的概

---

[1] 薛波主编：《元照英美法词典》，法律出版社 2003 年版，第 82 页。

[2] 谢佑平等：《刑事救济程序研究》，中国人民大学出版社 2007 年版，第 157 页。

率，起到了维系上诉程序正常运转的作用。

（三）上诉权行使的效果

（1）上诉权为被告人消解对法院裁判的不满提供了释放出口。刑事上诉权是被告人所享有的一项诉讼救济权，上诉权的行使以被告人认为原审裁判侵犯了自己的合法权益为前提，是指被告人请求上级法院依法纠正一审裁判因法官主观或客观因素造成的失误，以恢复、补偿其受损法益，实现权利救济。上诉是被告人开启二审程序大门的钥匙，针对一审法院错误审判所导致的不公正裁判结果，上诉权为当事人表达和解决不满、提出诉求提供了正当的程序性救济路径。通过上诉，既能救济被告人受到侵害的权利，也避免了被告人采取其他不恰当甚至极端的手段来抗议法院以消解不满情绪的行为。同时，上诉权赋予被告人再次获得审判的机会，在上诉不加刑原则的保障下，被告人的程序性权利和实体利益得到了多重保护。从现行立法规范来看，除被告人明确撤回认罪答辩外，上诉权的行使并不会直接产生导致之前的认罪认罚决定被排除的后果，被告人若在上诉程序中继续认罪认罚，依然能够获得从轻处罚的判决。立法对被告人行使诉讼权利给予了充分尊重，通过上诉充分参与诉讼，对于增强被告人对裁判结果的认同感起到了积极的促进作用。

（2）对法院来讲，认罪认罚案件中上诉权的行使具有两面性。一方面，上诉权的正当行使能够保障裁判的正确性。刑事案件具有复杂性，受制于法官思维角度、情感偏向的影响，以及个人能力的束缚，裁判结果可能出现损害被告人利益的情形，这就需要通过二审程序，深化、发展一审对案件事实的认定和法律的适用，使裁判结果进一步接近理性和真实，精准惩罚犯罪，实现司法公正。另一方面，若上诉权被不当利用，也会为案件的审理带来新的矛盾。在一审法院已经完全采纳检察机关量刑建议的情况下，被告人又毫无理由地任意行使上诉权，使得法院陷入两难境地。出于保护被告人合法权益的目的，理应满足其上诉需求，但由于我国刑事二审程序是建立在一审审判结果基础上的续审制，[1]若放任被告人随意反悔上诉，将使得适用速裁程序或简易程序审结的案件发生程序回流，迫使法院不得不投入更多的精力对案件事实和证据进行更深入的调查。这种毫无意义的上诉将已经审结的案件

---

[1]　刘根菊、封利强：《论刑事第二审程序的审判范围——以程序功能为视角》，载《时代法学》2008 年第 6 期。

复杂化，不仅没有实现快速结案的目的，反而削弱了认罪认罚从宽制度繁简分流的改革效果，使司法资源遭到了浪费。

（四）认罪认罚案件上诉权的争议

认罪认罚案件被告人的上诉权与认罪认罚从宽制度在理论和司法实践上存在着较为突出的矛盾：一方面，上诉权的救济属性决定了其在包括认罪认罚案件在内的所有刑事案件中存在的必要性；另一方面，全面保留认罪认罚案件被告人的上诉权不仅会为其留下滥用上诉权的余地，还会影响认罪认罚从宽制度"公正为主、效率优先"价值目标的实现。[1]如何看待及解决被告人在一审法院采纳检察机关量刑建议后又上诉的问题，理论界和实务界都争议颇多，总结来看，主要存在以下三种代表性观点：

1. 全面保留认罪认罚案件被告人上诉权的观点

持全面保留认罪认罚案件被告人上诉权观点的学者将刑事诉讼追求实体公正的目标放在第一位，认为无例外地全部保留认罪认罚被告人上诉权是法律公正价值的体现，具体依据如下：首先，公平正义的实现是司法活动的最终追求，相比效率价值，司法公正更为重要。[2]在刑事诉讼中实现节约司法资源、提高诉讼效率的目的，并不等于必须限制或剥夺认罪认罚案件被告人的上诉权，完全保留认罪认罚案件被告人的上诉权正是实现司法公正的体现。其次，应接受认罪认罚案件被告人因反悔认罪认罚而提起的上诉。上诉是被告人的程序性选择，即使其已经在一审程序中签署了认罪认罚具结书，也不能单纯通过上诉就否定认罪认罚的真实性、自愿性，[3]无论被告人是否提出上诉理由、以何种理由提起上诉，都需通过二审程序来进一步揭露和证实犯罪，使罪犯认罪服法、接受改造。最后，全面保留认罪认罚案件被告人的上诉权与我国两审终审的审级制度相适应。刑事二审程序设置的最终目的是实现司法救济，纠正一审法院的错误与偏差。从目前我国认罪认罚从宽制度发展现状及相关配套措施的完善情况来看，尚不足以支持一审终审制度实现，在不能确保被告人认罪认罚的自愿性能够获得充分保障的程度下，剥夺或限制认罪认罚案件被告人的上诉权不利于发挥二审程序应有的价值，有损司法

---

〔1〕 陈卫东：《认罪认罚从宽制度研究》，载《中国法学》2016年第2期。

〔2〕 参见陈光中、马康：《认罪认罚从宽制度若干重要问题探讨》，载《法学》2016年第8期；陈瑞华：《认罪认罚从宽制度的若干争议问题》，载《中国法学》2017年第1期。

〔3〕 郭烁：《二审上诉问题重述：以认罪认罚案件为例》，载《中国法学》2020年第3期。

公正。

针对司法实践中被告人认罪认罚获得从宽量刑后又滥用上诉权等问题，持全面保留认罪认罚案件被告人上诉权观点的学者提出了以下两种解决方案：第一种方案是简化二审审理程序。谢小剑教授认为，限制或取消认罪认罚案件被告人的上诉权没有必要，保障认罪认罚从宽制度效率价值的实现，完全可以通过提高二审开庭审理的条件、缩减二审审理的期限以及加快二审程序的审理进程等方式解决。[1]这是为了减轻因被告人滥用上诉权导致司法资源遭受无端浪费、二审审理期限过长导致诉讼效率降低等不利后果，使无正当理由提起上诉的被告人通过上诉获得的非法利益最小化。第二种方案是赋予检察院抗诉权。针对认罪认罚案件被告人提起的"投机上诉"以及滥用上诉权的行使，可以采用由控方提起抗诉的方式来加以规制。[2]

2. 剥夺认罪认罚案件被告人上诉权的观点

持剥夺认罪认罚案件被告人上诉权观点的学者认为，被告人选择认罪认罚既涵盖处分实体权利的内容，同时也意味着对程序性权利的抛弃。上诉权是被告人享有的法定诉讼权利，被告人有权进行处分，即自主选择是否放弃。故可以将上诉权作为被告人向检察机关换取从轻量刑建议的对象。基于契约精神，被告人在自愿、明知的主观状态下签署认罪认罚具结书，并在庭审中再次确认认罪认罚确属真实、自愿、合法，在一审法院采纳检察机关的量刑建议后，没有理由，也没有权利推翻原来的判决，再次上诉。[3]此外，部分学者提出，可借鉴民事诉讼小额程序的审理经验，在适用速裁程序审理的刑事案件中实行一审终审，不再赋予被告人上诉权。[4]采取此种观点的理由为：设置速裁程序最主要的目的在于提高诉讼效率，与重罪案件相比，适用速裁程序审理的案件较为简单，裁判结果对被告人的实质利益影响较小，法官在

---

〔1〕 谢小剑、李尧君：《认罪认罚从宽的二审程序：废除、限制不如简化》，载《学术交流》2020 年第 3 期。

〔2〕 张丽霞：《认罪认罚案件上诉与抗诉的法理辨析》，载《中国人民公安大学学报（社会科学版）》2020 年第 1 期。

〔3〕 骆锦勇：《认罪认罚案件的上诉和抗诉问题》，载《人民法院报》2019 年 8 月 8 日。

〔4〕 参见牟绿叶：《认罪认罚案件的二审程序——从上诉许可制展开的分析》，载《中国刑事法杂志》2019 年第 3 期；最高人民法院刑一庭课题组，沈亮：《关于刑事案件速裁程序试点若干问题的思考》，载《法律适用》2016 年第 4 期；陈卫东：《认罪认罚从宽制度研究》，载《中国法学》2016 年第 2 期。

审理过程中出现事实认定困难、法律适用错误的成本较低。基于对公共利益的考虑，剥夺速裁程序中认罪认罚案件被告人的上诉权存在合理之处，因此，对于案情简单、可能判处较轻处罚的刑事速裁案件同样可以采用一审终审的审理制度。[1]

3. 折中的"限制上诉论"

目前，我国绝大多数学者认为，应对认罪认罚案件被告人的上诉权附加一定的限制条件。对于如何限制认罪认罚案件被告人的上诉权，理论界观点迭出：

（1）由二审法院对被告人的上诉理由进行审查，决定是否启动二审程序对案件重新审理。[2]该观点主要借鉴了欧洲裁量型上诉制度的做法，通过审核上诉理由来实现对上诉案件的过滤，实现诉讼程序的繁简分流，防止上诉案件膨胀，确保上诉程序功能的正常发挥。[3]

（2）根据一审法院判处刑期的长短对认罪认罚案件被告人的上诉权附加不同程度的限制。[4]①完全保留实际获刑 10 年以上有期徒刑的认罪认罚案件被告人的上诉权，不再附加任何限制条件；②在被判决 3 年以上 10 年以下有期徒刑的案件中，相对保留认罪认罚案件被告人的上诉权；在被告人因对量刑和定罪不满提起的上诉案件中，二审审判不适用全面审查原则，可借鉴英美法系国家的第二、三审程序中的事后审查制，要求上诉人提供上诉理由，并将审查的重点集中于上诉理由涉及的内容；③对于法院已采纳检察院的量刑建议，并且被告人实际获得的刑罚在 3 年以下有期徒刑的一审案件，确有必要对被告人行使上诉权的范围加以限制，此种情形下，被告人只能对量刑问题提起上诉，不能再针对事实认定、定罪等实体问题行使上诉权。

4. 对相关观点的评析

（1）全面保留认罪认罚案件被告人上诉权观点的弊端。

绝对无限制的上诉权可能会诱发权利的滥用，助长"无聊上诉""空白型

---

〔1〕 丁国锋、徐晓红、张定森：《江苏南京：速裁 800 余起刑案每案用时不超过 5 分钟》，载《法制日报》2015 年 11 月 2 日。

〔2〕 陈光中、马康：《认罪认罚从宽制度若干重要问题探讨》，载《法学》2016 年第 8 期。

〔3〕 牟绿叶：《我国刑事上诉制度多元化的建构路径——以认罪认罚案件为切入点》，载《法学研究》2020 年第 2 期。

〔4〕 梁健、鲁日芳：《认罪认罚案件被告人上诉权问题研究》，载《法律适用》2020 年第 2 期。

上诉"类型案件的增加。通过简化二审程序、缩减二审审理期限来提高审判效率确有可行性，但也存在一定的风险，在快速审理的认罪认罚案件中，在被告人部分程序性权利本身就已受到减损的情形下，更需保障其获得充分的质证、辩论机会，增强被告人对司法裁判的认同感，实现程序正义。因此，仅通过简化诉讼程序，或以抗诉抑制上诉，不能从根本上规制认罪认罚案件被告人滥用上诉权的问题，也并非长远之计。同时，持全面保留认罪认罚案件被告人上诉权观点的学者提出的以抗诉应对认罪认罚案件被告人无理上诉的做法，与《刑事诉讼法》规定的提起抗诉权的条件相背离，存在规避上诉不加刑原则的嫌疑，缺乏法理支撑。分析认罪认罚案件被告人的上诉理由，可以发现被告人的上诉具有很大的模糊性和不确定性，在难以区分被告人是否属于反悔认罪认罚的情形下，不能轻易将被告人上诉归类为因反悔认罪认罚，导致一审判决丧失协商基础，检察机关能够以原判决存在错误为由提起抗诉的情形。若一律将被告人的上诉等同于反悔认罪认罚，将会为依法行使上诉权的被告人增添心理负担，导致具有正当上诉利益的被告人因害怕引起检察机关的"报复性"抗诉，而不敢通过上诉维权的困顿局面。

（2）剥夺认罪认罚案件被告人上诉权观点的弊端。

与全面保留认罪认罚案件被告人上诉权的观点相比，持剥夺认罪认罚被告人上诉权观点的学者将目光集中于提高刑事案件审判效率、节约司法资源上。但对效率的过度追求容易忽视二审程序的救济和纠错功能，上诉权是被告人追求司法公正，维护自身合法权益，要求上级法院纠正原审裁判错误的法定权利。否定认罪认罚案件被告人的上诉权并不是一个孤立的问题，而是一项涉及多种制度改革的系统工程，需要辅以多项配套措施，保障被告人放弃上诉权的明知性。同时，从保障人权的角度来看，与民事诉讼中的小额案件相比，刑事被告人在认罪认罚的前提下，将面临被宣告有罪、判处刑罚等更加严重的后果，快速的审判难免会导致庭审实质化欠缺，即使所判处的刑罚期限较短，也是民事案件败诉后果不可比拟的。一旦被告人因司法机关的诱惑或因对制度理解的欠缺而盲目选择认罪认罚，之后想再通过上诉排除之前的认罪决定将难上加难。

显然，从当前我国认罪认罚从宽制度的发展现状来看，在与制度相配套的保障措施尚不完善的背景下，要求被告人放弃上诉权有违人权保障，不仅会阻碍刑事上诉制度功能的实现，还会加剧控辩不平衡的局面。

（3）"限制上诉论"的正当性分析。

无论是"全面保留"，还是"剥夺"认罪认罚案件被告人的上诉权的理论，抑或"限制"认罪认罚案件被告人上诉权的理论，都源于司法公正与诉讼效率的较量。学界有观点认为：限制认罪认罚案件被告人的上诉权与刑事诉讼实现司法公正的目标背离，有变相剥夺权利的嫌疑。诚然，赋予认罪认罚案件被告人上诉权体现了刑事诉讼对裁判结果公正的追求，但裁判结果的公正不仅局限于保障被追诉人的诉讼权利，还应从整个社会效益出发，确保刑事诉讼资源的合理配置。部分被告人在了解认罪认罚从宽制度的性质、认可认罪认罚法律后果的前提下，签署认罪认罚具结书，且在一审中经法庭询问后并未提出反悔的意思表示，又提起上诉，其真实的上诉动机并不是追求公正的裁判结果，而是利用上诉来拖延刑期，实现"留所服刑"或获得"再次减刑"，这种无理由单方"撕毁"认罪认罚具结书的行为不仅对契约诚信精神造成了破坏，还在一定程度上损害了裁判的权威性和终局性，理应加以限制。[1]

上诉权制度设置的本意就是实现国家利益和个人利益的最佳平衡，而不是给予被告人一方绝对的利益。在认罪认罚案件中，原则上应当保障被告人上诉权的正常行使，对于已经在程序和实体上获得从宽处罚的被告人，确需在符合条件的案件中，限制其上诉权的行使。这不仅是契约必守原则的体现，也是兼顾公正与效率、平衡国家利益与个人利益的最佳方案，与认罪认罚从宽制度的长远发展趋势相契合。而怎样划分权利的限制范围和限制方式，如何限制才不会损害被告人的程序参与权和救济权，则是需要我们研究的重点。

二、认罪认罚案件被告人上诉的实证分析

（一）认罪认罚案件被告人上诉权行使概况

从认罪认罚从宽制度试点工作的顺利开展，到制度合法化、规范化，从实践到立法，再从立法到实践，适用认罪认罚从宽制度审理的案件逐年飙升，并取得了令人瞩目的成就。最高人民检察院发布的年度公报统计，截至 2019年底，全国检察机关适用认罪认罚从宽制度办理的刑事案件占比达 83.1%。[2]

---

〔1〕 胡云腾主编：《认罪认罚从宽制度的理解与适用》，人民法院出版社 2018 年版，第 126~127 页。

〔2〕 参见张军：《认罪认罚从宽：刑事司法与犯罪治理"中国方案"》，载《人民论坛》2020年第 30 期。

但随着认罪认罚从宽制度的广泛适用，新的问题也不断涌现：在上诉率本应不高的认罪认罚案件中，频繁出现的无因上诉、滥用上诉权等问题，致使二审实现权利救济的效果不显著，同时也使得认罪认罚从宽制度并未完全发挥出应有的简化诉讼程序、提高审判效率的作用，加深了认罪认罚从宽制度的理论预期与司法实践之间的"鸿沟"。

考察认罪认罚案件被告人上诉权的行使现状，可以发现在适用认罪认罚从宽制度审理的案件中，存在上诉比例逐年增长、地域间上诉比例差异较大的两项明显特征。据官方近年来的发布统计数据，2017 年全国认罪认罚案件被告人的上诉率为 3.6%。[1] 自认罪认罚从宽制度试点开始至 2018 年 2 月，有 6800 多起案件因被告人提起上诉而启动二审程序，上诉率为 3.35%。[2] 2019 年 1 月至 8 月，被告人提起上诉的案件上升至同期刑事结案数量的 3.9%。[3] 为进一步研究认罪认罚案件被告人上诉权的行使现状，笔者在中国裁判文书网中以"刑事案件"为类型、以"认罪认罚"为关键词，将审判程序选定为"刑事一审"，粗略统计得出 2020 年适用认罪认罚从宽制度审结的一审刑事案件共 572 513 件。考虑到被告人上诉的期限通常为 10 日，故将时间截止日期修改为 2021 年 1 月 10 日，再以"上诉"为关键词，采用结果搜索的方式，检索到 24 734 份二审裁判文书，粗略计算得出 2020 年认罪认罚案件的上诉比例约为 4.3%。

与普通刑事案件相比，认罪认罚案件上诉率偏低，整体上看是认罪认罚从宽制度在一定程度上取得了息讼服判的成效，但上诉率的平均数较低并不意味着适用认罪认罚从宽制度的案件裁判结果都符合制度本意。对比近年来适用认罪认罚从宽制度审理的案件数量和上诉案件的占比来看，被告人提起上诉的案件逐年增长，认罪认罚从宽制度呈现出了"低开高走"的趋势。笔者将近四年认罪认罚案件被告人提起上诉的情况整理为图 5-1，可以明显观察到，认罪认罚案件被告人上诉案件的数量都呈现明显的上升态势。

---

〔1〕 参见蒲晓磊：《"两高"向全国人大常委会报告刑事案件认罪认罚从宽制度试点工作情况》，载 https://www.spp.gov.cn/zdgz/201712/t20171225_207531.shtml，最后访问日期：2023 年 12 月 23 日。

〔2〕 杨立新：《对认罪认罚从宽制度中量刑建议问题的思考》，载《人民司法》2020 年第 1 期。

〔3〕 参见张军：《最高人民检察院关于人民检察院适用认罪认罚从宽制度情况的报告》，载《检察日报》2020 年 10 月 17 日。

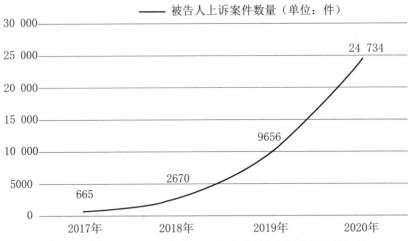

图 5-1 2017 年至 2020 年认罪认罚从宽制度中上诉案件的增长情况

除了案件数量逐年上升，认罪认罚案件被告人上诉情况所反映出的另一个特点是，各地区适用认罪认罚从宽制度审理的案件上诉比例差异较大，部分地区的上诉率实际远高于全国平均值。官方统计数据显示，自认罪认罚从宽制度试点工作开展以来，到 2017 年底，广东省适用认罪认罚从宽制度审理的刑事案件中，被告人提起上诉的案件比例仅为 0.63%[1]；山东省在实行认罪认罚从宽制度的试点期间，被告人的上诉率为 1.2%；[2]在福建省福清市适用认罪认罚从宽制度审理的案件中，被告人提起上诉的案件占比 1.8%。[3]上述数据让我们看到了认罪认罚从宽制度取得的成效，但同样也凸显出低平均上诉率背后，隐藏着某些地区上诉率偏高的现象。某法官对 B 市 C 区法院进行实地调查发现，在该区法院 2017 年适用认罪认罚从宽制度审理的刑事案件中，被告人提起上诉的案件占比 16.4%，[4]截至 2017 年 6 月，在上海市长宁区人民法院适用认罪认罚从宽制度的刑事案件中，被告人对原判决不满并提

〔1〕 参见章宁旦、韦磊、王晖：《广东：认罪认罚案上诉率仅 0.63%》，载 https://www. spp. gov. cn/dfjcdt/201801/t20180125_209444. shtml. 最后访问日期：2023 年 12 月 23 日。

〔2〕 参见匡雪：《山东：适用认罪认罚从宽制度办理 3884 案》，载 http://news. jcrb. com/jxsw/201901/t20190121_1954917. html，最后访问日期：2023 年 12 月 25 日。

〔3〕 参见张仁平、石冰莹：《福建福清：认罪认罚从宽量刑建议采纳率达 99.9%》，载 http://news. jcrb. com/jxsw/201901/t20190121_ 1954917. html，最后访问日期：2023 年 12 月 25 日。

〔4〕 臧德胜、杨妮：《论认罪认罚从宽制度中被告人上诉权的设置——以诉讼效益原则为依据》，载《人民司法（应用）》2018 年第 34 期。

起上诉的案件占同期审理刑事案件的 10.16%。[1]

接下来，笔者根据收集的 339 件适用认罪认罚从宽制度且被告人提起上诉的案例样本，对被告人提起上诉的理由进行整理统计，结果见表 5-1。

表 5-1　认罪认罚案件被告人上诉理由统计

序号	上诉理由	具体表现		案件数量（件）	所占比例（%）
1	认罪不认罚	量刑问题	量刑过重	217	64
			留所服刑	10	2.9
		事实、证据问题	事实认定错误；遗漏从轻处罚的情节	27	8
			证据存在瑕疵，量刑过重	16	4.7
		其他	因自身患病、家庭困难、需照顾家人等，请求从轻处罚	6	1.8
2	反悔认罪认罚	原审认定事实错误，不构成犯罪		21	6.2
		检察院未详细解释认罪认罚从宽制度的规定，引起被告人误解		3	0.9
3	情势变更	检察院变更量刑建议		3	0.9
		一审刑罚超出检察院的量刑建议		20	5.9
		以积极履行一审裁判为由提出上诉		6	1.8
4	一审判决存在错误	程序错误		2	0.6
		适用法律错误，认定罪名错误		8	2.4

1. 因认罪不认罚提起的上诉

总体上看，被告人因认罪不认罚而提起上诉的案件数量畸高，且主要集中在"量刑过重"这一理由上，占比约 64%。在此种类型的上诉中，被告人滥用上诉权的问题较为突出，主要表现为以下两种：

（1）"空白型上诉"。这种上诉是指被告人在一审认定事实正确、程序正当、法律适用无误，且已经获得从宽处罚的前提下，仍认为一审判决的刑罚

〔1〕　程溪：《认罪认罚从宽中被追诉人反悔的应对机制构建》，载《江西警察学院学报》2018 年第 4 期。

"过重"，并在未提出新的事实、证据的情形下提起上诉的情形。这种没有说明任何理由的"空白型上诉"只能起到安抚被告人对一审裁判不满心理的作用。在339件样本中，217件上诉案件都是被告人在未提出新的事实、证据，也没有指出原审裁判存在任何错误的情况下提起的。被告人在上诉状中陈述的上诉理由集中表现为："具备自首、悔罪情节""已经获得被害人的谅解""属于初犯、偶犯""一审裁判从轻幅度不大"等。这些上诉理由既未体现对实现合法权益的救济，也不是对一审错误裁判的纠正，虽然表述不一，但实质上都是对一审裁判已经认定的事实及证据的重复性申明。此种类型的上诉案件中，被告人提起上诉并非出于对合法权利救济的期待，而是怀有侥幸心理，以上诉不加刑为"跳板"，在一审已经作出从轻处罚的基础上获得再次被二审法院改判为减轻的刑罚。代表性案例为陈某某盗窃罪上诉案，二审法院裁判认为：被告人陈某某在证据没有变化的情况下，又以量刑过重为由提起上诉，实则属于认罪但不认罚，违背认罪认罚具结书的情形，其上诉理由不能成立，不应再对其适用从宽处理的规定，本案上诉人最终获得了被二审法院加重改判的结果。[1]样本中，被告人仅以量刑过重这一理由行使上诉权的案件较多，此种上诉使原本就紧张的司法资源"雪上加霜"，不仅牺牲了诉讼效率，还耗费了大量的社会成本，[2]亦有违司法诚信原则。

（2）"技术性上诉"（学理上又将这些"空泛""笼统"的上诉称为"投机上诉"或"无聊上诉"）。在这种上诉中，被告人虽然提出了具体的上诉理由，但是其上诉理由根本不能成立，缺乏上诉的根据。其中以"留所服刑"为由提起的"技术性上诉"最为突出。所谓留所上诉，即在轻刑案件中，被告人在一审宣判后，以"请求在看守所服刑"为由提起的上诉。在339件样本中，被告人直接表明想要在看守所服刑的案件有10件。当然，仅从字面观察难以发现被告人上诉理由背后所隐藏的真实目的。实践中大量充斥着以"量刑过重""证据存在瑕疵"为理由，实则暗含"留所服刑"的委婉型上诉。此类上诉案件中，被告人并未在上诉状中表露想要在看守所服刑，在二审庭审时才吐露真言，表明想通过行使上诉权来拖延诉讼时间，将余刑缩短到3个月以下，以期在看守所服刑的真实想法。在339件上诉案件中，有9件

---

〔1〕 参见广西壮族自治区贺州市中级人民法院［2020］桂11刑终46号刑事判决书。
〔2〕 肖沛权：《认罪认罚案件上诉问题探讨》，载《政法论坛》2021年第2期。

案件是被告人在二审法院提讯时才表达了"留所"的真实上诉目的的。可见，这种"明修栈道，暗度陈仓"式的"留所服刑"上诉在认罪认罚案件中并不少见。因上诉动机具有较强的主观色彩，所以，判断二审案件是否属于"留所服刑"上诉的情形，要结合被告人认罪认罚的自愿性、一审被判处的刑罚以及剩余刑期等多种因素综合考量。

2. 因反悔认罪认罚提起的上诉

被告人因反悔认罪认罚而上诉的案件共 24 件，可分为两种情形。

（1）彻底推翻一审作出的认罪认罚决定，以自己根本不构成犯罪为由提起的上诉。在此种类型的上诉案件中，多数上诉人并未能提供证据证明原判事实错误所在，只是单纯否认成立犯罪。例如，在一些故意伤害案件中，被告人出于对认罪认罚从宽制度的误解，于一审中认罪认罚，之后又以原判决认定事实错误，应当认定为正当防卫为由提起上诉，但这些上诉案件中，被告人并未向二审法院提交新的能够证明无罪的证据。

（2）因"非自愿认罪认罚"而提起的上诉。样本中以此种理由提起上诉的案件共 3 件，主要表现为以下两种形式：①被告人指明其认罪认罚是经检察机关欺骗、诱惑作出的，其在认罪认罚时对相应的后果并不了解；②因值班律师或辩护人未详细介绍认罪认罚的有关规定，导致被告人违背内心真意，错误作出认罪认罚的决定。例如，在王某某、孙某某等开设赌场罪案中，公安司法机关的诱导是引发被追诉人上诉反悔的主要事由，孙某某上诉指出，原公诉机关欺骗其签订认罪认罚具结书，制造其构成开设赌场罪的假象，其认罪认罚并非出于自愿，不构成开设赌场罪。[1] 但这些案件中上诉人均未提交受到检察机关"诱惑"或值班律师"欺骗"的证据。

3. 因情势变更提起的上诉

被告人因情势变更等客观情形变化而提起上诉的案件有三类。

（1）因检察机关临时变更量刑建议，致使裁判结果超过原量刑建议的刑期范围，超出被告人的预期而提起的上诉。刑事诉讼是一个动态的发展过程，在法庭审理的过程中，检察机关在发现新的影响定罪量刑的事实、证据后，基于案件事实清楚、证据确实充分的证明标准要求，有权补充、变更起诉。然而，在被告人已经与检察机关签署认罪认罚具结书的前提下，公诉机关又

---

[1]　参见安徽省淮北市中级人民法院［2020］皖 06 刑终 64 号刑事裁定书。

在庭审中擅自变更量刑建议，作为受不利影响的一方，被告人当然有权为维护其对原量刑建议的信赖利益提起上诉。

（2）因对实际被判处的刑罚高于检察院量刑建议不满而提起的上诉。样本中，有 20 件案件的上诉理由为"一审判决的刑期未在检察院的建议幅度内，超出认罪认罚预期"，占比 5.9%。法院在审判中处于居中裁判地位，"以审判为中心"的刑事诉讼改革要求法院应当依据庭审中查明的案件事实形成判决，通常情形下，法院应当按照检察院指控的罪名和提供的量刑建议判处刑罚，若检察院的量刑建议存在错误或庭审中出现了新的影响定罪量刑的证据，其可以与检察院协商调整，但最终都应依据事实和法律判处刑罚。在认罪认罚案件中，被告人认罪认罚最主要的目的就是期望获得从宽的量刑结果，若法院的裁判结果超出被告人的预期，被告人由此提出上诉也在所难免。因此，应肯定被告人在此种情形下有权提起上诉。

（3）因出现新的证据，或基于事实、证据等客观情形变化而提起的上诉。主要表现为：一审判决后，被告人以积极弥补被害人的损失、退款退赃、与被害人达成和解协议以及获得社区评估意见书等新的悔罪表现，要求二审法院依据这些新事实、证据，判处较一审轻缓的刑罚或改判缓刑。

4. 因一审判决存在错误提起的上诉

（1）因一审法院存在《刑事诉讼法》第 238 条所规定的违反公开审判或回避制度的有关规定、剥夺或者限制了当事人的法定诉讼权利、审判组织的组成不合法等程序违法情形而提起的上诉。此种上诉案件在样本中共有 2 件。一件案件中被告人的上诉理由为证人未出庭作证，另一件的上诉理由为法院未给被告人指定法律援助辩护。此外，笔者以"程序违法"为关键词进行搜索，检索到的上诉案件更多，具体包括另外两种情形：①被告人以"法院未采纳检察院的量刑建议，且未与检察院协商违反程序"为由提起上诉。代表性案例为张某危险驾驶罪案，被告人上诉指称，一审法院未采纳检察院的量刑建议，也未及时与控方协商调整就直接作出了一审判决，违反诉讼程序，应从轻改判。[1]本案中，一审法院未提前与检察院协商调整量刑建议的做法确实属于程序违法的情形。二审法院最终也认定一审程序存在不当，给予上诉人从轻的改判。②被告人对程序违法情形误解而提起上诉。在王某某危险

---

［1］ 参见甘肃省定西市中级人民法院［2020］甘 11 刑终 44 号刑事判决书。

驾驶罪案中，被告人以一审法院开庭前未告知更换审判人员属于程序违法为由提起上诉，二审法院裁定驳回上诉，理由在于更换审判人员并不属于必须告知被告人的事项，且审判人员的更换并未剥夺或限制上诉人行使诉讼权利。[1]可见，一审中存在被告人对相关法律规定理解偏差，法院的裁判说理不充分、不严谨的问题。

（2）以一审判决适用法律错误为由提起的上诉。此类上诉案件占二审裁判样本的比例为 2.4%。在认罪认罚案件中，因被告人如实交代犯罪事实且案情通常较为简单，以一审法院适用法律错误、认定罪名有误为由提起上诉的案件占比较低。以杨某某、杨某平故意伤害案为例，被告人以原审判决适用法律错误，自己符合寻衅滋事罪的构成要件，而非其认定的故意伤害罪为由提起上诉。[2]笔者认为，被告人以此种理由提起上诉存在合理性根据，认罪认罚案件中犯罪事实的认定和法律的适用与普通刑事案件无差异，当然存在事实认定以及法律适用错误的可能性，查清案件事实是适用法律的前提，一审判决是否存在错误，需要通过二审综合审查认定。

（二）上诉案件二审裁判结果分析

对收集到的 339 件样本的裁判结果进行统计，结果见表 5-2。

表 5-2　被告人上诉后二审法院的裁判结果

上诉理由／二审裁判结果	认罪不认罚（件）	反悔认罪认罚（件）	情势变更（件）	一审判决存在错误（件）	总计（件）	占比（%）
驳回上诉，维持原判	196	22	16	6	240	70.8
加重改判	13	0	1	1	15	4.4
从轻改判	41	2	10	3	56	16.5
发回重审	2	0	2	0	4	1.2
撤回上诉	24	0	0	0	24	7.1
总计（件）	276	24	29	10	339	

如表 5-2 所示，在收集的 339 件有效样本中，由于被告人在二审中未提

〔1〕　参见安徽省宣城市中级人民法院［2019］皖 18 刑终 252 号刑事裁定书。
〔2〕　参见河南省漯河市中级人民法院［2020］豫 11 刑终 41 号刑事附带民事裁定书。

出新的事实、证据，故其获得从轻改判的成功率较低，绝大多数二审裁判结果与一审无异，二审法院裁定"驳回上诉、维持原判"的案件占比达 70.8%。

在二审法院依法改判减轻刑罚的案件中，改判的理由主要有以下两种：①一审法院认定事实错误，导致量刑不当。在此种上诉案件中，二审法院从轻改判体现了二审程序公正裁决的功能，此时，被告人推翻认罪认罚具结书提起上诉，当然具备正当性。②将一审判决作出后，被告人积极履行一审判决的行为认定为客观情形变化、出现了新的量刑情节，可以减轻处罚的情形。实践中，被告人在一审后积极履行一审判决的行为是否可以作为从轻改判的证据，各地法院的认定存在差异。相比较而言，被告人以此种理由提起上诉的案件大多都在二审时获得了减轻改判，如邢某某诈骗罪案，二审法院在判决书中指出，一审判决作出后，上诉人积极缴纳罚金，赔偿被害人的经济损失，且得到了被害人的谅解，符合酌定从轻处罚的构成要件，在原判只表述了对被告人从宽处罚的情形下，二审根据上诉人提出的新证据，对上诉人从轻、减轻处罚，符合法律规定。[1]但实践中也有部分法院存在着不同的审判意见，如张某某盗伐林木罪案，[2]二审法院认为，被告人在一审判决作出后，积极履行裁判文书中规定的义务，是其应尽的法律责任，不应认定为新的证据，并作出了维持原判的裁定。由此，被告人以履行本应履行的义务为由提起上诉，是否属于二审法院可以据以改判的新证据，仍有待考量。

二审法院改判加重被告人刑罚的案件相对较少，占样本总数的 4.4%。我国《刑事诉讼法》第 237 条第 2 款明确了"上诉不加刑"原则的限制情形，即被告人提起上诉或检察机关提起抗诉的，二审法院可以对被告人判处重于一审判决的刑罚。针对实践中频繁发生的"技术性上诉"问题，检察机关通常采用抗诉的方式来消解被告人谋取不正当上诉利益的意图。检察机关的抗诉理由为：被告人签署认罪认罚具结书后，在已知最坏裁判结果的前提下，以刑罚过重为由提起上诉，致使一审适用认罪认罚从宽制度的基础不复存在，符合以事实认定、法律适用错误为由提起抗诉的要件。针对此类抗诉，各地法院的应对方式也不一致。支持检察机关抗诉的法院通常都判处了被告人重于一审的刑罚；反对检察机关抗诉的法院认为，引发上诉的原因多种多样，

---

〔1〕 参见辽宁省葫芦岛市中级人民法院［2020］辽 14 刑终 54 号刑事判决书。
〔2〕 参见河南省许昌市中级人民法院［2020］豫 10 刑终 166 号刑事裁定书。

笼统地将被告人提起上诉认定为"反悔"，欠缺合理根据，被告人提起上诉是正当行使权利的表现，检察机关的抗诉无合理根据。目前，并无明确的法律规范上的依据能够认定检察机关以抗诉应对被告人无理由的上诉行为是否合理、正当。笔者认为，检察机关应谨慎行使抗诉权，即便被告人在一审后反悔认罪，也不应当认定为一审裁判存在错误，可以依法提起抗诉的情形。此外，检察机关抗诉的对象应是一审法院，这种针对上诉而提起的抗诉，具有"报复性"，不符合提起抗诉的目的。

在选取的339件二审裁判样本中，被告人提起上诉后又撤回的样本有24件，占比7.1%。被告人撤回上诉的原因主要分为以下两种：①因检察院抗诉而申请撤回上诉。在此类撤回上诉的案件中，二审法院会作出准予撤回和不准撤回两种裁定。在拒绝撤回上诉的案件中，二审法院通常采纳了检察机关的抗诉意见，改判为较一审更重的刑罚；在准予撤回上诉的案件中，二审法院则以检察机关撤回抗诉终结二审的审理。②因检察机关、法院"劝说"撤回上诉。无论被告人以何种原因提起上诉，实务中法院为减轻审案压力，对其提起的"无聊上诉"，往往会以"劝说"的方式要求其撤回。从反面来看，即便不劝说被告人撤回上诉，在案件事实没有变化，也没有出现新证据的情形下，二审也是"形式化"地走过场，将有限的司法资源耗费于无实质争议的往复程序中。

（三）认罪认罚从宽后又上诉的原因分析及不利影响

1. 认罪认罚从宽后又上诉的原因分析

溯本追源，通过上文对认罪认罚案件被告人上诉的理由以及二审法院裁判结果的分析，总结认罪认罚案件被告人反常提起上诉的原因有以下三点：

（1）制度立法上的缺失。分析认罪认罚案件被告人上诉权的行使现状发现，因侥幸心理引发的，以谋取不正当利益为目的提起的"技术性上诉"存在扩大趋势，这从根本上暴露出认罪认罚从宽制度设计的缺失以及立法在诉权保障和程序救济等方面存在空白。

首先，在无因上诉制度的保障下，被告人行使上诉权无理由限制，只要在法定期限内声明"不服"，法院就需启动二审程序对案件重新审理。同时，上诉不加刑原则消解了被告人对二审法院加重改判的顾虑，在这种权利行使毫无限制的制度保障下，极易诱发被告人滥用上诉权行为的发生。

其次，2018年修正后的《刑事诉讼法》并未对认罪认罚案件被告人行使上诉权作出新的规定。沿用普通刑事案件中上诉权的有关规定，将进一步加剧旧立法规定与新兴的认罪认罚从宽制度间的摩擦，造成实践中各地司法机关对被告人认罪认罚获得从宽处后又上诉的问题应对方式不一，司法权威面临挑战的局面。

最后，我国《刑事诉讼法》第228条对检察院行使抗诉权规定了严格的限制条件：检察院只有在一审判决、裁定存在错误时，才有权抗诉。故依据现有法律规定，检察机关尚不能将被告人的"技术性上诉"作为提起抗诉的依据。在抗诉提供更重刑罚的回应下，即便一审判决量刑畸轻，二审法院也只能作出有利于上诉人，或至少是维持原判的裁定。这种上诉既没有风险，又没有诉讼成本，还可能"侥幸"被减轻刑罚，不免会激发被告人滥用上诉权、采取"技术性上诉"的冲动。在这些案件中，被告人行使上诉权并不是为了实现自我救济，而是出于侥幸心理作祟，企图通过上诉不加刑原则来减轻量刑，或通过二审延长羁押刑期，获得到看守所服刑的效果。为解决上述问题，确需对当前我国认罪认罚案件中上诉权的立法规定和相关制度设计进行反思。

（2）被告人认罪认罚自愿性的保障机制不健全。认罪认罚从宽制度的适用以被告人自愿如实供述罪行为前提，而量刑协商是促使被告人如实供述、保障其自愿认罪认罚的关键。在上诉理由是"非自愿认罪认罚"及"刑罚过重"的认罪认罚案件中，多数上诉是因量刑协商不到位引起的。具体而言，导致被告人打破认罪认罚协议，提起上诉的成因有以下两种：

第一种是因公安或检察机关的引诱、欺骗，而产生的"招供"和"认罪认罚"。科技的进步促生新型复杂的刑事犯罪案件，一定程度上加深了侦查机关取证的难度。为尽快解决取证难题，侦查机关逐步将工作重点过渡到"被告人陈述"层面，而认罪认罚从宽制度则为侦查机关侦破案件提供了捷径。为保证获取被告人陈述方式的合法性，我国规定了非法证据排除规则，但仅否定了通过暴力、威胁或非法限制人身自由等使人遭受难以忍受的痛苦的方式收集证据的效力。在追求实体真实的诉讼价值取向下，这种取证方式的强制性构成了认罪认罚自愿性的内在阻碍，也是造成上诉案件激增的一大隐患。

第二种是由于被告人获得的法律帮助不充足，认罪认罚是在明知性、真实性未得到完全保障的情形下作出的。被告人的法律知识有限，对认罪认罚从宽制度的认识较为模糊，在刑事诉讼中相对控方而言处于弱势地位，这就使得被告人对值班律师的帮助具有较强的依赖性。高质量的法律帮助是保障被告人认罪认罚有效性及自愿性的重要内容，然而在实际认罪认罚案件中，多数被告人并无辩护人，只能获得值班律师有限的法律帮助。尽管《指导意见》赋予了值班律师审理前会见被追诉人和查阅相关案卷的权利，但从目前的司法实践来看，值班律师在行使权利时仍面临很多阻碍，沟通的匮乏使得被告人与值班律师之间缺乏信任，被告人不能得到实质性的法律帮助。另外，较低的经费补贴与较大的工作量不成正比，很难激发值班律师为被告人提供法律帮助的积极性。值班律师成了被告人认罪认罚的"见证人"，个别值班律师甚至将劝说被告人尽早认罪认罚作为"法律帮助"的主要工作。由此，被告人在信息量不充分情形下作出的认罪认罚决定并不能反映其本意。

（3）被告人恶意上诉。恶意上诉是被告人公然利用合法的方式，在缺乏正当依据的情形下，故意利用上诉权，实现拖刑期、获得减轻改判目的的诉讼行为。恶意上诉与正常行使上诉权的行为并无形式上的不同，判断被告人是否存在恶意上诉的主观心理，需要从上诉动机、上诉目的等多方面综合考量。被告人签署认罪认罚具结书后，在对最坏的一审裁判结果已有预期的前提下，仍对刑罚结果不满，行使上诉权且未反悔认罪认罚、未提供新证据，寄希望于被二审法院从轻改判。被告人内心非常清楚自己的上诉成功概率渺茫，且不利于尽早为被害人提供补救赔偿，不利于修复被破坏的社会关系。此外，在部分上诉案件中，被告人行使上诉权并非出于实现权利救济的需要，而是企图利用上诉实现"留所服刑"。因为经过前期侦查、审查起诉、审判等阶段的羁押折抵，再加上被一审法院的从轻刑罚，若被告人再行使上诉权，一旦满足剩余刑期只有3个月以下的标准，其将不再面临被送监狱执行的风险，这就促使部分被告人置之前的认罪认罚决定于不顾，将伸张正义、以维护诉讼公正为目标的上诉权作为实现自身不正当利益的手段。

2. 认罪认罚从宽后又上诉的不利影响

（1）不利于司法资源的合理配置。从统计结果来看，实践中刑事被告人在已经如实交代犯罪事实，对检察院指控的罪名、法律适用、量刑建议等无异议后，又以量刑过重或"不服原审裁判"等理由提起上诉的案件愈发增多。鉴于二审程序纠错和实现司法公正的功能定位，即便面对被告人基于不正当目的提起的上诉，二审法院也应适用全面审查原则对案件重新审理，使得原本已经审结，得到公正裁决结果的案件又折回到普通程序，重走诉讼流程。

而这些上诉案件大多都在二审中获得了维持原判的裁定，或以被告人撤回上诉终结，被告人的上诉实际上未能有效发挥应有的纠错功能。在刑事案件数量剧增，诉讼资源紧张的背景下，认罪认罚从宽制度所追求的高效率不能仅局限于个案，还应将更多的司法资源用于更有争议、复杂、疑难的刑事案件中，实现社会的整体公正。而认罪认罚案件被告人滥用上诉权，致使有限的司法资源集中于不必要再次审理的个案中，不仅没有使得"简者更简"，反而拖延了诉讼，致使司法机关在一审中为节约司法资源做出的努力"前功尽弃"。

（2）不利于受损社会关系的修复。与普通程序中的上诉不同的是，认罪认罚案件被告人的上诉，不仅是对一审程序的不服，也表明其未完全接受法律的制裁，社会矛盾仍未解决。及时准确惩罚犯罪、加强人权司法保障是认罪认罚从宽制度以及刑事诉讼的目标之一，人权的保障不仅局限于被告人，还应涉及多方诉讼参与主体，尤其是被害人。在某些犯罪中，相比物质上的补偿，被害人更愿看到被告人心理上的忏悔。而部分认罪认罚案件被告人先履行部分赔偿义务，在一审判决作出后再履行剩余部分赔偿义务，并以此为由提起上诉，要求二审法院减轻刑罚，利用上诉推迟一审刑罚的执行，将认罪认罚从宽制度作为精心算计、少受惩罚的策略，能晚赔则尽量拖延，致使被害人权利的恢复遭受不应有的迟延，不免会加深被害人的怨恨感，延长受损社会关系的修复时间。

（3）违背认罪认罚从宽制度的契约精神。认罪认罚具结书是被告人与检察机关经协商一致达成的书面结果，具有明显的双务公法契约属性。[1]从诚信角度来看，被告人在认罪认罚具结书上签字后，既有对从轻量刑的期待权，同时也应遵守契约义务，除非存在法定的特殊情形，不得再随意无理由提起上诉。但实践中，一审裁判作出后，被告人在未提供新证据的情况提起上诉要求二审法院减轻处刑的案件逐渐增多，其真实目的并非请求公正裁决，而是留所服刑或投机获取更轻的刑罚，这不仅背离"契约必守"的精神，还将导致诉讼中的各种因素处于不确定、不稳定的状态，不利于诉讼效率的提高。倘若被告人在认罪认罚过程中存在隐瞒、欺骗等行为，在检察机关和审判机关都遵守契约对其适用认罪认罚从宽制度予以处罚后，又毫无正当理由地单

---

[1] 钱春：《认罪认罚从宽制度的检视与完善》，载《政治与法律》2018年第2期。

方"毁约"，反悔上诉，使得已经作出的裁判文书成为一纸空文，而又可以利用上诉不加刑原则获得宽厚的刑罚，不仅妨碍程序上公平正义的实现，更是对司法权威的挑战。

三、域外认罪被告人上诉权的考察及启示

（一）英国有罪答辩制度下被告人的上诉权

在英国，不论是法院还是法律规范，都不鼓励被追诉人在作出有罪答辩后再次提起上诉。首先，英国刑事诉讼程序对有罪答辩被告人行使上诉权附加了严格的限制条件。英国刑事法院实行上诉许可制，被追诉人提起上诉需要取得上诉法院或原审法官的许可证明，而这种许可通常是很难获得的。实践中，原审法院的法官往往不会出具这样的证明，错误证明的出具，就意味法官出尔反尔、自我否定裁判的正确性。

其次，为提高刑事审判效率，《英国刑事上诉规则》规定有罪答辩被告人只享有提起一次上诉的权利，只能就一种理由提起上诉，一旦上诉被处理，其就不能第二次提起上诉，即使第二次上诉的理由完全不同于第一次。《英国上诉法院刑事庭审指南》规定被追诉人在提起上诉时应当说明上诉理由。上诉人在提起上诉时需要严格填写上诉办公室提供的标准表格，写明具体的上诉理由，除被告人能够证明不是真正承认有罪而提起的上诉，或其所承认的事实在法律上不可能被定所指控的罪外，法院在审查后都有权驳回被追诉人仅以"定罪不安全或令人不满意""量刑过重"等理由提起的上诉。[1]

再次，在答辩交易制度中，这种"法律上的阻碍"表现得更为突出。不论被告人以何种理由提起上诉，上诉法院都会将审查的焦点聚集到原审定罪的正确性上，对于某些法律上的不严谨或庭审行为的不规范，上诉法院也认为定罪是"安全"的，应允许庭审中的技术缺陷或瑕疵，驳回被追诉人的上诉申请，毕竟被告人有权获得的，是一次公正的审判，而不必追求完美的裁判过程。

最后，针对被告人滥用上诉权，延长羁押刑期的行为，1968 年《英国刑事诉讼法典》第 29 条规定了"损失时间的指令"，若被告人的上诉请求

---

〔1〕[英]约翰·斯普莱克：《英国刑事诉讼程序》（第 9 版），徐美君、杨立涛译，中国人民大学出版社 2006 年版，第 651 页。

被上诉法院认为是无正当理由而予以驳回的,上诉人从上诉开始至上诉程序终结被羁押的期间,都不被计算在上诉判决作出后的实际刑期内,这一规定的设立旨在惩罚上诉人提起毫无价值的上诉并浪费法院时间的行为。这对被告人来讲是一种严重的"威胁",同时也有助于阻止其轻率地提起上诉。

(二) 美国辩诉交易制度对被告人上诉权的限制

20 世纪 60 年代,在美国社会矛盾愈发激化、复杂的背景下,犯罪数量倍数增长,为解决堆积如山的刑事案件,辩诉交易制度应运而生,[1]并被广泛应用于美国联邦和各州的刑事法院中,有罪答辩的裁判方式在减轻法官办案压力、节约司法资源以及提高诉讼效率方面发挥了积极作用,但同时也不断涌现出有罪答辩被告人反悔上诉、滥用上诉权等为上诉法院增添新负担的问题。相关统计数据显示,从 1960 年到 1973 年,联邦法院的刑事上诉案件数量增长了 250%以上,州法院因犯提起上诉的案件增加了 176%以上。在 1973年至 1983 年之间,上诉案件的数量达到了审判法院刑事案件数量的两倍。[2]探究辩诉交易制度下上诉案件猛增的缘由,无不与被告人的"无聊上诉"以及缺乏相应的惩戒机制有关。为缓解刑事救济案件过于拥挤的状况,美国从限制、规范有罪答辩被告人行使上诉权入手,做出了诸多努力。

(1) 将上诉权列为控辩双方的协商内容。为保障交易的有效性,减少"无聊上诉"的发生概率,美国将有罪答辩被告人的上诉权作为换取更大量刑优惠的筹码。[3]若被告人在有罪答辩中作出放弃上诉的决定,能够赢得更轻的刑罚,这不仅有助于缓解因繁多上诉案件给法院带来的审案压力,还能推动案件进程,尽快执行刑罚,使被告人早日摆脱冗长复杂的审判。

(2) 严格限制有罪答辩被告人行使上诉权的条件。①基于提高诉讼效率的考虑,美国对有罪答辩被告人提起上诉的理由规定了严格的限制。要求提起上诉的人必须是在初级法院"丢了东西的人",即提起上诉的被告人应当具

---

[1] 阮传胜:《诉讼的策略与科学的诉讼——美国辩诉交易制度的评与鉴》,载《上海行政学院学报》2004 年第 1 期。

[2] [美] 爱伦·豪切斯泰勒·斯黛丽、南希·弗兰克:《美国刑事法院诉讼程序》,陈卫东、徐美君译,何家弘校,中国人民大学出版社 2002 年版,第 563 页。

[3] See Nancy J. King, Michael E. O'Neill, "Appeal Waivers and the Future of Sentencing Policy", *Duke Law Journal*, 55 (2005).

备上诉利益。〔1〕法院依据被告人的有罪供述判处刑罚后，被告人只能以原判决违反法律或量刑明显不合理为由提起上诉，不能对定罪问题行使上诉权，且上诉人在上诉中指出的错误必须是原审程序已涉及的事项。〔2〕②美国多数法院认可放弃上诉权决定的效力，并且被告人不能轻易撤销基于合意后作出的放弃上诉权的决定，严格限制有罪答辩被告人以反悔认罪为由行使上诉权。《美国联邦刑事诉讼规则》第 11（H）条对以"反悔"为由提起上诉的被告人规定了证明义务：如果被指控者以法院存在错误为由提起上诉，那么该上诉人需证明若原审法院不存在此种错误，其就不存在作出答辩有罪的可能。〔3〕③建立严格的上诉审查程序。为防止无聊上诉及排除不需要复审的案件，部分上诉法院增设了对直接上诉的预先审查程序。由上诉法院对被告人的上诉进行预审，经审查发现被告人上诉所针对的仅是无害错误，就不会启动上诉程序，推翻原审判决。

（3）美国在对有罪答辩被告人附加限制条件的同时，还从立法上为被告人正当行使上诉权提供了充分的保障。为防范有罪答辩被告人遭受不公正裁判的侵害，保障有罪答辩的真实性和自愿性，美国最高法院强调，对于已经获得从宽处罚的有罪答辩被告人，在已经放弃上诉权的前提下又针对量刑结果提起上诉请求的，上诉法庭应再次审查被告人放弃上诉权的自愿性和真实性，判断是否支持其上诉主张。在 Garza v. Idaho 案中，美国联邦最高法院判决称，一般情况下，被追诉人应受辩诉协商结果的约束，但若被告人表明认罪或放弃权利是在不明知、不自愿的情况下，或是在律师的无效帮助、误导下作出的，此时作出有罪答辩的被告人依然有提起上诉的权利，回归到被推定无罪的法律地位。〔4〕

尽管美国对有罪答辩被告人行使上诉权附加的严格限制策略一直饱受传统上诉实践者指责，但不可否认的是，美国刑事法院确实因此减轻了上诉案

───────────────

〔1〕 ［美］爱伦·豪切斯泰勒·斯黛丽、南希·弗兰克：《美国刑事法院诉讼程序》，陈卫东、徐美君译，何家弘校，中国人民大学出版社 2002 年版，第 551 页。

〔2〕 ［美］爱伦·豪切斯泰勒·斯黛丽、南希·弗兰克：《美国刑事法院诉讼程序》，陈卫东、徐美君译，何家弘校，中国人民大学出版社 2002 年版，第 554 页。

〔3〕 张宏宇：《美国辩诉交易程序中被告人认罪自愿性保障及对中国的启示》，载《齐齐哈尔大学学报（哲学社会科学版）》2017 年第 3 期。

〔4〕 ［美］伟恩·R. 拉费弗、杰罗德·H. 伊斯雷尔、南西·J. 金：《刑事诉讼法》（下册），卞建林等译，中国政法大学出版社 2003 年版，第 1094 页。

件带来的审案压力，并有力遏制了滥用上诉权及无聊上诉案件的增加概率。目前，在我国适用认罪认罚从宽制度审理的刑事案件中同样呈现上诉案件数量激增的趋势，与美国的辩诉交易制度存在相似之处，故借鉴美国辩诉交易制度中限制及保障有罪答辩被告人上诉权的经验，能够为完善我国认罪认罚从宽制度起到添砖加瓦的积极作用。

（三）德国刑事协商制度下被告人的上诉权

德国刑事协商制度兴盛于 20 世纪 70 年代中后期，虽然起步稍晚于其他西方国家，但在司法实践中却得到了迅速发展，取得了息讼服判的良好效果。受制于传统刑事诉讼探知案件实质真实价值观的影响，德国学术界对适用"协商裁判"合理性的争议不断。直到 2009 年，德国才将刑事协商制度纳入《德国刑事诉讼认罪协商法律规则》中，以规范化的形式确立下来。与德国一样，我国同样是将发现实质真实作为刑事诉讼主要目的的国家，剖析德国刑事协商制度的设置，借鉴其对刑事协商被告人上诉权的规定，能够为我国完善认罪认罚从宽制度，保障认罪认罚案件被告人合法有序地行使上诉权提供有益的经验。

德国立法机关对协商放弃上诉权的行为持反对意见，并规定了严格的限制条件。《德国刑事诉讼法典》第 35a 条规定："被指控者在任何情况下均自由决定是否上诉的权利，法庭在根据被告人的有罪承诺作出判决前，应告知被告人享有上诉权。"[1] 第 273 条 1a 款规定："法院应将协商的内容和主要流程详细记录于庭审笔录，保证审判程序的公开性并提高诉讼文书的透明度。"第 267 条及第 302 条强调，"放弃上诉"的承诺不能作为促成认罪协商的条件。[2] 尽管德国从立法上明令禁止将"放弃上诉权"作为被告人换取从轻量刑的交易对象，但在司法实践中，控辩双方"协商放弃上诉"的现象大量存在。[3] 通常情况下，被告人要想获得较轻的处罚，除了要如实供述犯罪事实，还需作出放弃上诉的承诺，一旦被告人对判决不满，要求提起上诉，就构成了对承诺的违背。但从德国刑事协商制度适用的司法实践来看，被告人作出放弃

---

〔1〕 岳礼玲、林静译：《德国刑事诉讼法典：刑事诉讼法·法院组织法·少年法院法》，中国检察出版社 2016 年版，第 9 页。

〔2〕 岳礼玲、林静译：《德国刑事诉讼法典：刑事诉讼法·法院组织法·少年法院法》，中国检察出版社 2016 年版，第 120 页。

〔3〕 孙长永：《比较法视野下认罪认罚案件被告人的上诉权》，载《比较法研究》2019 年第 3 期。

上诉权的承诺后又提起上诉的案件并不多，可以说，承诺放弃上诉对刑事协商被告人行使上诉权起到了有效的规制作用。具体来看，促使德国刑事协商程序顺利进行以及上诉案件较少的原因包括以下两方面：

（1）法官作为刑事协商的一方谈判者，负有保障从轻处罚承诺实现的职责。在德国，法官既是刑事协商程序的参与者，也是直接受协商程序结果的影响者。上诉案件的多少是判断法官审判能力的一项重要标准，尽管"协商放弃上诉"的行为饱受诟病，但在德国的司法实践中却仍然得到了广泛的运用，不可否认的是，被告人的上诉不利于任何诉讼参与方。放弃上诉权协议的达成，对于被追诉人来说可以换来减轻的刑罚；对于法官来讲，可以减少被上级法院改判和发回重审案件所占的比例。这就不免会提高法官审理案件的谨慎性。

（2）德国刑事协商制度为提高被告人作出有罪承诺的自愿性给予了充分的保障。①在适用刑事协商程序审理的案件中，大多是由辩护律师代表被指控者与检察官谈判的。[1]由辩护律师亲自参与协商具有天然的优势：一方面，辩护律师有专业的法律知识支持。相比被告方，辩护律师拥有的诉讼权利更为广泛，可向司法机关申请调查有利于被告人的证据、申请排除非法证据或与检察官或法官谈判交易。另一方面，由辩护律师参与认罪协商，意味着其将承担一定的责任。一旦被告人违背承诺提起上诉，将是对辩护律师执业能力的严重否定，辩护律师将很难再获得刑事协商的机会。因此，为避免职业生涯因此遭受不良影响，辩护律师在谈判时会更加谨慎，力争为被指控者赢得更大的量刑优惠，再加上被告人通常不愿意再为诉讼花费更多不必要的时间和精力，由此提起上诉的概率自然也会随之降低。②在刑事协商制度下，法官负有"充分告知"（Qualifizierte Belehrung）义务，即法院在宣布判决结果时，负有向检察官与被告人明示放弃上诉权的协商无效的法定义务，告知被告人只有在明知放弃上诉权的后果后，依然坚持与检察官"交易"的，放弃上诉的协议才会有效。[2]

（四）域外控辩协商案件被告人上诉权行使规定对我国的启示

认罪认罚案件被告人上诉权行使的问题从本质上来讲是实体真实和诉讼

---

〔1〕　［德］约阿希姆·赫尔曼：《协商性司法——德国刑事程序中的辩诉交易?》，程雷译，载《中国刑事法杂志》2004 年第 2 期。

〔2〕　李倩：《德国认罪协商制度的历史嬗变和当代发展》，载《比较法研究》2020 年第 2 期。

效率之间的博弈，以及个人利益和国家利益、社会利益间的竞合。无论是在英美法系国家，还是在大陆法系国家，学界对是否应限制或剥夺有罪答辩被告人的上诉权都是众说纷纭，见仁见智。从域外控辩协商制度的发展现状来看，英美两国更注重刑事诉讼多元价值的平衡，对诉讼效率的高追求促使对被追诉人行使上诉权附加更加严格的限制。而在德国的刑事协商制度中，立法者为防止被告人沦为"强迫自证其罪的工具"，对限制认罪的被指控者行使上诉权的正当性进行了慎重的考量，在禁止放弃上诉权的同时，规定了对被告人认罪认罚自愿性和上诉权的保护条款。

现阶段，我国刑事诉讼同样面临诉讼爆炸带来的办案压力，认罪认罚案件被告人滥用上诉权、因反悔认罪认罚提起上诉等问题激增，阻碍了认罪认罚从宽制度简化诉讼流程功能的发挥。如何应对认罪认罚案件被告人获得从宽处罚后，又利用上诉拖延执行刑罚、"无诉求"行使上诉权等问题，怎样借鉴域外相似制度下的有益经验，以提高认罪认罚案件被告人对一审裁判的认可度，笔者有以下三个方面的思考：

（1）比较法的经验表明，对认罪认罚案件被告人的上诉权附加合理的限制条件，有助于发挥刑事诉讼各审级制度的功能，保障认罪认罚从宽制度效率价值的实现，与多元化的刑事诉讼价值相契合。公正与效率在刑事诉讼中的重要性自不待言，我们应当根据不同时期的不同社会需求，结合具体的诉讼程序，对不同诉讼价值的不同要求予以有差别的对待。当前，我国认罪认罚案件上诉权的设置难以满足刑事诉讼多元化的价值需求，难以有效缓解有限的司法资源与繁重的审案压力之间的矛盾。对于已经采取从宽处罚，实现公正审判的刑事案件，无限制的上诉权不仅有损认罪认罚具结书的稳定性，还可能导致侦查机关错失收集证据的良好时机，使司法机关丧失查明真相、公正审判的机会。虽然实践中存在以检察机关抗诉来"反击"认罪认罚案件被告人恶意上诉的情形，但是，检察机关在此种情形下提出的抗诉并不存在正当的法律依据。而被告人在上诉不加刑原则的保护下，即使没有认罪认罚的真意却仍然能够获得量刑优惠，这对于整个诉讼而言并不公正，与认罪认罚从宽制度所追求的诉讼效率以及节约司法资源的设立目的相违背。因此，在保障认罪认罚案件被告人上诉权的基础上，附加合理的限制条件，既能满足刑事诉讼追求效率价值的要求，也能符合诚信司法的需要，并与刑事诉讼的多元价值相统一。

（2）上诉权是被告人对抗一审不公正裁判的救济性权利，不可协商放弃。立足我国刑事诉讼的发展现状，在保障被告人认罪认罚自愿性配套措施不完善的前提下，对认罪认罚案件被告人的上诉权设置同域外一样严格的限制条件尚不具备可行性，将放弃上诉权作为被告人换取轻刑罚处罚的条件，不符合《指导意见》规定的罪责刑相适应原则的基本要求。且剥夺认罪认罚被告人的上诉权就如同架空了刑事二审程序的救济功能，不利于认罪认罚从宽制度中实体正义的实现，但毫无限制的上诉权在认罪认罚案件中显然实施成本过于高昂，任由被追诉人反悔将产生暗中鼓励"投机上诉"的反噬效果，甚至催生上诉权滥用现象。[1] 从 2017 年的 665 件到 2020 年的 24 734 件认罪认罚上诉案件可见，权利的过度扩张已经造成了一定的负面影响。因此，在部分认罪认罚案件中，合理限制被告人的上诉权，能够有效防止被告人滥用程序权利，利用制度漏洞谋取不正当利益。对比英美德等西方国家协商性司法制度中对上诉权的规定来看，并不存在采取一刀切式的绝对剥夺或完全保留认罪认罚案件上诉权的做法。不同国家出于不同诉讼价值需要，在司法实践中都在一定程度上对认罪认罚案件被告人的上诉权附加了一定限制，区别在于限制的程度。因此，必须联动规范与实践，合理把握限制认罪认罚案件上诉权的行使力度。

（3）防范被告人滥用上诉权、虚假认罪，归根结底还是要将重点集中到如何维护被告人合法权益等问题上。保障被告人认罪认罚的自愿性、提高刑事诉讼一审服判率，须以完善的配套措施为支撑。同时应借助推进司法责任制改革的契机，强化法官在一审程序中的释明、告知义务，落实值班律师对量刑协商的有效参与，确保审前和庭审中被告人的认罪认罚是自愿、真实的。以此为基础，才能推动认罪认罚从宽制度迈上新台阶。

四、限制认罪认罚案件上诉权的改革建议

（一）探索建立轻罪案件上诉审查机制

1. 上诉审查的可行性分析

上诉权是为因不公正审判而遭受侵害的被告人提供的申请补救的权利，刑事二审程序的主要功能是纠正一审判决中的错误。目前，我国立法与司法

---

〔1〕 马明亮：《认罪认罚从宽制度中的协议破裂与程序反转研究》，载《法学家》2020 年第 2 期。

实践对认罪认罚案件被告人"无聊上诉"或"策略性上诉"等滥用上诉权的行为的应对方式较为单一，与刑事诉讼审级制度设置的目的相背离，同时也对二审程序轻重分离、快慢分道改革目标的实现造成了阻碍。[1] 结合上文对认罪认罚案件被告人的上诉理由以及二审裁判结果的分析，立足我国认罪认罚从宽制度发展的实际现状，笔者认为，可以借鉴美国、德国的上诉审查经验，以被告人的上诉理由为根据，在适用认罪认罚从宽制度的轻罪案件中建立上诉审查机制。

在适用认罪认罚从宽制度的轻罪案件中建立上诉审查机制，确有合理性依据。《刑诉法解释》第 379 条规定，法院受理的上诉案件一般应当有上诉状，被告人应当在上诉状中写明上诉的请求和理由。同时，其第 399 条规定，在审理上诉案件时，法院可将审理的重点集中于有争议、有疑问的部分。要求认罪认罚案件被告人提起上诉时明确上诉理由，一来有助于突出二审审理的重点，有助于法院有针对性地解决纠纷，防止因理由不明致使一些确需开庭的案件淹没于书面审理之中，打破二审程序虚化的困局；二来能够将无理由的上诉申请，以及滥用权利的上诉过滤在二审程序之外，促进司法资源的有效利用。而如何进一步规范上诉权，将没有实质性争议甚至利用制度漏洞谋取不正当利益的上诉排除在二审程序之外，是需要探讨的重点。

2. 上诉审查的内容

以被告人上诉的理由为区分，设定不同的限制条件，能够在二审阶段持续推进繁简分流的改革举措，发挥对刑事案件的过滤作用。具体而言，根据被告人提起上诉的理由的不同，可分为以下几种：

（1）量刑问题。在认罪不认罚类型的上诉案件中，若存在以下三种上诉情形，法院应不予接受：①被告人以原判决认定事实不清、量刑过重为由提起上诉，而又未提出新的证据。由于案件的基本事实、定罪量刑的证据以及检察机关的量刑建议已经得到被告人的认同，故对于在一审中获得从宽量刑利益的被告人再次无故推翻原审裁判提起的上诉可以径行驳回。②被告人以"留所服刑"或"与其他同一罪名罪犯被判处的刑期相比较高"等明显不成立的理由提起上诉的，应告知其补正，若被告人在法定的上诉期间没有补充

---

[1] 牟绿叶：《我国刑事上诉制度多元化的建构路径——以认罪认罚案件为切入点》，载《法学研究》2020 年第 2 期。

说明上诉理由，应予驳回。③被告人在一审判决后，以积极赔偿、获得被害人谅解以及退赔退赃等理由提起上诉的，应当不予受理。应当明确的是，积极履行一审判决文书，真诚请求被害人谅解，本是被告人的法定责任，是认罪认罚的表现，不应将履行一审判决认定为被告人减刑的手段，否则将导致被告人故意将能够一次性履行完毕的义务分段执行，从而使被害人损失迟延受偿的不良后果。

（2）定罪问题。在反悔认罪类型的上诉中，法院应从客观层面认定上诉的合理性。对于因司法机关的"失信"，单方推翻认罪认罚具结书致使被告人的实体权益遭受损害的，应赋予被告人完全的上诉权。司法机关的"失信"行为包含检察机关临时变更量刑建议以及法院超出量刑建议的上限判处刑罚，出于保护被告人对认罪认罚具结书的信赖利益和维护司法公信力的要求，应确保此种情形下被告人上诉权的正当行使。若被告人以认罪认罚是"非自愿""非明知"等主观原因提起上诉，法院在被告人上诉时应履行说明告知义务，告知被告人若坚持上诉，则会丧失因认罪认罚获得的量刑优惠，二审法院在裁判时不再受原检察院量刑建议的限制，不再对被告人依照认罪认罚从宽制度的规定从轻处罚，从而达到警示被告人审慎行使上诉权的效果。

（3）程序问题。对于被告人以一审存在《刑事诉讼法》第238条规定的有关公开审判、回避、法定诉讼权利的行使以及审判组织的组成等程序性错误，以及非法适用速裁程序或简易程序等问题提起的上诉，应予受理。程序正义具有独立价值，既是防止冤假错案、查明案件真相的基础，也是实现公正裁判的目标。因此，及时启动二审程序，纠正一审存在的程序性错误，有助于维护判决公正，保护当事人合法权益。

3. 上诉审查的案件范围

上诉权是被告人实现合法权益救济的重要程序性权利，划定认罪认罚案件的上诉审查适用范围时应秉持谨慎态度，在全部适用认罪认罚从宽制度的案件中建立上诉审查机制是完全剥夺被告人上诉权的表现。笔者建议，以《刑法》规定的刑期轻重为标准，[1]在轻刑案件（被判处3年以下有期徒刑）中建立上诉审查机制，限制量刑建议已被法院采纳的案件中被告人的上诉权，完全保留重刑案件（被判处3年以上有期徒刑）中被告人的上诉权。相比较

---

〔1〕　参见张明楷：《刑法学》（第5版·上），法律出版社2016年版，第92页。

来说，在适用认罪认罚从宽制度的案件中，被判处轻刑的案件占比较大，能够对司法资源的合理配置起到较大的影响，同时也是被告人"投机上诉"，获取留所服刑的主要阵地。[1]被告人被判处重刑的案件在适用认罪认罚从宽制度审理的案件中占比较小，完全肯定这类案件中被告人的上诉权不会占用大量司法资源，对已受有重刑处罚的被告人来讲，其人身自由已经受到了较长时间的剥夺，若再对其上诉权进行限制，无疑会增添更大的损害，有失司法公正；并且在重刑案件中也不存在"留所服刑"之上诉目的。综上分析，以法定刑期的轻重为标准，建立分层式的上诉审查模式，既能实现对重刑案件被告人重大利益的保护，也能回应认罪认罚从宽制度的设置初衷，提高诉讼效率。

4. 上诉审查的程序及标准

受制于法律知识的匮乏，可能存在认罪认罚案件被告人提出的上诉理由无明确指向性，但一审判决确实存在错误的情形。因此，面对被告人无理由提起上诉的请求，二审法院应遵照以下程序对被告人的上诉进行审查：①应重点审查被告人是否存在非自愿认罪认罚的情形，确保被告人在明知、自愿的情形下作出认罪认罚决定，且在上诉时无反悔的意思表示。②理性运用上诉全面审查原则，在认罪认罚轻罪案件中，实行针对上诉理由重点审查的方式，将精力集中于有争议的部分，着重审查上诉人提供的新的影响认罪量刑的线索、材料。例如，针对上诉理由为"法院超出检察院量刑建议判处刑罚"的上诉，应着重审查一审法院的裁判理由是否正当。若一审判决未采纳检察机关的量刑建议，也没有说明合理根据，二审法院应重新审理，经审查检察机关的量刑建议适当的，应采纳并改判。③法院在审查认罪认罚案件被告人上诉的过程中，判断被告人的上诉理由是否具备启动二审程序的条件时，不能仅依靠被告人的陈述以及上诉理由的"有无"来衡量，还需结合客观情况，采用书面审查和询问相结合的方式，理性审查判断。综合一审的审理过程以及办案机关案卷笔录分析，须找准蕴含实质争议的上诉理由，必要时可以采取讯问上诉人、询问证人、调取一审庭审录像等方式对上诉所针对的重点问题审查核实。

---

[1] 刘坤：《认罪认罚从宽制度的适用现状与完善路径》，载《天津法学》2018 年第 3 期。

（二）检察机关抗诉权的适用与规范

在刑事诉讼中，上诉不加刑原则的确立与实施，对消解被告人对上诉导致更加不利后果的顾虑，实现上诉利益最大化发挥着充分的保障作用。但在认罪认罚案件中，这一原则却显现出较为机械的缺点，甚至可能演变为部分被告人滥用上诉权，规避过长刑期的工具。不论一审判决是否存在错误、程序是否适当，即便已经获得了从宽的处罚，被告人也可以在无需担忧任何上诉风险的情况下，置之前的认罪认罚具结书于不顾，选择提起上诉。这就造成了一种奇怪的现象：被告人在无真诚悔过的情况下，却利用认罪认罚从宽制度与上诉不加刑原则的漏洞获得了从轻的改判或留所服刑的不正当利益。因此，部分学者认为，这既不利于惩罚犯罪，也不利于对罪犯的改造，应在符合条件的认罪认罚案件中限制或取消上诉不加刑原则的适用。应明确的是，认罪认罚从宽制度与上诉不加刑原则并不矛盾，虽然上诉不加刑原则对实质正义和罪责刑相适应原则造成了冲击，但脱离上诉不加刑的束缚，必然不利于对被告人诉讼权利的保护和程序公正价值的实现。上诉不加刑原则设置的最主要目的是降低被告人因担心上诉被加重刑罚而带来的心理压力，因此，保留上诉不加刑原则在认罪认罚案件中的正常适用，与实现公正司法的诉讼目标，以及认罪认罚从宽制度提高诉讼效率的价值追求并不冲突。

从另一角度来看，可以通过完善立法赋予检察机关提起"技术性抗诉"的正当化依据，防范认罪认罚案件被告人滥用上诉权。《刑事诉讼法》规定了上诉不加刑原则的限制情形，即检察机关有权针对确有错误的一审未生效的裁判提起抗诉，经检察机关抗诉，二审法院可以改判加重的刑罚。自认罪认罚从宽制度实施以来，对于检察机关是否享有针对"技术性上诉"行使抗诉权的问题，实务界与理论界都存在着较为激烈的争议。争论的焦点在于，被告人因认罪认罚获得从宽后又以"量刑过重"或"留所服刑"等理由行使上诉权的，是否可以认定原判决错误，并作为检察机关提起抗诉的根据。笔者持赞成检察机关有权提起抗诉的观点，即是说，应认可检察机关对"技术性上诉"以及获得从宽处罚后因"无理由上诉"提起抗诉属于《刑事诉讼法》规定的正当行使抗诉权的情形。基于实事求是、罪责刑相适应与诉讼诚信原则的考量，被告人获得从宽处罚后，仍然对一审判决不服提起上诉，显然是对认罪认罚具结书的推翻。被告人在一审法院作出的认罪供述不应再认定为判决正确性的依据，原认罪认罚从宽制度的适用应当推定为无效。此时，一审判决属于存在法律适用错误的情形，检察机关有权针对此种上诉行使抗诉权。同时需注意的是，检察机关提起抗诉时，应当秉持客观谨慎的态度，结合一审判决是否超出量刑建议、被告人是否存在虚假认罪、是否积极履行赔礼道歉等来综合考虑分析被告人是否真实认罪认罚，进而防范"报复性"抗诉的发生。

第六章

重罪案件适用认罪认罚从宽制度问题研究

一、重罪、轻罪案件划分概述

（一）重罪的含义与犯罪类型划分

1. 重罪含义的不同理解

我国《刑法》中尽管有不少条文都体现了区分罪轻罪重的精神，但是，始终没有一个明确划分轻罪与重罪的标准，理论界对采取何种划分标准也莫衷一是。对于"重罪"一词，在词义上有不同的解释：一种是指重大罪行；另一种是指被判处死刑的罪行。其中，所谓重大罪行，也就是严重侵犯法益的罪行，但是在法益严重程度的判断上，由于往往加入了个人的主观判断，因此，对于重罪的概念不能从释义中得到明确的答案。此外，对于重罪的概念域外国家实际上也未形成统一的认识和规定，有的国家将重罪概括为"严重犯罪"，有的国家依据刑期划分重罪与轻罪，有的国家依据刑种划分重罪与轻罪，标准不一。

纵观国内外对重罪案件的界定，有我国主流观点的划分与域外国家的划分两种。在西方国家，最普遍的一种划分方法是将犯罪的危害性作为对犯罪划分的依据。虽然我国的犯罪整体结构与国外有所不同，但通过考察其关于重罪案件划分的理论，可以为我国重罪案件的界定提供经验，适应我国对重罪案件划分的需求。

2. 犯罪类型划分简介

在大陆法系国家，部分国家在刑法中对于重罪与轻罪有着明确的划分。法国是最早按照犯罪的轻重对犯罪予以分类的国家，1810 年《法国刑法典》

在犯罪的定义中将重罪与轻罪进行了区分，明确规定将以惩治刑处罚的归为轻罪范畴，处罚名誉、身体的属于重罪范畴。新《法国刑法典》继承了旧《法国刑法典》罪分三类的做法，以形式标准中的法定刑标准将犯罪划分为轻罪、重罪与违警罪。只是，修改后的《刑法典》将区分轻罪与重罪的依据由法定刑 5 年有期徒刑提高到了 10 年有期徒刑，扩大了轻罪的范围。值得一提的是，新《法国刑法典》在以法定刑 10 年有期徒刑作为区分轻罪与重罪标准的同时也规定，重罪的罪过形式只能是故意，轻罪的罪过形式既可以是故意也可以是过失。[1]受此影响，德国起初也将犯罪分为上述三种，但在随后的立法中将违警罪取消了，只剩下重罪与轻罪，并将法定最低刑 1 年有期徒刑作为分界线。除德国、法国、意大利和俄罗斯外，西班牙、澳大利亚、加拿大、泰国等国家也采取了形式标准中的法定刑标准来区分轻罪与重罪。

在英美法系国家中，最先对犯罪进行划分的是英国，其在 14 世纪就依犯罪的轻重将其分为轻罪、重罪、叛逆罪三种，分类依据是不同犯罪行为所受刑罚的轻重，[2]后来英国在立法中将重罪与轻罪合并。美国一开始也是采取上述三种犯罪的划分，后在司法实践中进一步细化为违警罪、微罪、轻罪、重罪四种，其在不考虑加重刑的情况下将被判处 1 年以上有期徒刑的案件归入重罪案件的范畴。但由于美国的体制特点，有少部分州对重罪案件的划分并不以此为标准。

我国对轻罪与重罪的划分尚无明确法律规定，但进行此种区分无论是在实体法还是在程序法上均有着现实意义。在我国，对于重罪案件和轻罪案件的划分存在着不同的认识。我国学术界对于所有犯罪存在重罪、轻重层次化的划分学说。主要有以下三种观点：①实质标准说，即主张根据犯罪性质、罪行危害程度等犯罪行为内在的特质确定犯罪的轻重等级；②形式标准说，即主张以犯罪应被判处刑罚的轻重为标准来划定犯罪的轻重等级；③实质与形式标准综合说，即主张从实质与形式相结合的角度来划分犯罪的轻重等级。[3]有学者认为，有期徒刑 3 年以上的犯罪应该归为重罪的范畴。[4]同

---

〔1〕 罗结珍译：《法国刑法典》，中国人民公安大学出版社 1995 年版，第 4 页。

〔2〕 储槐植、江溯：《美国刑法》（第 4 版），北京大学出版社 2012 年版，第 3 页。

〔3〕 郑丽萍：《轻罪重罪之法定界分》，载《中国法学》2013 年第 2 期。

〔4〕 周振想编著：《刑法学教程》，中国人民公安大学出版社 1997 年版，第 271 页。

样，也有学者认为应该以 5 年有期徒刑作为分界线，[1] 即所犯之罪法定刑的范围为 5 年以上，处有期徒刑、无期徒刑或死刑的，归为重罪的范畴；若在 5 年以下，处管制、拘役、有期徒刑的，归为轻罪的范畴。但也有部分观点认为，以 5 年以上有期徒刑来划分是适宜的，但是，将法定刑在 5 年以上有期徒刑的犯罪归为重罪，已经超出国民的一般认知与可接受度，如果将其放入我国整个刑罚体系之中，就可能会扩大重罪的范围。此外，还有观点认为重罪案件应当包含危害国家安全的案件、涉黑案件、职务犯罪类案件、涉恐案件和其他判处 3 年以上有期徒刑的案件。应当肯定的是，现阶段我国刑事立法并没有关于重罪案件和轻罪案件界定区分标准的规定。基于上述原因，各地办案机关在实际办理刑事案件的过程中对于重罪案件的适用标准也未能形成统一的认识。

（二）重罪、轻罪案件的划分标准及其划分意义

1. 重罪、轻罪案件的划分标准

我国学界对于应该以法定刑的高低划分轻罪与重罪，还是以最终量刑的结果划分轻罪与重罪，观点不一。我国刑事诉讼中对于轻罪案件与重罪案件没有特别的规定，但是《刑法》和《刑事诉讼法》的一些规定，却内蕴着对罪行的严重程度、刑罚适用、管辖权和程序的影响。比如，《刑法》第 7 条第 1 款、第 8 条关于保护管辖的规定，"犯罪人"可能不会因为刑事责任而被调查。故而 3 年以下有期徒刑的犯罪可以被归入轻罪。除此之外，《刑法》第 72 条关于缓刑的规定具有相似的旨趣。所以对 3 年以下有期徒刑的犯罪，也可以视为一种"轻罪"，这是各国刑事立法和理论的共识。然而，肖中华教授认为，法定刑存有一定的幅度，有些犯罪的最高刑期与最低刑期相差较大，如果一味地根据最终量刑结果来划分轻罪与重罪，可能会导致同种犯罪被判处不同的刑罚，违反罪责刑相一致的原则。公众不禁会产生对于该种犯罪"最终会归为哪一类"的疑惑。如果按照法律规定的刑罚来划分，因为法律对于同一种犯罪规定的刑罚是一定的，所以可以进行互相比较。比如，故意杀人罪可以在个案中因情节轻被判处 3 年有期徒刑，而抢劫罪的法定刑罚下限也是 3 年有期徒刑，由此观之，个案中的犯故意杀人罪或抢劫罪的犯罪分子也可能被宣告缓刑。从公众的一般认知出发，故意杀人罪、抢劫罪是被认定的

---

[1]　郑丽萍：《轻罪重罪之法定界分》，载《中国法学》2013 年第 2 期。

重罪，尽管有的杀人、抢劫行为被轻判，但不能将其笼统地归入轻罪的范畴。理论上可以将被轻判的故意杀人案、抢劫案视为"轻罪案件"，但不能将个别被轻判的案件（包括故意杀人案、抢劫案）纳入轻罪案件的范畴，否则就丧失了划分轻罪案件和重罪案件的意义。故而，对于法律上最高刑罚为 3 年有期徒刑的所有罪行，由于宣告的刑罚不超过 3 年有期徒刑，因此将其归类为轻罪案件是适当的。但是只要法定刑包含 10 年以上有期徒刑档次的犯罪，都属于重罪。换言之，即使包含 10 年以下有期徒刑、3 年以下有期徒刑或拘役，也不能脱离重罪的范畴。当然在 3 年有期徒刑与 10 年有期徒刑的法定刑之间，还存在轻罪与重罪的"中间地带"，即"中罪"，如重大安全事故罪、工程重大安全事故罪等犯罪。上述犯罪的严重程度，在我国刑罚制度的整体结构中处于中层，故根据实际情况，将其分类为"中罪"的级别。

综上所述，按照《刑法》《刑事诉讼法》和有关司法解释的规定，将刑法理论中的"轻罪"划分为法定刑不足 3 年有期徒刑的犯罪更为恰当，即 3 年以下有期徒刑的犯罪为轻罪，受到 3 年以下有期徒刑惩罚的加害人为轻罪案件的加害人。关于这一结论，有可靠的实定法为依据，而且契合我国刑罚结构的总体特征。《刑法》特别规定了与轻罪相反的处遇，即对法定最低限度较高的刑罚（包括可能被判处的刑罚）或者宣告的刑罚较高的犯罪予以严惩。例如，《刑法》第 81 条第 2 款的规定，限制了假释的适用目的。由于假释的本质是对于丧失了再犯可能性的罪犯的假释，《刑法》基于对再犯可能性的考量，对部分罪犯的假释进行了限制。再犯可能性可以依据罪犯的人身危险性来判断，除此之外，犯罪本身的客观危害性大和犯罪分子的主观恶性大同样是再犯可能性大的表现。同时，笔者认为以法定最高刑作为划分重罪的依据更具合理性，将判处 3 年以下有期徒刑的案件归为轻罪案件，应当综合考虑公众的一般认知与可接受度，贯彻轻刑政策，权衡犯罪行为的社会危害性大小及其程度，但不宜简单将判处 3 年以上有期徒刑或 5 年以上有期徒刑的案件，不加筛选地归为重罪案件的范畴。原因在于，我国《刑法》中法定刑的确立是基于惩治犯罪的实际需要，必须立足于我国法律体系划分重罪案件的整体结构与内在要求。

在笔者看来，对于重罪案件的划分应当立足于以下要求：①对重罪案件法定刑的最低限制不能过低，应结合我国现行《刑法》的规定和未来相当一段时间的立法规定确定。②对于重罪案件的划分，要避免陷入"非此即彼"

的思维惯性，要给重罪和轻罪留出缓冲地带。只有这样，才能避免将轻罪案件机械僵硬地归类为重罪案件的范畴，或者不适宜地将重罪案件归入轻罪案件的范围，以致在刑事政策的适用过程中出现不相适应的现象。无论对重罪案件的划分是以 3 年以上有期徒刑为标准，还是以 5 年以上有期徒刑为标准，都不宜将轻罪案件范围以外的所有案件笼统地归入重罪案件范围。③划定重罪案件的范围，需要充分考虑国民的可接受度与认同感。有观点认为，应将 3 年有期徒刑的轻罪标准改为 5 年有期徒刑，以突出对犯罪的轻刑化处理，从而改善我国重刑的刑罚体系结构。但是，其忽视了一点，即是否适用轻刑化处理，要看所犯之罪是否符合《刑法》对于轻刑化措施适用条件的具体规定，若即便是所犯之罪被划分为轻罪案件的范围之内，但不符合《刑法》关于轻刑化措施的规定，仍然不能适用该轻刑化处理措施。如将判处 5 年有期徒刑的案件视为轻罪案件，由于缓刑适用条件对于判处刑罚的限制，其虽为"轻罪"案件但仍不能适用缓刑。④重罪案件可以考虑以法益侵害的种类和刑罚的轻重两大因素相结合的方式来界定。[1]例如，将侵犯法益位阶较高、社会影响重大的犯罪案件，如危害国家安全罪、危害公共安全罪以及严重侵害公民人身健康等犯罪案件，归入重罪案件的范围；与此同时，在重罪案件的范畴中，包含了判处 10 年有期徒刑以上的其他刑事案件。

2. 重罪、轻罪案件划分的意义

与世界上很多国家不同，我国刑事法律虽然也不乏依据罪之轻重不同区别对待的一些规定，但是并未对轻罪和重罪作出明确的界分，导致目前不仅对轻罪、重罪缺乏统一的认识和标准，而且相应地也未能建立起以轻罪和重罪明确界分为基础的一系列实体、程序方面的制度。[2]重罪、轻罪案件的划分具有以下意义：

（1）贯彻宽严相济刑事政策的需要。所谓宽严相济，是指"实行区别对待，注重宽与严的有机统一，该严则严，当宽则宽，宽严互补，宽严有度，对严重犯罪依法从严打击，对轻微犯罪依法从宽处理，对严重犯罪中的从宽情节和轻微犯罪中的从严情节也要依法分别予以宽严体现"。依据最高人民检察院《关于在检察工作中贯彻宽严相济刑事司法政策的若干意见》的规定，

---

[1]　庄永廉等：《重罪案件适用认罪认罚从宽制度的要点把握》，载《人民检察》2021 年第 9 期。
[2]　郑丽萍：《轻罪重罪之法定界分》，载《中国法学》2013 年第 2 期。

贯彻宽严相济刑事政策首先必须确定罪之轻重，然后才能对其区别对待。但是，由于我国刑事立法尚未明确规定轻罪和重罪的范畴，刑事理论界和司法界对轻罪、重罪又存在不同的理解，因此，在很大程度上影响了宽严相济刑事政策的贯彻和正确实施。

（2）完善刑事立法的需要。在刑事立法上，要对罪行配置合理的法定刑，首先必须对罪之轻重有科学、合理的认识和统一的认定标准。而由于目前我国刑事法律并未明确规定轻罪、重罪的概念和范畴，致使立法者在立法时对罪之轻重缺乏清晰、统一的认识和评定标准，并由此进一步造成了个别罪的法定刑配置明显偏离了罪行的轻重，以及罪行与罪行之间法定刑不平衡的现象。而如果法律对轻罪和重罪作了明确的界定，立法者在为某一罪行配置法定刑时，就必须首先确定其属于轻罪还是重罪，轻罪配置轻罪的法定刑，重罪配置重罪的法定刑，这样在很大程度上就可以避免轻罪配置重罪之法定刑、重罪配置轻罪之法定刑这种法定刑配置不合理、罪行之间法定刑配置不均衡的现象。

（3）优化犯罪治理的需要。随着社会的迅速发展，犯罪结构也在产生变化，以学界公认的 3 年有期徒刑作为重罪与轻罪的划分标准，近些年来犯罪轻刑化发展趋势明显。有学者认为，"中国已经进入轻罪时代，正在慢慢告别重罪时代"。[1]轻罪时代的到来是积极刑法观主导下的必然结果，是刑法积极参与社会治理的体现。通过刑罚手段处置某些社会问题，能够起到立竿见影的效果。但是，刑罚的生硬性与粗暴性决定了其只能是解决犯罪纠纷与维护社会秩序的最后手段。刑法过度介入社会治理的弊端显而易见，其中一个重要问题是，随着犯罪圈的不断扩大，刑事案件总量急剧增加。[2]从公安机关刑事立案数来看，2011 年刑事案件总数首次突破 600 万起，2015 年达到717.4 万起。[3]这对刑事诉讼程序提出了至少两方面的需求：①利用有限的司法资源处理尽可能多的案件。刑法参与社会治理必须考量刑事司法体系的承载能力，否则大量刑事案件的涌入易导致刑事司法体系的崩溃。②充分发挥程序性出罪的犯罪控制功能。刑事案件数量的增加表明刑事诉讼程序入口

---

〔1〕 卢建平：《轻罪时代的犯罪治理方略》，载《政治与法律》2022 年第 1 期。

〔2〕 王迎龙：《通过程序的犯罪控制》，载《政法论坛》2023 年第 6 期。

〔3〕 卢建平：《犯罪统计与犯罪治理的优化》，载《中国社会科学》2021 年第 10 期。

的扩大，而轻罪案件占据绝大多数则意味着，程序的出口也应当有所扩展。因此，一方面，需要通过程序的分流转处机制，如撤销案件、不起诉等，将一些轻微的或者没有追诉必要的刑事案件在进入到审判阶段前予以分流；另一方面，可以通过诉讼程序的适用在实体上对刑罚轻重产生影响——如有学者经实证研究发现，达成刑事和解对降低监禁刑的概率具有显著作用，尤其是在审理阶段，恢复性司法因素对有期徒刑刑期以及是否适用缓刑均有显著影响。[1]

二、重罪案件适用认罪认罚从宽制度的必要性和可行性

（一）重罪案件适用认罪认罚从宽制度的必要性

1. 适用国家治理体系现代化的需要

国家治理方式现代化的标准之一，即国家治理的文明化。治理与统治的区别，很大程度上就在于国家行为的"非暴力化"即"文明化"。国家虽然垄断暴力工具，但其主要职能是对外而非对内，国家越来越依赖市场、行政、法律以及民主等"非暴力化"的手段和机制解决社会经济问题，甚至在犯罪的惩罚方面，也采取了较为人道的方式。可见，现代社会所主张的治理方式民主化和法治化本身就体现了治理的"非暴力化"趋向。治理手段的"文明化"表现为摒弃自上而下的"权力傲慢式"的治理手段，而是采用协商、合作的治理机制、手段。作为宽严相济刑事政策的体现，认罪认罚从宽制度在设计之初就承载着诸多重要功能，其不仅能够体现司法宽容精神、彰显人文情怀，而且有利于及时惩罚犯罪、化解社会矛盾、恢复被破坏的社会关系，促使被追诉人服判息诉、受到更好的教育改造与再社会化，同时还可促进刑事诉讼程序的完善、强化对于人权的司法保障，推动国家治理体系和治理能力的现代化。[2]认罪认罚从宽制度是刑事法治领域治理现代化的重要探索，从国家治理的高度看，必须充分发挥重罪案件适用认罪认罚从宽制度在化解矛盾、维护稳定、推动治理中的积极作用，更好地将制度优势转化为治理效能。重罪案件的发生不只损害了被害方的利益，对社会公共利益也造成了损

---

[1] See Yan Zhang, Yiwei Xia, "Can Restorative Justice Reduce Incarceration? A Story From China", *Justice Quarterly*, 38（2021），pp. 1471~1491.

[2] 陈卫东：《认罪认罚从宽制度研究》，载《中国法学》2016 年第 2 期。

害，受到社会公众的广泛关注；通过认罪认罚从宽制度来促进被追诉人真诚悔罪，对于化解社会矛盾、维持社会秩序，效果更为显著。正因如此，在重罪案件中适用认罪认罚从宽制度，可以使这一贯穿于整个刑事诉讼的重要制度之功能得以全面实现。同时，重罪案件适用认罪认罚从宽制度还有助于化解社会矛盾，修复社会关系。以恢复被犯罪损害的社会关系为视角，社会关系修复的表现形式不再单一：客观上社会秩序得以重新建立，公众舆论和社会风气得到正面评价；主观上犯罪人真诚认罪、悔罪并成功赎罪，消弭其人身危险性和反社会性。[1]被追诉人真诚认罪悔罪，愿意主动推动被损害的社会关系的修复，并且也实施了一定具体的修复行为，对被损害的社会关系的恢复具有很强的推动作用。在部分性质特别严重的重罪案件中，即使无法恢复犯罪行为发生前的社会关系原貌，但对现有损害关系的部分修补依然具有法律和社会上的裨益，也不失为被追诉人及其家属对被损害社会关系积极修缮的一种态度。[2]

2. 满足提高重罪案件办案效率的需求

随着现代社会的发展，轻罪占比较自然犯时代增大，但从统计数据来看，重罪案件的数量基数依然很大，故在案件办理压力和提高案件办理效率方面，重罪案件与轻罪案件具有相同的需求。在此，笔者以危害公共安全罪为例予以说明。根据我国《刑法》，对于构成危害公共安全罪的，轻则判处 3 年以上 10 年以下有期徒刑，重则判处无期徒刑或死刑，属于重罪案件的范畴。2020 年刑事一审中危害公共安全罪的收案数量高达 365 228 件，占全年收案数 1 107 610 件的 33%左右，结案数 365 364 件，占全年结案数 1 115 890 件的 33%左右，生效判决涉及 352 239 人，占总涉案人数 1 528 034 人的 23%左右；2019 年刑事案件判决生效情况中，危害公共安全罪生效判决涉案人数达 412 513 人，占总涉案人数 1 661 235 人的 25%左右，收案数 417 017 件，占全年刑事一审总收案 1 293 911 件的 32%左右；2018 年刑事一审中，因危害公共安全罪收案的有 340 629 件，占总收案 1 203 055 件的 28%左右，审结 341 709 件，占全年总结案 1 198 383 件的 29%左右，罪犯人数达 333 536 人，占总犯罪人数 1 428 772

---

〔1〕 钱蕙、刘仁文：《认罪认罚从宽制度的"法益可恢复性"类型化构建》，载《时代法学》2021 年第 6 期。

〔2〕 罗伯恒、刘新全：《重罪案件适用认罪认罚从宽制度的研究》，载《枣庄学院学报》2023 年第 4 期。

人的 23% 左右；2017 年刑事一审案件判决生效情况中，危害公共安全罪的生
效判决所涉及人数为 264 094 人，占总人数 1 270 141 人的 21% 左右，罪犯人
数 264 055 人，占总犯罪人数 1 268 985 人的 21% 左右，收案数 346 856 件，占
全年刑事一审案件总数 1 294 377 件的 27% 左右。2016 年全国一审中，因涉嫌危
害公共安全罪收案的有 271 877 件，占全年刑事一审收案总数 1 101 191 件的
25% 左右，结案数达 272 974 件，占当年全国刑事一审结案数 1 115 873 件的
24% 左右。[1]

　　从危害公共安全罪与刑事一审生效判决近五年的人数和收案数量来看，
前者的生效判决涉案人数在 26 万人至 35 万人之间，且呈现逐年上升的趋势；
刑事一审近五年的年生效判决涉及人数在 127 万人至 166 万人之间，除 2020
年有所下降外，均呈上升趋势。收案数量在刑事一审收案数量中的占比呈连
年上升趋势。通过 2016 年至 2020 年危害公共安全罪刑事一审的全国数据对
比，可以清晰地发现危害公共安全罪在刑事一审中的占比较大（见表 6-1）。
危害公共安全罪只属于重罪的一部分，由此可知，我国重罪案件的数量基数
依然很大，涉案人数较多，故对重罪案件适用认罪认罚从宽制度，同轻罪案
件一样，有利于提高司法效率，减轻办案压力。

表 6-1　2016 年至 2020 年危害公共安全罪与全国刑事一审收案数量、涉案人数和所占比例

| 年份 | 危害公共安全罪收案数 | | | 危害公共安全罪生效判决涉案人数 | | |
	收案数（件）	刑事一审全年收案数（件）	占比（%）	涉案人数（人）	刑事一审总生效判决涉案人数（人）	占比（%）
2020 年	365 228	11 07 610	33	352 239	1 528 034	23
2019 年	417 017	1 293 911	32	412 513	1 661 235	25
2018 年	340 629	1 203 055	28	333 536	1 428 772	23
2017 年	346 856	1 294 377	27	264 094	1 270 141	21
2016 年	271 877	1 101 191	25			

　　[1]　数据源于《中华人民共和国最高人民法院公报》，载 http://gongbao.court.gov.cn，最后访问
日期：2023 年 5 月 11 日。

重罪案件适用认罪认罚从宽制度，对于提高重罪案件的办案质效大有裨益，这与重罪案件本身的性质密切相关。一方面，重罪案件的性质往往比较复杂、牵涉的社会面较广，以涉众型重罪案件为例，该类案件涉案人数众多，不同的犯罪分子在同一个案件中的地位也不尽相同，每一个犯罪分子的犯罪严重程度也有所差异。对于办案机关而言，重罪案件可能涉及的情节复杂、取证难度较大、事实查明周期较长，由此导致侦查难度比较大。如果被追诉人自愿认罪认罚，将有益于事实查明与证据链条的形成，有利于提升庭审效率、降低审判难度，从而高效利用司法资源，并且也起到了震慑潜在犯罪分子、教育社会大众的作用。[1]另一方面，在司法实践中，不少基层法院刑庭法官的年平均经办案早已破千，案件积压量更是困扰法官的一个顽疾，其中重罪案件因其性质，无论是立案侦查、提起公诉还是审判环节都阻碍重重，对其适用认罪认罚从宽制度可以有效缓解这一境况。因此，对重罪案件适用认罪认罚从宽制度，不仅可以有效提高诉讼效率、缓解案件积压情况，对侦办案件的司法人员压力的减轻也是一剂良药。

3. 符合确立认罪认罚从宽制度的目的

随着 2018 年认罪认罚从宽制度在我国《刑事诉讼法》中正式确立，其适用率逐步提高。轻罪案件适用认罪认罚从宽制度的案件数量愈来愈多，在加快案件办理速度、简化办案流程等方面发挥了重要作用。在重罪案件中有效适用认罪认罚从宽制度同样有其现实需要。从试点情况看，对于重罪案件能否适用认罪认罚从宽制度已经不存在不一致的意见，也就是说，该制度适用于任何情况下的案件和诉讼程序，并广泛存在于犯罪诉讼的过程之中。[2]不得因所犯之罪的轻重剥夺被告人适用该制度、获取从宽的机会。除此之外，最高人民检察院也表示，对于重大犯罪的刑事案件，要积极主动地探索适用该制度的有益经验，然后对满足条件的命案和涉毒类案件大胆尝试，贯彻执行法律面前人人平等的原则。[3]

重罪案件适用认罪认罚从宽制度，符合确立该制度的目的：①有助于促进社会发展和和谐稳定。认罪认罚从宽制度是重要的刑事诉讼制度，被追诉

---

〔1〕 周新：《重罪案件适用认罪认罚从宽制度研究》，载《比较法研究》2021 年第 4 期。

〔2〕 陈卫东：《认罪认罚从宽制度研究》，载《中国法学》2016 年第 2 期。

〔3〕 参见于潇、郭璐璐：《重罪案件如何适用认罪认罚？最高检：符合条件的大胆尝试》，载 https://www.spp.gov.cn/spp/zdgz/202001/t20200121_453385.shtml，最后访问日期：2023 年 6 月 12 日。

人主动承认自己所犯的罪行并自愿接受处罚，表明其接受教育矫治的自觉性增强，具有更好地回归社会的可能，能最大限度地减少社会的对立面，也有助于弥补造成的损害，消除社会矛盾；尤其在涉及多人的经济犯罪中，教育、引导他们认罪、认罚、退赔，还能帮助被害方最大限度地追回损失。②更加及时有效地惩治犯罪。随着近年来科学技术的发展，犯罪的特殊化、智能化、隐蔽性有了显著的提高。调查、获取证据、审查、起诉以及法庭审理都变得越来越困难，因此鼓励被追诉人认罪认罚，有助于在查明案件事实的基础上取证固证，及时有效地惩罚犯罪。重罪案件适用认罪认罚从宽制度，不仅有助于充分发挥认罪认罚从宽制度的作用，而且是对刑事诉讼制度的发展和完善。总之，重罪案件适用认罪认罚从宽制度，符合我国当前刑事犯罪结构的变化需求，是实现司法公正与效率的重要方式，也是刑事诉讼制度发展的必然要求，更是推进国家治理体系和治理能力现代化的重要举措。

（二）重罪案件适用认罪认罚从宽制度的可行性

1. 基于宽严相济刑事政策的政策导引

宽严相济刑事政策是在我国建设和谐社会这一背景下提出的，根据宽严相济刑事政策的要求，对于不同种类的刑事犯罪案件，该从宽处罚时从宽，该依法严惩时从严。在贯彻宽严相济刑事政策时，还应当注重对犯罪嫌疑人、被告人的人权保障，使刑事政策宽严有度，有利于打击犯罪，促进社会和谐发展。认罪认罚从宽制度的适用是具体体现宽严相济刑事政策的有效措施。如何在个案中实现公平正义、提高诉讼效率，是新时期我国刑事司法活动面临的一个重要问题。考察世界上其他国家，大多也存在刑事政策与具体司法实践的衔接问题，只是由于国体或政体的不同，衔接的方式和要求有所不同。因此，只有在明确两者关系的基础上，才能正确认识认罪认罚从宽制度的功能定位和实践意义，从而在此基础上更好地发挥该制度在重罪案件中的作用。

认罪认罚从宽制度作为宽严相济刑事政策的体现，在重罪案件中的适用同轻罪案件一样，无疑承载了司法宽容精神和惩罚犯罪等众多功能，有利于化解社会矛盾。而宽严相济反对偏轻或偏重，所以在重罪案件适用的过程中既要防止片面从重，同时也要避免一味从宽，宽严平衡是其基本要求之一。

2. 相关法律规定提供了一定的法律依据

"两高三部"的《指导意见》第5条第2款规定："认罪认罚从宽制度没有适用罪名和可能判处刑罚的限定，所有刑事案件都可以适用，不能因罪轻、罪重或者罪名特殊等原因而剥夺犯罪嫌疑人、被告人自愿认罪认罚获得从宽处理的机会……"《刑事诉讼规则》第 11 条规定："犯罪嫌疑人、被告人自愿如实供述自己的罪行，承认指控的犯罪事实，愿意接受处罚的，可以依法从宽处理。认罪认罚从宽制度适用于所有刑事案件。人民检察院办理刑事案件的各个诉讼环节，都应当做好认罪认罚的相关工作。"早在 2016 年认罪认罚从宽制度试点时，"两高三部"采用列举法明确了不得适用认罪认罚从宽制度的情形，并设置了兜底条款。不得适用认罪认罚从宽制度的情形具体包括："犯罪嫌疑人、被告人是尚未完全丧失辨认或者控制自己行为能力的精神病人的；未成年犯罪嫌疑人、被告人的法定代理人、辩护人对未成年人认罪认罚有异议的；犯罪嫌疑人、被告人行为不构成犯罪的；其他不宜适用的情形。"虽然兜底条款使得不得适用认罪认罚从宽制度的范围无法完全明确，但根据法理以及文义逻辑，兜底条款应当与前述规定的情形具有同质性，并不能将其解释为重大犯罪不得适用。据此理解，对重罪全面适用认罪认罚从宽制度具有合理性。[1]任何犯罪嫌疑人原则上均有获得从宽处理的机会，只有在个别案件经过审查后认定犯罪行为手段特别残忍、性质特别恶劣，才可能使其丧失从宽的机会。重罪案件中，对被追诉人认罪认罚主动性、全面性、稳定性的考查应严于轻罪案件，[2]并综合赔礼道歉、退赃退赔、社会影响等因素慎重从宽。

3. 轻罪案件认罪认罚从宽制度的适用积累了相应的实践经验

基于认罪认罚从宽制度的普遍适用，其总体适用率日渐提高。从案件情况来看，轻罪案件占了绝大多数，且其在适用过程中积累的有益经验对重罪案件的适用也具有重要借鉴意义。根据 2016 年 8 月至 2020 年 7 月的数据，认罪认罚从宽制度在全国中级人民法院一审中适用的比例显著提高了 39.3%。2016 年至 2018 年，北京市人民检察院第二分院选出 20 件重罪案件和 20 个被告人，涉及多类别的犯罪适用认罪认罚从宽制度，收获了良好的办案效果。[3]从

---

〔1〕　张忠平、吴辰凯：《重罪案件适用认罪认罚从宽制度研究》，载《犯罪研究》2022 年第 5 期。

〔2〕　参见黄卫平、唐守东：《重罪案件适用认罪认罚从宽制度若干问题研究》，载《中国检察官》2022 年第 1 期。

〔3〕　苗生明、卢楠：《重罪案件适用认罪认罚从宽制度的理论与实践》，载《人民检察》2018 年第 17 期。

上述数据可以看出，我国刑事重罪案件适用认罪认罚从宽制度具有一定的现实基础。但 2020 年度，上海市检察机关在办理重大刑事案件时，适用认罪认罚的比率比同期全部刑事案件低 18.5%。[1] 从这一数据来看，在部分地区，认罪认罚从宽制度在重罪案件中的适用率还有待提高。

重罪案件适用认罪认罚从宽制度同轻罪案件一样，具有提高诉讼效率的作用。同时，以认罪认罚从宽制度的适用为参考，对重罪案件进一步分类，有助于健全复杂案件与简单案件的分流机制，深化司法资源的综合利用，有效促进不认罪案件、错综复杂案件的实质性审判工作的开展。与轻罪案件不同的是，重罪案件不仅侵害了被害人一方的合法权益，同时对公共利益也造成了侵害，极易引起社会的关注。因此，各地司法机关在重罪案件的适用过程中，并没有弱化预防犯罪的目的，而是重视对被追诉人的教育改造和修复社会关系。目前，重罪案件的数量基数依旧很大，因其具有案情复杂、疑难，侦查难度系数大的特点，被追诉人若能自愿认罪认罚，将会大量节省办案的时间，大大降低检察机关的指控难度，同时也有利于加快庭审进程、节约司法资源，更契合认罪认罚从宽制度适用的目的。虽然重罪案件在全国刑事案件中的占比在 20% 左右，但是全国每年诉讼案件的基数较大，因此，探索重罪案件在认罪认罚中的有效适用，对于推动繁简分流、准确处理疑难案件具有重要意义。通过近几年来的司法实践，各级司法办案机关已针对重罪案件在适用认罪认罚从宽制度中存在的难点问题进行了积极探索，为重罪案件适用认罪认罚从宽制度的进一步推进提供了实践经验。

三、重罪案件适用认罪认罚从宽制度所存在的问题

虽然学界和实务界在重罪案件适用认罪认罚从宽制度的问题上达成了共识，但司法实践中依旧有着很多阻碍。目前，我国刑事案件所占比例中，被判处拘役、管制、3 年以下有期徒刑的案件大约占 80%，由此说明我国的刑事案件大部分是轻罪案件。所以，即使所有的重罪案件都适用认罪认罚从宽制度，其比例也远远不及轻罪案件的适用广泛。因此，仅仅根据两种案件的数量差异对重罪案件的适用情况进行判断是不严谨的。当前，认罪认罚从宽制度在重罪案件中的适用实践中存在的问题主要集中在以下几点：

---

〔1〕 庄永廉等：《重罪案件适用认罪认罚从宽制度的要点把握》，载《人民检察》2021 年第 9 期。

（一）存在诉讼公正与诉讼效率价值冲突的可能

一般来说，在重罪案件中，对认罪认罚的被追诉人给予的优惠会低于轻罪案件的被追诉人。[1] 轻罪案件适用认罪认罚从宽制度的阻力较小，适用时间较长，经验积累较多，现有程序对案件适用过程中产生的问题的规定多有细化，能够兼顾公平与效率。在重罪案件适用认罪认罚从宽制度的过程中，案件类型的不同导致应用效果的不同。①对于经济类犯罪案件，被告人往往会采取认罪、接受刑罚的积极态度，期望通过赔偿被害人一方，或将赃物退回的方式，达到获取从宽幅度更大的效果。但是若从宽的幅度过大，一味地追求诉讼效率，或将导致量刑判决失衡和不公。②在暴力犯罪中，由于作案手法凶残，带来的社会影响较大，加之被害人追诉犯罪的意愿和诉求的存在，对犯罪嫌疑人、被告人适用认罪认罚从宽制度的效果相对有限。③对于利益相关者众多的重罪案件，因涉案人员多且案情复杂，不同的办案人员需要根据案件的不同情况，对被追诉人进行不同的教育转化工作，工作量通常比较大。通常情况下，办案人员需根据案件特征以及赃物与损失的挽回情况，对被追诉人分类转化。另外，利益相关者众多的案件被害人数量较多，社会关注度可能较高，故而，听取被害人的意见、及时充分地保障被害人的合法权益，维护社会公共利益，成为该类重罪案件在适用认罪认罚从宽制度时需要格外关注的问题。④涉黑、涉恶案件，在满足条件的情况下也可以适用认罪认罚从宽制度。但在处理这类重罪案件时，办案人员面临对双重价值的取舍与平衡，即在犯罪嫌疑人、被告人认罪认罚后是按相关政策对其予以严惩还是依据认罪认罚的法律规定给予其应有的量刑折减。

（二）适用标准与从宽幅度不明确

1. 适用标准不明确

在试点阶段，较为统一的观点是认罪认罚从宽制度适用于所有案件和程序类型。《指导意见》第5条规定，认罪认罚从宽制度贯穿刑事诉讼全过程，适用于侦查、起诉、审判各个阶段。认罪认罚从宽制度没有适用罪名和可能判处刑罚的限定，所有刑事案件都可以适用，不能因罪轻、罪重或者罪名特殊等原因剥夺犯罪嫌疑人、被告人自愿认罪认罚获得从宽处理的机会。但

---

〔1〕 熊秋红：《比较法视野下的认罪认罚从宽制度——兼论刑事诉讼"第四范式"》，载《比较法研究》2019年第5期。

"可以"适用不是一律适用，犯罪嫌疑人、被告人认罪认罚后是否从宽，由司法机关根据案件具体情况决定。对此《刑事诉讼规则》和《刑诉法解释》均有类似的规定。从制度规范的角度看，认罪认罚从宽制度适用于所有刑事案件，如果重罪案件的被告人能够自愿认罪且认罚，对他们当然也能从宽处理。据此，最高人民检察院表示，对重罪案件要积极主动地探索以往疑难案件和重大案件的有益经验，然后大胆对满足条件的命案、涉毒类案件尝试适用认罪认罚从宽制度，贯彻执行法律面前人人平等的原则。

诚然，可以对案件从宽处理并不意味着对所有案件的处理都一律从宽，这一看法业已成为共识。[1]重罪案件适用认罪认罚从宽制度是近年来刑事诉讼程序的创新，具有非常强的实践性。为了更好地促进认罪认罚从宽制度在重罪案件中的适用，最高人民检察院发布了典型案例，各地检察机关也在努力推动重罪案件适用认罪认罚从宽制度，以期更好地发挥该项制度的功能。如武某某故意杀人案的办理过程反映出，适用认罪认罚从宽制度没有案件范围和诉讼阶段的限制，对于故意杀人等重罪案件，犯罪嫌疑人、被告人认罪认罚的，可以依法适用认罪认罚从宽制度并提出确定刑量刑建议，这有利于对犯罪嫌疑人、被告人进行教育转化，鼓励其真诚悔罪，促进社会矛盾化解，实现案结事了并节约司法资源。在该案中，犯罪嫌疑人武某某在KTV唱歌时结识了被害人唐某某，之后二人确立了恋爱关系。2018年9月11日17时许，武某某去唐某某住处为自己庆生，二人喝酒到次日凌晨，因感情问题发生争执，武某某骑自行车回家，唐某某随后乘坐摩的到达武某某家中，两人继续喝酒。至凌晨3点左右，二人再次发生争吵，武某某拿起床头柜里的尖刀朝唐某某身上捅刺，导致唐某某失血性休克死亡。武某某酒后昏睡直至警察将其抓获。承办检察官经审阅案件材料认为，本案证据确实、充分，能够形成完整的证据链，证明武某某得知唐某某与他人发生不正当关系后心生不满，使用锐器扎刺被害人要害部位，涉嫌故意杀人罪。武某某能够基本如实供述自己的罪行，只是在行为性质、行为手段上作了辩解，符合适用认罪认罚从宽制度的相关标准。检察官在办案中注意教育转化，向犯罪嫌疑人充分阐释了认罪认罚从宽制度，武某某接受了检察机关指控的罪名。检察官又与被害人家属沟通，进行释法说理。武某某向被害人家属真诚悔罪，积极赔偿。被

---

[1]　周新：《重罪案件适用认罪认罚从宽制度研究》，载《比较法研究》2021年第4期。

害人家属在充分了解了法律规定后，接受了武某某的道歉和赔偿，出具了谅解书。检察机关在审查全案事实与证据后，认为本案犯罪嫌疑人与被害人系恋爱关系，因感情纠纷引发，案发后，犯罪嫌疑人认罪悔罪，积极赔偿，取得被害人家属谅解，可依法适用认罪认罚从宽制度。检察机关以武某某涉嫌故意杀人罪，向法院提起公诉，并提出对武某某判处无期徒刑的确定刑量刑建议。法院以故意杀人罪判处武某某无期徒刑。武某某当庭表示不上诉，认罪服法。[1]

认罪认罚从宽制度实现了对适用范围、罪名和环节的全覆盖，但在重罪案件中的适用比例还比较低。适用认罪认罚从宽制度的各办案单位，在办理重罪案件时主要集中在部分犯罪上，适用的具体条件略有不同。在司法实践中，事实上相同类型的重罪案件适用的效果不同，这主要是由于各地方适用标准不统一。由于缺乏明确的法律规定，一些地区将刑期作为标准，但问题在于对于作为界限的刑期，理解又各有不同，有的地方以3年有期徒刑为界限，有的地方以5年或者10年有期徒刑为界限，这直接导致各地的重罪案件数量统计不实，对这类案件适用认罪认罚从宽制度的统计结果也出现较大误差。

尽管各地标准不同，各地办理重罪案件时对认罪认罚从宽制度的适用率不同，数据的比对价值不高，但仔细分析排除不相关因素后依旧能从中发现一些规律。首先，在财产类重罪案件中，认罪认罚从宽制度的适用相对比较多，因为在这类案件中，被追诉人倾向于选择积极争取从轻的量刑，积极返还赃物以对被害人进行赔偿，从而缓和出现的社会矛盾。其次，如果以3年有期徒刑作为划分重罪案件和轻罪案件的标准，重罪案件适用认罪认罚从宽制度的情形以涉毒类案件最多，其原因在于，这一类重罪案件往往因案情复杂，一些案件事实依赖犯罪嫌疑人、被告人的积极配合，故需要引导其主动认罪，与办案机关进行有效沟通，因此，协商认罚对于案件及时查明事实和顺利办结有着至关重要的意义。最后，虽然立法者对重罪案件适用中可能出现的问题提前作了预判，但是按照现行的法律规定，如果犯罪嫌疑人、被告人只如实供述了一项或者部分罪行，那么对全案不适用认罪认罚从宽制度，

---

[1] 参见《检察机关适用认罪认罚典型案例》，载 https://www.spp.gov.cn/spp/xwfbh/wsfbh/2019 10/t20191024_435825.shtml，最后访问日期：2023年6月11日。

犯罪嫌疑人、被告人将失去一次获取从宽处罚的机会，这种方法是否合适，是否侵害犯罪嫌疑人、被告人的合法权益，还有待进一步思考，适用标准还需进一步明确。

2. 从宽幅度不明晰

"从宽"包括从实体和程序两个方面，在我国的刑事审判程序中，如何反映对案件的从宽处理对于认罪认罚从宽制度的适用至关重要。在重罪案件适用认罪认罚从宽制度的过程中，不同种类的重罪案件，适用成效有所不同。例如，在一些暴力性的犯罪中，由于案件本身的特点，被害人一方通常情况下不同意对犯罪嫌疑人、被告人从宽处理，法律虽有规定对被害人的意见在特定情况不可以视为对适用认罪认罚从宽制度的限制，但大多数情况下仍要参考被害人的意见。这便致使此类重罪案件的被告人适用认罪认罚获得从宽的效果有限，通常情况下，被追诉人认罪认罚会在量刑上获得10%到30%的从宽幅度，此时如果仍给予被追诉人10%到30%的量刑幅度，明显同被害人的诉讼请求相悖，从而影响认罪认罚从宽制度适用的效果。因此，在部分重罪案件中适用认罪认罚从宽制度时，要充分考虑到被害人的情绪、意见及诉讼请求等。

在司法实践中，对案件的处理涉及实体和程序两个部分，适用认罪认罚从宽制度时，需要在二者对应的情况下给予被追诉人从宽处理。首先，在重罪案件中，由于缺乏统一标准，对于如何按照原则比例调节刑罚的基准刑，如何按照刑罚的轻重调节附加刑的幅度，以及在案件办理过程中如何提出公平合理且清晰的量刑建议等，检法双方容易出现分歧。其次，在类案层面，平衡同一类案件的量刑幅度也是当前面临的难点问题。[1]最后，重罪案件适用认罪认罚从宽制度要与"自首""坦白"等制度作出区分。由于现有法律未作出明确的规定，当前大部分重罪案件的从宽幅度还不明显，为进一步明确重罪案件的从宽幅度，提高重罪案件的诉讼效率，以激励被告人认罪认罚，理应明晰重罪案件的"从宽"幅度。

认罪认罚从宽制度在重罪案件的适用过程中，出现了不同刑事案件的适用效果，比如在经济类犯罪和暴力性犯罪案件中，适用难度和效果往往有明显的不同。在涉及众多利益相关人的案件中，检察机关往往对被追诉人犯罪

---

〔1〕 庄永廉等：《重罪案件适用认罪认罚从宽制度的要点把握》，载《人民检察》2021年第9期。

行为的社会危害性和影响量刑的诸多因素予以全方位考量，有的放矢地把握从宽的幅度，若对被追诉人的量刑从宽幅度较小，就很难鼓励其自愿认罪认罚。一方面，重罪案件的上诉率较轻罪案件高，认罪认罚从宽制度适用效果、幅度不明显，应更进一步明确从宽幅度，凸现重罪案件适用认罪认罚从宽制度后的量刑优惠，从而激励被追诉人适用认罪认罚从宽制度的积极性。另一方面，考虑到重罪案件案情复杂，社会危害性大等特殊情况，重罪案件适用该制度的从宽空间有限，尤其是暴力性犯罪案件，适用认罪认罚从宽制度的难度相对较大，效果可能也并不理想。

（三）相关保障机制不完善

1. 控辩协商机制与律师的作用未能有效发挥

（1）控辩协商没有充分发挥作用。如果在重罪案件中不能有效发挥控辩协商的作用，许多具有适用认罪认罚从宽制度可能性的案件会因为协商不足而被排除在适用的范围之外。另外，司法实践中控辩协商仅限于量刑，似乎也成为理论界的共识。量刑固然是重罪案件争议的焦点，但所谓协商看似围绕量刑，实则也关乎定罪，两者其实很难截然分开。控辩协商在某种程度上正是实现"事实清楚，证据确实、充分"的手段之一。一方面，认罪是被追诉人具有悔罪态度的表现，由此而形成的认罪口供也是证据体系中的重要证据之一。如果放弃对事实不清、证据不足案件的协商努力，可能限制获取证据的有效途径。另一方面，给予被追诉人一定幅度的"量刑优惠"，以便吸引其自愿作出认罪认罚的选择，是量刑协商的主要目的。但鉴于被追诉人已然认罪，很大程度上还能弥补指控证据体系的不足。况且，在事实以及证据层面，重罪案件出现事实不清或证据不足的可能性显然会高于轻罪案件，这既是因为重罪案件本身的复杂性，也是因为裁判者基于重罪形成的对事实和证据把握的谨慎态度。如果因事实不清、证据不足就禁止协商，重罪案件将难以适用认罪认罚从宽制度。

（2）辩护律师尤其是值班律师的法律帮助作用有限。在认罪认罚从宽制度中，检察机关掌握着主导权，作为国家追诉的执行者身份出现，与被追诉人及其辩护人进行沟通。但是在多种权力的加持下，检察机关天然地表现出强势姿态，律师作为辩护方与其展开平等的沟通协商是较为困难的。首先，即使法律规定检察机关应当听取被追诉人和律师的意见，综合各方面考虑因素后再向法院提出量刑建议，但是这一决定权依然掌握在公诉人手中。其次，由于缺乏细则流程规定，值班律师可能无法为犯罪嫌疑人提供有效的法律帮助，其便捷性自然无法体现。此外，值班律师是由法律援助机构指派的，具有公益性质，待遇和经费不高，其中多数是缺乏经验的年轻律师，而那些专业度高、经验丰富的律师不愿意参与到法律援助中来，优秀律师的缺乏使得整体值班律师的队伍质量参差不齐。最后，值班律师主体定位不清晰，目前对于值班律师是否可被定位为辩护人仍存在争论。而在重罪案件中，由于案情复杂，被追诉人在面临是否选择认罪认罚时，不免慎之又慎，需要值班律师为其提供法律援助和咨询，以解答其疑惑，对其予以心理安抚，因此保障好重罪案件中值班律师作用的发挥，对被追诉人而言十分重要。

2. 被追诉人权益保障机制不健全

认罪认罚必须基于自愿是被追诉人获得从宽处理的前提条件。在从宽处罚的吸引下，被追诉人的认罪认罚到底是基于悔罪的真诚表现，还是利益驱使下的无奈选择，在实践中无法明确区分。应当看到，在制度设计之初，立法者对认罪认罚自愿性的保障尤为重视，并将律师当面见证认罪认罚具结书的签署，作为程序合法合规的要件之一。但总体而言，现有的自愿性保障机制还存在以下问题：

（1）缺乏对被追诉人认罪认罚后反悔的处理机制。我国《刑事诉讼法》及其他有关法律对被追诉人的反悔权作了相关规定，如《刑事诉讼法》第201条、第222条、第190条第2款、第226条，《指导意见》第51条、第52条、第53条等。某些案件中被追诉人的态度在认罪认罚时会出现反复或者态度不明的情况。例如，有些被追诉人在起诉阶段虽然已经签了认罪认罚具结书，但在庭审中对事实部分或量刑部分提出异议。司法实践中，有的办案机关因被追诉人反悔权的行使而采取了一概加重对被追诉人处罚的做法。可以说，现有法律缺少对于被追诉人反悔权行使的必要规制，是导致上述情况出现的重要原因。

（2）证据开示不充分。证据知悉权作为被追诉方享有的获悉并了解案件情况和证据信息的权利，一旦缺失往往会导致重罪案件被追诉人认罪认罚的真实性受损，证据开示制度的建立就是为了弥补因阅卷权受限带来的被追诉方证据知悉权的不足，以便更好地推进认罪认罚从宽制度在重罪案件中的适用。从目前我国刑事诉讼实践来看，虽然刑事诉讼中的证据开示确实保障了被追诉方一部分的证据知悉权，但仍没有达到被追诉人所应获得的证据知悉权的理想程度。在重罪案件适用认罪认罚从宽制度时,控方机关一般仅向辩护律师进行证据开示,被追诉人及值班律师并不具备被开示的权利,此种做法是沿袭了阅卷权制度中的规定,目的是避免出现被追诉人在知悉证据后妨碍证人作证或毁灭证据的情况,但显然在这种开示模式下被追诉人的证据知悉权并没有获得有效保障。在司法实践中,恰当开示证据,能够起到促使重罪案件被追诉人主动认罪认罚的效果。如在江苏省如皋市人民检察院办理的一起重罪案件中,在案件事实清楚、证据充分的情况下,犯罪嫌疑人在审查起诉期间口头上表示认罪认罚,却对案件的主要事实予以否认,检察官在向犯罪嫌疑人出示了定罪量刑有关的证据后,犯罪嫌疑人最终选择适用认罪认罚程序。[1]从此案可以看出,检察机关是通过向被追诉方展示部分其所掌握的有罪证据的方式,推动应认罪而未认罪的被追诉人选择认罪认罚程序,最终实现案件繁简分流,节省司法资源的效果,但在这种开示方式下,检察机关为推动认罪认罚从宽制度的适用,往往会有选择性地开示有罪证据,忽略无罪、罪轻证据,被追诉人很有可能是仅知其有罪,但不知其无罪,最终基于恐惧或是无奈心理选择认罪认罚,故此时的被追诉方并未获得完整的证据知悉权,其作出的认罪认罚决定也可能丧失真实性和自愿性。

(四)办案机关的适用动力不足

1. 重罪案件适用认罪认罚从宽制度的考量因素较多

从宏观制度层面来看,公安司法机关的办案人员对在重罪案件中适用认罪认罚从宽制度的重视程度不够。作为这一轮司法改革重要的组成部分,对认罪认罚从宽制度的适用众所瞩目。为深入推动认罪认罚从宽制度的适用工作,2019年最高人民检察院对该制度的适用提出要求,即在当年要达到70%以上的适用率。为此,地方检察机关通过各种途径调动各地办案人员运用该制度的积极性。到2021年,最高人民检察院发布的工作报告显示,当年认罪认罚从宽制度的适用率已经达到了70%的目标,且超过了当年办理刑事案件的85%。事实上,在上述这种自上而下推动认罪认罚从宽制度适用的背景下,适用案件数量明显增加主要表现在轻罪案件,这种推动成为提高轻罪案件适用率的关键因素。但相对而言,公安司法机关对重罪案件适用认罪认罚从宽

---

[1] 陈颖之、王四齐、孙菁雯:《认罪认罚,要认得明明白白——江苏如皋:探索建立认罪认罚案件证据开示制度》,载《检察日报》2020年10月26日。

制度还需进一步予以重视；当然，除了重视程度不够以外，重罪案件的复杂性、社会影响性、效果的不确定性实际上也增加了适用认罪认罚从宽制度的难度。

从微观的适用层面来看，重罪案件的特点，导致公安司法机关的办案人员可能对案件是否能够适用认罪认罚从宽制度迟疑不决。首先，在重罪案件中，知情权保障的不足以及考虑自身合法权益的维护使得被害人对适用认罪认罚从宽制度往往难以给予支持和配合。其次，由于重罪案件适用认罪认罚从宽制度的风险较大，加之检察机关必须同被追诉人及其辩护律师、值班律师等进行有效协商和沟通，并同时关注受害者诉讼请求的满足，还需要花费大量的时间和精力去促进被追诉方同被害人达成谅解，如此一来使其适用认罪认罚从宽制度的积极性不高。最后，对于哪些重罪案件不能适用认罪认罚从宽制度，公安司法机关办案人员也有不同认识。例如，有的认为，不是所有的重罪案件都能适用认罪认罚从宽制度，能否适用需要对被追诉人的主观恶性、受害方意见和对社会的危害性等因素进行考察并综合评估。其中，对于存在被害人死亡的案件需充分考虑受害方的情绪和诉讼请求，而经济类犯罪中可以对不涉及职务犯罪的案件考虑适用认罪认罚从宽制度，此类案件中的被追诉人社会危害性较小，可以通过赔偿被害人、退回赃款赃物的方式争取从宽处罚。总之，最终能否适用认罪认罚从宽制度，还是要根据重罪案件的实际情况具体判断，如被追诉人的社会危害性很低，对其最终量刑的结果予以从宽的可能性就比较大，但如果被追诉人的犯罪性质恶劣，后果严重，对其最终量刑的影响就会很小，被追诉人认罪认罚可以被看作一个从宽情节。

2. 重罪案件适用认罪认罚从宽制度的社会压力较大

（1）来自被害方的压力。在司法实践中，相比轻罪案件而言，重罪案件往往会给被害人造成更大的人身伤害或财产损失，因此，被害人的态度和意见自然成为影响重罪案件办理程序的重要因素。"两高三部"的《指导意见》对此也有类似规定，司法机关进行从宽处罚时要特别考虑的因素是：被追诉人是否和被害人达成刑事和解、调解协议、被追诉人是否对被害人进行赔偿，是否取得对方谅解。然而在司法实践中，遭受严重损失和侵害的被害人及其亲属在案发后往往情绪激烈，特别是在故意杀人、强奸等案件中，由于自身遭受严重侵害，基于报复心理，被害人及其亲属一般都会期待通过刑事诉讼使加害人受到法律的严惩，这也符合民众心中朴素的认识。但由于认罪认罚从宽制度的适用，被追诉人可以得到量刑上的减让，从而得到从宽处理，这自然无法达到被害人或者其家属的心理预期，因此重罪案件适用认罪认罚从宽制度势必会面临来自被害人或者其家属的巨大阻力。因此，鼓励被追诉人自愿认罪认罚从而获得从宽处理虽然是刑事司法的一贯方针，但重罪案件中被害人的态度也是无法回避的考量因素之一。在对重罪案件适用认罪认罚从宽制度时，必须切实保障被害方的合法权益：①应当充分听取被害人及其代理人意见，确保被害方能够有效参与到案件办理中，充分重视其诉求和意见。②应当将被追诉人与被害方是否达成和解协议作为从宽处理的重要考量因素。随着罪行严重程度的递增，重罪案件被害人能否谅解被追诉人或接受其被从宽处理，不仅是裁判者量刑时的重要参考依据，也是立法者以及政策制定者需要予以关注的问题。

（2）社会关注所带来的压力。在重罪案件适用认罪认罚从宽制度过程中，社会关注度较高也是其特点之一。由于重罪案件的严重复杂性以及社会影响性，其社会关注度相较轻罪案件要大得多，这实际上也增大了认罪认罚从宽制度的适用难度。法国思想家让-雅克·卢梭认为："既然犯罪人破坏了国家法律，就不再属于国家的成员，甚至是在向国家挑战，这时，国家与他的生存不能相容，两者间必有一个要消失。"[1]在部分重大刑事案件中，公众对受害者有着天生的共情力。受害者的个人情绪通常会转化为大众的认知，然后形成对法庭审判的舆论压力。[2]如在故意杀人罪案件中适用认罪认罚从宽制度，极易引发公众对于从宽幅度的质疑，认为认罪认罚后对被追诉人给予的从宽幅度过大。如果公众无法很好地接受这种量刑协商的结果，极有可能引发对司法公正的误解，从而使认罪认罚从宽制度在适用中产生来自社会的压力。

（3）面临较大的办案风险和社会负面评价。对于涉黑、涉毒及危害公共安全等严重犯罪，由于危害巨大，历来是我国刑事诉讼中打击的重点。如对于涉黑犯罪，我国出台了一系列的刑事政策和要求，对其一直秉持着从严打击的态度。因此，从重惩处涉黑犯罪是我国刑事司法的应有之义。2022 年，

---

〔1〕 ［法］让-雅克·卢梭：《社会契约论》，张灿金、曹顺发译，中国法制出版社 2016 年版，第 37 页。

〔2〕 宁佳、卢乐云：《重罪认罪认罚中被害人权利的有限扩张》，载《西南民族大学学报（人文社会科学版）》2021 年第 8 期。

最高人民法院时任院长周强在最高人民法院工作报告中指出，在当年的工作安排中，对于危害国家安全、涉黄赌毒等严重犯罪，最高人民法院坚持从严惩处的态度，对于涉黑案件，坚持扫黑除恶常态化，对于电信诈骗、贪污受贿等犯罪将继续加大惩处力度。[1]重罪案件比轻罪案件情况更复杂，社会危险系数更大，指控难度也更大。从近几年对涉黑案件的打击特点来看，从严追诉是目标。在办理符合适用认罪认罚从宽制度条件的涉黑案件时，办案人员面临着从重严惩涉黑犯罪分子和对其认罪认罚后依法从宽的权衡利弊的问题。实践中，如果被告人是主犯，办案人员在处理涉黑案件和恶势力案件时，习惯给予其较重刑罚；如果被告人是从犯，则支持对其认罪认罚后的从宽价值，给予其轻罚。[2]基于重罪案件的影响，不论是其诉讼过程还是处理结果都是社会公众强烈关注的，因此一个重罪案件的发生和办理就有可能引发强烈的社会舆论。因传统报复性观念的影响，若对人身法益或者社会公共利益造成严重侵害的案件中的被追诉人给予从宽处理，就极有可能与大众的公平正义观念不相符，这样就会增加司法机关的办案风险与社会的负面评价。

四、优化重罪案件适用认罪认罚从宽制度的对策

（一）有效协调诉讼公正与诉讼效率的冲突

重罪案件适用认罪认罚从宽制度，应当首先协调好由此可能产生的诉讼公正与诉讼效率的冲突。因此，重罪案件适用认罪认罚从宽制度时必须强调对人权的保障，不能将该制度的适用作为威胁、诱骗的工具以获得被追诉人的有罪供述，这实际上也是诉讼公正的基本要求。因此，办案机关要牢牢把握好教育引导与释法说理的尺度这一关键，来确保被追诉人的程序选择自由。刑罚属于法律制裁中最严厉的一种，其适用往往限制甚至剥夺了被追诉人的人身权和财产权乃至生命权，对其亲朋好友造成精神上无以复加的痛苦。最高人民法院提供的数据显示，2020 年全国刑事案件中被告人被宣告无罪的有1040 人，占刑事案件生效判决总人数 1 528 034 人的 0.07%，2019 年被宣告无罪

---

〔1〕　参见周强：《最高人民法院工作报告——2022 年 3 月 8 日在第十三届全国人民代表大会第五次会议上》，载《中华人民共和国全国人民代表大会常务委员会公报》2022 年第 2 期。
〔2〕　周新：《重罪案件适用认罪认罚从宽制度研究》，载《比较法研究》2021 年第 4 期。

的有 1388 人，占刑事案件生效判决总人数 1 661 235 人的 0.08%，2018 年被宣告无罪的有 819 人，占刑事案件生效判决总人数 1 430 091 人的 0.06%。[1]从近几年的数据来看，我国对案件判处无罪的概率很低，在这一形势下，进入审判程序意味着对被告人极大可能适用刑罚。基于平等适用法律和权利保障的考虑，重罪案件的被告人在定罪与量刑方面，应当享有认罪认罚获得从宽量刑的同等机会，该制度的适用为重刑犯打开了一扇新的"大门"。重罪案件中认罪认罚从宽制度的适用不仅强调关注诉讼效率，实际上也实现了对被追诉人权利的保障。

对认罪认罚从宽制度的适用需精准把握"宽"与"严"的尺度，"两高三部"的《指导意见》规定，对严重危害国家安全、公共安全犯罪，严重暴力犯罪，以及社会普遍关注的重大敏感案件，应当慎重把握从宽，避免案件处理明显违背人民群众的公平正义观念。上述规定确定了认罪认罚在重罪案件中适用的政策导向。最高人民检察院原检察长张军也指出，办理认罪认罚案件不受罪名或法定刑的限制，但并非只要认罪认罚就一律从宽，还要区分具体案件性质、情节和对社会的危害程度，综合权衡从严、从宽因素，做到区别对待、罚当其罪。对犯罪性质和危害后果特别严重、犯罪手段特别残忍、社会影响特别恶劣的，依法从严追诉、不予从宽。如在北京市检察机关办理的一起组织、领导、参加黑社会性质组织案中，虽然主犯在庭审中表示认罪认罚，但检察机关认为其作为黑社会性质组织的首要分子，专门针对老年人房产实施"套路贷"犯罪，致 72 名被害人经济损失 1.8 亿余元，犯罪性质恶劣、危害后果严重，遂提出依法不予从宽处罚的意见，被法院庭审采纳。[2]

在案件适用认罪认罚从宽制度的同时，除了应考虑办案效率、节约司法资源，还应考虑到社会影响和诉讼公正的实现，特别是在重罪案件中，诉讼效率应让位于诉讼公正。认罪认罚从宽制度本身就包含了多元价值，结合重罪案件的特征，在适用中要迎合认罪认罚从宽制度价值位阶的需要，既要立足于追求效率，又要立足于对个案公正的要求。在轻罪案件中，诉讼效率固然重要，但当其转变为重罪案件时，对诉讼效率的追求就要转换为对个案正

---

[1] 数据源于《中华人民共和国最高人民法院公报》，载 http://gongbao.court.gov.cn，最后访问日期：2023 年 5 月 11 日。

[2] 参见张军：《最高人民检察院关于人民检察院适用认罪认罚从宽制度情况的报告》，载《检察日报》2020 年 10 月 17 日。

义的追求。这不是二者必居其一的选择，而是基于犯罪案件的具体情况作出的对诉讼效率与个案公正的取舍与平衡。

（二）明确重罪案件的适用标准与从宽幅度

在重罪案件中，认罪认罚从宽制度的适用更加强调在落实宽严相济刑事政策的基础上，实现预防犯罪、保障人权以及化解社会矛盾等制度功能，而制度功能的发挥需要以明确具体的适用标准为重要前提。被追诉人自愿认罪认罚是适用认罪认罚从宽制度的基础要件，如何认定"认罪"与"认罚"是首要考虑的问题。

1. 明确重罪案件的适用标准

认罪认罚从宽制度功能的发挥有赖于一个可以具体适用的标准，被追诉人认罪认罚的自愿性是这一制度最基础的要件，怎样判断认定被追诉人的"认罪"和"认罚"是首先需要考虑的问题。"认罪"相对宏观，适用标准有两点：①从内容上看，只需被追诉人承认自己的犯罪行为和事实，无需认可被指控的罪行，即符合"认罪"的标准。因为对其所实施的犯罪的具体构成要件，不能要求他们有具体准确的认识，对犯罪性质的判断是公安司法机关的职责，如果犯罪嫌疑人、被告人承认其所实施的犯罪行为，即便没有认可办案机关对其行为的定性，也属于"认罪"。②从认罪时间上看，法律对于被追诉人"认罪"的时间和阶段未作限定，理论上在任何阶段均可认罪，但是由于时间的不同，司法机关会选择不同的适用程序，或普通程序或简易程序，不同的选择对应的不同程序将直接影响对被追诉人从宽量刑的幅度。在时间方面，"认罪"包括在犯罪后的阶段认罪，也包括在侦查阶段、起诉阶段和审判阶段的认罪。认罪认罚从宽中的"认罚"指的是被追诉人认可检察机关的量刑建议，签署认罪认罚具结书。所以，不但需要其自愿接受自己的犯罪行为对应的刑罚，而且还需接受具体的刑罚种类与量刑幅度，如果检察机关向其提出了明确的刑期，被追诉人还需要接受该刑期。在认罪认罚从宽制度中，被追诉人是认罚的主体。区别于刑事和解，刑事和解发生在犯罪行为人与被害人之间，双方通过平等协商达成和解协议以终结案件，是一种将已经处理的犯罪的程序与实体予以结合的方式，而认罚从宽不包括刑事和解。

对于重罪案件适用认罪认罚从宽制度，应当分步骤，统筹推进。①对于可能判处 3 年以上有期徒刑且不涉及严重侵害公民人身安全的犯罪，参照轻罪案件适度适用认罪认罚从宽制度，可简化庭审程序，节省司法办案资源，给予被追诉人较大的从宽幅度，鼓励其认罪认罚；②对于可能判处 3 年以上有期徒刑且严重危及公民人身安全或者公共安全等的犯罪，如果尚未造成严重后果，且因被追诉人及时认罪认罚节省了办案机关收集证据的时间和司法资源，加之认罪认罚态度良好，社会危害性降低，可参照前款适度限缩适用程序的时间和量刑幅度；③对于涉及黑社会性质组织、严重危及公民人身安全、公共安全等可能判处 10 年以上有期徒刑的犯罪，及国家相关政策要求严厉打击的犯罪，要加大对被追诉人适用从宽的限缩幅度，严格把握慎重从宽与依法从严的政策导向，同时参考个案中被追诉人的主观恶性与社会危险性，作出兼顾从严惩治该罪，慎重把握从宽的符合个案正义的决定。

2. 明确重罪案件的从宽幅度

重罪案件的从宽幅度，既关系着被追诉人认罪认罚、退赃退赔的积极性，又涉及认罪认罚从宽制度适用的公平性、合理性，应当慎重把握。具体而言，一方面，囿于法律规定的限制，目前大多数重罪案件的从宽幅度并不明显。因此，应当进一步合理确定从宽幅度，充分体现认罪认罚重罪案件与不认罪认罚重罪案件的量刑差别，有效激励被追诉人认罪认罚。笔者认为，认罪认罚从宽制度是宽严相济刑事政策中"从宽"的一种典型体现。从宽适用于刑事程序的全过程。在案件侦查中，更多的是在变更和解除强制措施程序上的从宽。在案件的审查起诉中，同样是采取强制措施程序上的从宽和相对不起诉决定的从宽。在案件的审判中，主要体现为实体上对案件最后裁判结果的从宽。从宽也包含实体与程序的从宽。在实体上，"从宽"主要体现在刑法规定的坦白、自首的情形上，即在处罚结果方面，给予从宽处罚，包括在裁判结果上的从轻和检察机关在审查起诉阶段作出酌定不起诉的情况。从程序角度来看，"从宽"主要体现在程序简化的过程中，也就是说，在满足条件的情况下，可以适用简易程序和速裁程序，从速从快处理案件，在不满足条件的情况下依法适用普通程序，满足刑事和解的可以适用和解程序，在对诉讼程序作出选择后，对被追诉人的处罚也须根据相关法律及其司法解释进行。在检察机关提出明确具体的从宽建议时，需要综合考虑被告人的人身危险性是否降低、案情的严重性以及认罪的态度。这样就可以摒弃刑罚的万能主义，保持刑法的谦抑性，以防刑法对公众的生活产生不良影响。比如，我国《刑法》第 67 条第 3 款以及《量刑指导意见》对坦白的犯罪嫌疑人、被告人量刑时如何从轻、减轻作出了明确具体的规定。坦白是法定的从轻和减轻处罚的量刑情节，也体现在程序的适用上，现行的法律规定对单一认罪的量刑优惠不多，普通犯罪案件的行为人的坦白可以获得最高 20% 的量刑折减，若在法庭审判时认罪最高可以获得 10% 的量刑折减。因此，可以考虑适当增加认罪认罚的量刑优惠，明确规定按照案件办理的时间、阶段顺序的先后给予的量刑优惠逐级递减，以鼓励被追诉人尽快认罪。

（三）健全重罪案件适用认罪认罚从宽制度的保障机制

1. 充分发挥控辩协商在重罪案件适用中的作用

德国在 2009 年确立了以进程和结果为协商对象的刑事协商制度。《德国刑事诉讼法典》第 257c 条第 1 款规定，对于量刑协商程序的进一步发展和结果，法院在适宜的情形下可以与诉讼参与人进行协商。其中，认罪协商程序适用过程中必须保证有律师的参与，在审理案件时，由法院和诉讼参与人负责开展量刑协商工作，案件的诉讼过程具有相当大的灵活性。该程序的启动权由法院行使，程序的发展和结果可以由法院和诉讼参与人协商确定，法院裁判时根据案件情况全面考量，不受外界因素干扰，自由裁量出案件最后刑罚的上下限，诉讼参与人对此可以提出自己的意见。对于法院提出的建议，如果被告人和检察院都同意，协议就此成立。然而，在德国刑事司法中，有些案件是在排除被追诉人后开展协商的，即由辩护律师代为协商，将被追诉人完全排除在案件协商的过程之外，笔者认为这并不符合有效参与的要求。被告人实质性地参与案件协商，应当是指在律师的帮助和建议下，被告人亲自表达意愿和立场，并作出影响其审判结果的决定。

法国于 1993 年确立刑事和解程序，于 2002 年对刑事处罚令程序的适用范围进行扩大，并于 2004 年创设庭前答辩程序，但是可能被判处 5 年以上刑罚的案件被其排除在适用范围之外。意大利于 1988 年设置简易审判程序，明确可以根据当事人的要求，适用快速审判、适用刑罚等多种特殊程序，但适用处罚程序所判处的刑罚不能超过 2 年有期徒刑，这一规定对于犯罪基数大的我国来说，并不具有借鉴意义。支持协商制度，以诉讼效率为价值追求，并在其中嵌入当事人主义诉讼模式的是美国的辩诉交易制度，该制度认为协商有助于利益改变，并以"交易"为特色。《美国检察官手册》规定了三种辩诉交易类型：一是指控协议，即政府同意部分降低或者撤销指控；二是量刑协议，即政府部分同意量刑建议；三是混合协议，即政府同意指控与量刑两种交易。在英国，由法官主导答辩交易制度的适用；在德国，也是由法官主导刑事协商的进程。日本有关协商的做法更加强调在专业律师的帮助下，实现被追诉人的有效参与，这一点对于我国协商制度的发展具有一定的借鉴意义。

控辩协商是认罪认罚从宽制度的核心，也是辩护律师发挥作用的重要环节。应当加强控辩协商程序的公开性与透明度，切实保障辩护方参与协商并提出意见的权利。控辩协商作为认罪认罚从宽制度中的重要一环，对此可以借鉴国外的有益经验，坚持发挥协商在重罪案件适用中的作用。虽然我国认罪认罚从宽制度中检察官和法官的角色与美国类似，但美国的辩诉交易制度存在一定的缺陷，在借鉴时，应注意去其糟粕。比如，该制度规定只能在控辩之间进行，法官在程序中所扮演的角色是司法审查者，对此可根据我国《指导意见》的规定对以下问题进行审查：①被告人是否自愿认罪认罚，有无因受到暴力、威胁、引诱而违背意愿认罪认罚；被告人认罪认罚时的认知能力和精神状态是否正常；②被告人是否理解认罪认罚的性质和可能导致的法律后果；③人民检察院、公安机关是否履行告知义务并听取意见；④值班律师或者辩护人是否与人民检察院进行沟通，提供了有效法律帮助或者辩护，并在场见证认罪认罚具结书的签署。协商应当以事实为基础，双方通过协商达成合意，检察官在其中发挥着主导与推动的作用。如果检察机关在量刑协商中仅就认罪认罚案件的量刑方面与辩方进行协商，且只能给予有限的量刑折减，从宽的幅度也不能突破法律现有的规定，故对于没有法定减轻处罚的，只能对其给予从轻处罚，不能减轻，由此导致被追诉人一方不愿意进行协商。原因在于，在审查起诉阶段，纵使被追诉人没有认罪认罚，但如果其具有自首、赔偿等情节，也可以成为辩护人进行辩护的理由之一。总之，只有加强量刑协商的制度建设，才可能解决重罪案件认罪认罚协商总体适用率低且难以进行的难题。

2. 强化重罪案件辩护律师与值班律师的有效帮助

（1）充分发挥重罪案件辩护律师与值班律师的作用。在重罪案件适用认罪认罚从宽制度的过程中，为提高协商的质量和强化被追诉人合法权益的保护，必须提高律师的协商能力，加强重罪案件中律师的有效辩护及值班律师的有效帮助。在德国的诉讼程序中，根据《德国刑事诉讼法典》第 257c 条第 4 款第 4 句的规定，德国刑事协商必须在检察机关和被指控人双方同意的情况下才能实现。司法实务中，在"前期的协商谈话"中，要求对刑事案件具有非常高的专业认知和刑事司法实务经验,因此德国的刑事协商程序要求必须有刑事辩护人参与。辩护人代表被指控人进行协商,需要维护被指控人的权利,这是毋庸置疑的。[1]我国的认罪认罚也可以借鉴这样的规定。律师是协助被追诉人参与控辩协商的重要主体,其通过辅助被追诉人参与协商,为被追诉人提供法律服务,对控辩协商的有效开展、保障被追诉人的合法权益发挥着重要作用。在司法实践中,若是在庭审阶段,办案机关会对判处 3 年以上有期徒刑的被告人指定辩护人。因此,建议将指派辩护律师提前到侦查阶段并实行对重罪案件的全覆盖以解决重罪案件适用认罪认罚从宽制度时没有有效辩护的问题。在重罪案件办理过程中,对于没有委托辩护律师又不符合法律援助的被追诉人在法院审理阶段提出认罪认罚的,仍应当保障被追诉人认罪认罚时的律师在场权,以保证其了解认罪认罚从宽的性质、后果等有关情况。无论是辩护律师还是值班律师,都要保障被追诉人辩护权的充分行使,依据客观事实与法律,为其从轻量刑提供法律帮助。

(2) 真正实现重罪案件刑事辩护的全覆盖。对于影响重大的重罪案件,在办理过程中推行辩护律师全覆盖制度十分必要。不管是对被追诉人自愿性的确认,还是对增进控辩协商对等性的确认,抑或对被追诉人应获从宽利益的保障,保证辩护律师的加入都十分必要。[2]因为,只有辩护律师介入,才能为有效辩护奠定基础。而"有效辩护是保障认罪认罚从宽制度正当性的核心,是认罪认罚案件中的必备制度,舍此即无法保障被追诉人认罪认罚的自愿性和有效性,会给程序公正造成极大隐患"。[3]事实上,实现刑事案件辩护律师的全覆盖,也理应从重罪案件着手。由于重罪案件的被追诉人极易出现重复认罪的情况,加之法律知识的欠缺,如果被追诉人不能得到律师的有效帮助,将无法保障被追诉人作出认罪认罚的自愿性。因此,在重罪案件认罪认罚协商中确立辩护律师在场制度,是检察机关与被追诉人开展量刑协商和释法说理的前提。同时,还应注意到,重罪案件中法律援助律师的选派也存在一些问题:①时间问题,被追诉人获取法律援助的时间有限;②功能问题,一般情况下值班律师只能就法律适用和量刑建议是否合理向被追诉人提供建

---

〔1〕　李倩:《德国认罪协商制度的历史嬗变和当代发展》,载《比较法研究》2020 年第 2 期。

〔2〕　胡波:《重罪案件适用认罪认罚从宽制度的障碍及破解》,载《人民检察》2018 年第 17 期。

〔3〕　闵春雷:《认罪认罚案件中的有效辩护》,载《当代法学》2017 年第 4 期。

议，不能就案件事实发表辩护意见。同时控方人员在场一定程度上限制了值班律师与犯罪嫌疑人交流的充分程度；值班律师法律地位不明确直接影响了其工作的积极性。重罪案件辩护律师的全覆盖，至少为律师深入了解被追诉人的实际心理状态，有效制约控方不当取证行为提供了条件。

对于重罪案件刑事辩护的全覆盖，应分三个阶段予以实现：①在侦查阶段，如果犯罪嫌疑人自愿坦白犯罪事实，且表示适用认罪认罚从宽制度，但未聘请辩护律师，可以为其指派律师提供法律帮助，确保其充分了解认罪认罚从宽制度的内容，使其在熟悉适用程序的基础上，做到自愿认罪认罚。②在审查起诉阶段，当被追诉人和检察机关就认罪认罚达成量刑协议时，辩护律师必须为其提供法律协助。③在审判阶段，确保辩护律师清楚地告知被告人在庭审中如何认罪和认罚，以及如何对审判程序的适用作出确认和选择。因为速裁程序是一种以降低程序公正来提高审判效率目的的程序，该程序的适用会对被告人的诉讼权利产生一定的影响，因此在进行程序选择时，要确保辩护律师能够为被告人提供帮助，切实保障被告人的合法权益。

3. 完善对被追诉人的权益救济机制

不可否认的是，在重罪案件办理过程中，被追诉人极有可能被判处较重的刑期与刑罚，因此，对于案件结果的公正裁判就显得尤为重要。而对被追诉人权益救济机制的完善是保证公正裁判的必然要求。

（1）保障被追诉人的反悔权。被追诉人反悔权是指被追诉人签署认罪认罚具结书后，有不再认罪认罚的权利，之前达成的认罪认罚具结书失效。[1] 在美国，如果被追诉人对控辩协议反悔，法院将会分阶段处理，在提高诉讼效率和保护被追诉人权利间取得平衡，但一般会倾向于后者，允许被追诉人行使反悔权。在德国，量刑协商的前提是被追诉人承认所控罪行的事实，为了便于上诉法院对双方的量刑协商全面审查，《德国刑事诉讼法典修正案》作出规定，法院在量刑协商的双方进入程序时，就应告知被追诉人可以随时提出上诉，且任何放弃法律救济的声明都将是无效的。在法国，《法国刑事诉讼法典》第 495-11 条规定，对于轻罪案件中事先认罪出庭的情况，被判处刑罚的人均可以按照第 498 条、第 500 条、第 502 条和第 505 条的规定，对院长或法官作出的裁定提起上诉。在相同条件下，检察院可以附带名义的方式提起

---

〔1〕 谢小剑：《认罪认罚从宽制度中被追诉人反悔权研究》，载《江西社会科学》2022 年第 1 期。

抗诉。由此可见，美国、德国、法国等国对于被追诉人的反悔权给予了明确保护。在我国，根据《指导意见》的规定，若被追诉人反悔则会使认罪认罚与检察机关达成的量刑合意失去效力。若在法院作出判决之前行使反悔权，检察机关可以重新提起量刑建议；若在法院作出判决之后行使反悔权，要看案件事实和证据是否有问题，不应不加理由地予以加重处罚。在被追诉人认罪认罚后的反悔权方面，现有法律制度将直接否认和间接否认都归入对不起诉后的反悔。无论是何种类型的犯罪，只要适用了认罪认罚从宽制度，反悔和撤回都是被追诉人与生俱来的权利。[1]当然，若因被追诉人恶意行使反悔权，给司法机关办案带来工作量的增加和司法资源的浪费，也应当对其予以相应但不超限度的处罚。若因被追诉人非恶意行使反悔权，不应对其予以处罚，但可以对其再次适用认罪认罚从宽制度予以限制，以保障其合法权益。

（2）对于被追诉人认罪认罚自愿性的救济。要保障被追诉人的自愿性，一是要做好法律释明与权利告知工作，向被追诉人说明"认罪""认罚"的具体含义，并告知其如实供述及法律后果，帮助其真诚悔改。二是办案人员必须重视与辩护律师的沟通，在量刑协商时要有耐心，避免使用"警告"式的表达方式，必要时可对原量刑建议作出修改。只有将程序规制和实体规制相结合，才能保证量刑建议的合理化和科学化。[2]三是在司法实践中，法律素养的不足、羁押的压力等因素都会对被追诉人产生一定影响，使他们在检察机关的压力下难以有效进行辩护，进而可能会作出并非出自真实意愿的认罪。为保障被追诉人真诚认罪，接受检察机关的量刑建议，应当切实保障被追诉人能够获得辩护律师或者值班律师的法律帮助。四是在重罪案件协商中推行全过程录音录像，目前已有试点城市正在推行此项工作。在重罪案件适用过程中推行全程录音录像，可以进一步加强检察机关对量刑协商的重视，限制检察机关协商过程的随意性，充分听取被追诉人、辩护律师的意见，使重罪案件适用认罪认罚从宽制度变得更加规范，确保被追诉人认罪认罚的自愿性。

（3）确保被追诉人判处刑罚的证据标准不变。同轻罪案件相比，重罪案

---

〔1〕 施鹏鹏：《认罪认罚从宽的类型化与制度体系的再梳理》，载《比较法研究》2021 年第 5 期。

〔2〕 刘茵琪：《论认罪认罚案件量刑建议中从宽的"最高限度"——基于 522 份故意伤害案件判决书的实证分析》，载《甘肃政法学院学报》2020 年第 3 期。

件的案情更复杂，取证难度更大，特别是案发多年后才查明案情的故意杀人案件，但不能因此而降低认定犯罪事实、追究刑事责任的标准。重罪案件中被追诉人对认罪认罚反悔的，关于其之前所作的有罪供述是否具有证据资格，应区分不同情况予以处理。如果被追诉人是为了获取从宽处理而主动认罪，则可以采用该有罪供述作为重罪案件的证据；如果该有罪供述是被追诉人在认罪认罚之后作出的，则该有罪供述因不能保证被追诉人的自愿性而不能被采用作为重罪案件的证据。若对被追诉人判处刑罚，必须做到证据必须确实、充分，事实清楚，即在查清事实的基础上对被追诉人准确量刑。[1]首先，在重罪案件中，检察机关需要针对不同类型的案件谨慎把握证据情况，了解被追诉人作出有罪供述的真实性、自愿性与合法性，确保口供与其他证据之间能够相互印证，在明确案件事实与证据已经达到法定证明标准的基础上与被追诉人展开认罪认罚协商。其次，探索证据开示制度，把握开示对象与程度，善于使用证据推动认罪认罚的进行，避免影响案件的指控。在司法实践中，如果告知被告人认定犯罪的证据目录、种类和核心证据内容，将有可能增强被告人的认罪感，增加其认罪认罚的自愿性。在重罪案件中，即使控辩双方对证据和事实都无争议，法庭调查也应依据一般程序进行，以减少重罪案件误判的可能性。在办理认罪认罚案件过程中，检察机关必须严格遵守证明标准，依据证据裁判规则，不能降低证明标准。在协商过程中，双方信息不对称的特点会导致被追诉人对指控的罪名、刑期产生怀疑。其实在案件事实比较复杂，证据收集比较困难的重罪案件中，如果控方仅仅对证据清单进行开示，显然无法确保控辩双方协商的顺利开展。最后，"两高三部"的《指导意见》第9条的规定，不仅在程序上肯定了认罪认罚的独立性，同时强调犯罪嫌疑人、被告人具有自首、坦白情节，同时认罪认罚的，应当在法定刑幅度内给予其相对更大的从宽幅度。对认罪认罚与自首、坦白不作重复评价。为突出认罪认罚的重要性和意义，有必要在《刑法》中增设这一内容，通过立法的方式进一步明确其与自首、坦白的关系。总之，在重罪案件适用认罪认罚从宽制度中，必须坚持法定证明标准。全面审查、认定在案事实、证据，不应为片面提高效率而牺牲公正价值，也绝不能因犯罪嫌疑人、被告人认罪认罚而降低案件证据要求和证明标准。

---

[1] 汪海燕：《重罪案件适用认罪认罚从宽程序问题研究》，载《中外法学》2020年第5期。

（4）完善办案机关的监督制约机制。因重罪案件的社会关注度较高，在办理过程中，确有必要加强对检察机关在重罪案件适用认罪认罚从宽制度中所行使职权的监督和制约。检察机关对重罪案件适用认罪认罚从宽制度时必须做到：①进行释法说理，告知被追诉人等相关诉讼权利。②随案移送《量刑建议说明书》，因为其不仅可以使法院了解检察机关作出量刑建议的法律依据，减少双方的量刑冲突，还有可能及时发现检察机关在办理重罪案件适用认罪认罚从宽制度过程中存在的其他问题。③进一步加强内部监督，通过检察机关检务督察和案管部门进行实时抽查，重点检查刑期较重以及社会关注度高、受害者反映强烈的重罪案件，及时掌握办案风险。④强化对重罪案件适用认罪认罚从宽制度的外部制约机制。《指导意见》第39条规定，办理认罪认罚案件，人民法院应当告知被告人享有的诉讼权利和认罪认罚的法律规定，听取被告人及其辩护人或者值班律师的意见。其中应核实人民检察院、公安机关是否履行告知义务并听取意见；值班律师或者辩护人是否与人民检察院进行沟通，是否提供了有效法律帮助或者辩护，并在场见证认罪认罚具结书的签署。检察人员违反规定没有履行上述要求的，应当承担相应责任，并应积极弥补因此而造成的不良后果。同时，对于社会危害性较大的故意杀人案件，由于社会关注度高、受害者反映强烈，应当充分保护被害人一方的人身权利等合法权益。⑤可将重罪案件的适用率、结案率等作为评估指标。针对现有制度缺乏对重罪案件中错误适用认罪认罚从宽制度的规制以及对于应该适用而未适用缺乏相应问责机制等问题，可设立相对中立的惩戒委员会对相关责任主体进行查处。⑥通过严格落实司法责任制，强化对案件办理全过程的监督制约，严格执行"三个规定"记录报告制度及检察机关内外部廉政风险防控制度，着力提高廉政风险防控能力。[1]

（四）降低办案风险，提升适用信心

1. 建立完善效果评估机制

法律制度实施效果评价体系作为法治实施体系的关键部分，对评价和提高立法质量具有重要意义。[2]故而，对重罪案件适用认罪认罚从宽制度的法律效果进行评估对于提升这一制度在重罪案件中的适用质量意义重大。首先，

---

〔1〕　庄永廉等：《重罪案件适用认罪认罚从宽制度的要点把握》，载《人民检察》2021年第9期。
〔2〕　江国华、刘新鹏：《法律制度实施效果第三方评估机制》，载《江汉论坛》2019年第8期。

在主体方面，以往实践中多采用自我评估的方法，即对于立法效果的评估，多由法律的制定、实施主体进行。对于在重罪案件中适用认罪认罚从宽制度的效果评估，可以由立法机关或者实施主体进行，也可以引入第三方评估，丰富法律效果的评价体系。其次，在内容方面，根据不同的诉求，探索并尝试建立能够适用认罪认罚从宽制度的案件类型及其证据审查标准，循序渐进探索可适用于不同种类的重罪案件且具有可操作性的规则和方法。最后，在方法上，可建立重罪案件适用认罪认罚从宽制度数据库，由办案人员在数据库中录入案件办理过程中遇到的问题、解决方案及办理效果，并在一定时间后进行案件追踪，对被追诉人、办案人员、被害人等进行回访，查看办案效果，以对重罪案件的适用作出及时有效的反馈。

2. 建立重罪案件适用的法律数据库

依托大数据、案例检索库等细化量刑标准，检察机关和法院可以共同研究制定更为具体的重罪案件量刑指南，以明确性促精确性。对法律适用难度较大、量刑情况复杂的重罪案件，检察机关应加强与法院就类案问题的研究，统一司法理念和标准。有关数据显示，2020 年至 2021 年第一季度，全国检察机关重罪检察部门共审结案件超过 13 万件，人数高达 19 万人，其中适用认罪认罚从宽制度的有 10 万件，人数超 13 万人，提出量刑建议的有 1 万人，法院采纳量刑建议的有 10 万多人。[1]可以依托大数据、案例检索库等，总结上述数据的特点，规范量刑指南，细化量刑标准，邀请检法和第三方等共同研究出更翔实的重罪案件量刑指南，促进案件量刑的精确性。对于量刑情况复杂、法律适用疑难的重罪案件，需加强类案问题研究，统一重罪案件办理的司法标准与理念。同时，未来可继续通过实践探索，分析各类案件，[2]从而更好地发挥该制度在国家治理体系和治理能力现代化方面无可替代的推动作用。

3. 加强重罪案件指导案例的指引作用

以不同案由为依据，基于认罪认罚从宽制度在重罪案件中的适用，探索并建立案件类型化的证据审查标准，并逐步摸索出一套对各种重罪案件都适用的明确的操作指引。在总结司法实践经验的基础上，笔者认为，目前对于重罪案件适用认罪认罚从宽制度有指导意义的案例主要有以下三种：①权威

---

〔1〕 庄永廉等：《重罪案件适用认罪认罚从宽制度的要点把握》，载《人民检察》2021 年第 9 期。

〔2〕 周新：《重罪案件适用认罪认罚从宽制度研究》，载《比较法研究》2021 年第 4 期。

性案例。这主要是指最高人民法院发布的，对全国法院都具有约束力的案件。也包括在一省、自治区、直辖市范围内，由高级人民法院发布的并发挥指导作用的典型案例。②事实上具有约束力的案件。这是以审级秩序和法律适用一致的司法理念为基础，以审理者自觉遵循上级法院及本院事先生效的裁判为要件，使该上级法院及本院事先生效的裁判具有约束力的案件。③具有说服力的案件。各级法院法官在没有权威程序认可及发布的情况下针对具体案件作出的裁判，也具有参考价值。虽然这类案件没有前两类的约束力，但是当法官面临案情疑难复杂或法律规定不明确的情形时，这类案件所包含的裁判规则因经过充分的论证而具有较强的说服力，可以为法官判案提供审判参考。

第七章 未成年被追诉人适用认罪认罚从宽制度研究

一、未成年被追诉人适用认罪认罚从宽制度的基本问题

(一) 未成年被追诉人适用认罪认罚从宽制度的理念基础

1. 契合少年司法理念

未成年人由于其自身的特殊性,其犯罪特点也与成年人呈现出差异。未成年人的特殊性一方面在于,其对事物的理解认知往往不像成年人一样全面、理性,对于事物价值的追求往往表现出盲目性,对纷繁世界的诱惑通常不能正确地认知,因局限于其社会阅历而有可能误入歧途,甚至是走向犯罪。[1]另一方面表现在,其具有较强的可塑性,对于涉罪未成年人只要通过适当的手段进行帮扶教育,就能尽早使其迷途知返、回归社会。在未成年人犯罪案件处理程序上要"慎捕慎诉",在实体处理结果上要以保护未成年人为目的,在把握"特殊预防"目的的前提下,注重"以教代罚",从而体现秉持少年司法理念,对未成年人宽缓处理的刑事政策。

认罪认罚从宽制度中的恢复性司法理念有助于促使犯罪嫌疑人、被告人认罪服法,减少控辩之间激烈的对抗。这与对罪错未成年人实行教育、挽救、感化的少年司法理念相契合。[2]但是也曾有观点表达了对"罪错未成年人适用认罪认罚从宽制度会不会偏离少年司法理念"这一问题的担忧。这种担忧

---

〔1〕 余丽:《对未成年犯适用认罪认罚从宽制度的必要性和可行性论证》,载《预防青少年犯罪研究》2017年第6期。

〔2〕 张勇、李晓婷:《未成年犯认罪认罚从宽问题思考》,载《青少年犯罪问题》2017年第1期。

在实体和程序两个方面都有体现。在实体方面，有观点担忧在我国对未成年人实行宽缓政策的基础上给予其更大幅度的从宽处理可能会引起量刑失衡，从而放纵未成年人犯罪。这种观点从既有的量刑规则框架出发进行逻辑推理，发现在极端情形下的减刑幅度可累计达 100%。[1] 在程序方面，有观点质疑程序从简是否能够真正保障未成年被追诉人的权益，在过度简化的程序中又是否能够切实地对未成年人展开帮教，如果不能切实地展开帮教、保障未成年被追诉人的利益，显然有违少年司法理念。

　　基于上述担忧，笔者认为，从实体的角度来看，根据《指导意见》的精神，对于具有实体和程序双重属性的认罪认罚从宽制度来讲，从宽的幅度并没有大到足以引起量刑失衡的地步。同时对未成年人犯罪的从宽除了体现在量刑建议这个实体侧面，更注重在认罪认罚程序中对未成年人进行教育、挽救、感化和引导，并将其作为认罪认罚从宽制度适用过程中的重中之重，而不是"以罚代教""一罚永逸"。从程序的角度来看，我国《刑事诉讼法》对未成年人适用速裁程序作了禁止性规定，主要考虑到速裁程序的过度简化对未成年人帮教工作精细化的展开不利。一方面，对速裁程序适用的禁止性规定并不妨碍对简易程序的适用，即便适用普通程序，也可以在满足证明标准的前提下对程序的某些环节进行适当简化。另一方面，认罪认罚程序从宽是在达到证明标准的前提下，适当地缩短办案时间，这不仅与帮教工作的展开无实质性的冲突，反而更加体现了少年司法理念。

　　2. 体现"特殊处遇"观念的基本精神

　　未成年人因其智力、精神发育不均衡，人生观、世界观、价值观尚在形成过程中，难免会受到家庭、学校、社会诱导因素之影响。未成年人可塑性与可改造性突出的部分原因，同时也是未成年人主体特性的表现。"特殊处遇"观念便是以此为基础在制度中得以体现的。我国《刑法》在刑事责任能力、死刑适用限制等方面体现了对未成年人的特殊宽缓的刑事政策。相关法律、法规、司法解释以及司法实践在对未成年人的定罪、量刑、刑罚执行方面也体现出对未成年人特别从宽的"特殊处遇"观念。《刑事诉讼法》在"未成年人刑事案件诉讼程序"一章的第 277 条第 1 款中便规定了"对犯罪的

---

〔1〕　王瑞君、陈禹衡：《未成年人适用认罪认罚从宽制度争议问题辨析》，载《青少年犯罪问题》2019 年第 5 期。

未成年人实行教育、感化、挽救的方针，坚持教育为主、惩罚为辅的原则"。而后又规定了指定法律援助制度、社会调查制度、合适成年人制度、附条件不起诉制度、犯罪记录封存制度等制度，并就逮捕的适用与讯问、审判程序作了特殊规定。

应当看到，认罪认罚从宽制度的适用与对未成年被追诉人的特殊处遇并不相互排斥。一方面，现行法律规范并没有对认罪认罚从宽制度的适用主体加以限制。无论成年人还是未成年人，只要满足适用条件都可以适用认罪认罚从宽制度，因此这一制度对未成年人的适用逻辑与成年人相同。并且在基于未成年人主体的特殊性而对其实施教育、改造、挽救的方针的要求下，当然可以在对罪错未成年人适用认罪认罚从宽制度的基础上体现对其的特殊处遇。另一方面，认罪认罚从宽制度无论在与刑事实体法中自首、坦白、缓刑、刑事责任能力制度的衔接上，还是在对刑事诉讼法中诸如指定法律援助制度等具体制度的整合以及对简易程序的适用上，都体现了对未成年被追诉人特殊处遇的基本精神。

同时，笔者也认为，对基于特殊处遇观念的从宽需要进行必要限制。具体而言，不能因认罪认罚体现的特殊处遇就对未成年被追诉人进行无限制的从宽，认罪认罚从宽制度中的"从宽"处理并不是当然从宽、一律从宽，而是应结合对事实、证据、犯罪性质、犯罪情节等因素的综合把握而作出处理意见。即便是对具有主体特殊性的未成年被追诉人，也不能给予无限制的从宽待遇。[1]

3. 符合协商性司法理念的要求

我国未成年人犯罪案件的总体基数虽然不大，但处理该类案件时同样存在着司法资源紧缺的现实境遇。认罪认罚从宽制度就是在司法资源的有限性与社会转型时期刑事案件激增之间存在难以调和的矛盾的大背景下设立的。将注入协商性司法理念的认罪认罚从宽制度适用于未成年被追诉人，使办案机关、未成年被追诉人与被害人在诉讼中产生合作的可能。

（1）协商性司法有助于快速解决未成年被追诉人的刑事责任。认罪认罚从宽制度根据案件的复杂程度，通过办案机关与犯罪嫌疑人、被告人进行从宽的协商，分别适用不同程序达到繁简分流、合理配置司法资源的目的，实

---

[1] 张勇、李晓婷：《未成年犯认罪认罚从宽问题思考》，载《青少年犯罪问题》2017 年第 1 期。

现所谓"繁其繁、简其简"。对于案由较为集中，案情相对简单的未成年人犯罪案件来说，适当的程序从简有利于减轻罪错未成年人的诉累。同时，《刑事诉讼法》对未成年人适用速裁程序采取了禁止性规定，以防止因诉讼程序的过度简化而不利于对未成年被追诉人帮教工作的展开。

（2）协商性司法有助于实现对未成年被追诉人的司法保护。基于协商性司法理念的认罪认罚从宽制度，促使未成年被追诉人能动地参与到诉讼中。同时，办案机关与未成年被追诉人进行有效沟通协商，不仅可以从量刑幅度等方面体现实体从宽，也能在强制措施适用、法律帮助、合适成年人到场等方面体现程序保障。这些都无疑有利于对未成年被追诉人的司法保护。

（3）协商性司法有助于对未成年被追诉人的帮扶教育。协商性司法对司法资源的节约表现在对程序的适当简化，以协商性司法为理念的认罪认罚从宽制度对未成年人犯罪案件有特殊程序要求。对不必要诉讼环节的尽量简化，并不代表对未成年被追诉人帮扶教育的简化，反而会在协商过程中促使未成年被追诉人真诚认罪悔罪，接受处罚和教育。协商性司法强调基于合作关系在各个诉讼主体之间搭建沟通的桥梁，促进未成年被追诉人与被害人一方达成和解，在一次次沟通交流中认识到自己所犯下的罪行，以达到对未成年被追诉人帮扶教育的目的。

（4）协商性司法有助于修复被犯罪行为破坏的社会关系。就未成年人刑事案件来说，协商性司法理念督促未成年被追诉人在对自己的罪行有清晰直观的认识的前提下积极赔礼道歉、赔偿被害人的损失，从而弥补被害人的物质损失、安抚被害人的心理创伤，以期达到消除争端、恢复破损的社会关系之目的。[1]

（二）未成年被追诉人适用认罪认罚从宽制度的实践意义

1. 有助于提高未成年人犯罪案件的诉讼效率

认罪认罚从宽制度顺应了犯罪轻刑化与社会转型时期刑事案件犯罪数量激增的社会现实，其设立目的之一便是有效应对"案多人少""司法资源匮乏"的困境。而这个设计目的使认罪认罚从宽制度当然具有提高诉讼效率这一重要价值。在合理把握证明标准和认罪认罚从宽适用条件的前提下，对不同案件进行繁简分流，"繁其繁、简其简"，从而兼顾司法公正与办案效率。

---

〔1〕　张勇、李晓婷：《未成年认罪认罚从宽问题思考》，载《青少年犯罪问题》2017 年第 1 期。

犯罪轻刑化同样是未成年人刑事案件办理的重要社会背景。认罪认罚对效率价值的追求，与未成年人刑事案件特别程序办理所秉持的快速办理、简化办理的原则相契合。认罪认罚从宽制度有机地整合了未成年人刑事案件的具体制度，对未成年被追诉人适用认罪认罚从宽制度，更能促进案件快速办理、简化办理，从而提高诉讼效率。根据未成年被追诉人的认罪认罚情况，给予其相应的特殊处遇，并根据所收集的证据与查明的案件事实情况，对不同的案件进行区别办理，进而缩短办案时间，节约司法资源，在保障未成年人合法权益的同时达到程序分流的目的。

需要强调的是，在未成年被追诉人适用认罪认罚从宽制度的语境下，诉讼效率不仅不是唯一价值取向，甚至不是最重要的价值。在注重认罪认罚从宽制度对未成年被追诉人适用过程中效率价值实现的同时，少年司法理念更要求我们应当关注未成年被追诉人本人，以案情为背景，以社会调查报告为重要辅助手段，关注罪错未成年人的身心健康。办案机关在办理未成年人刑事案件过程中，要在对其适用认罪认罚从宽制度时注重帮教效果。[1]具体而言，需要在对未成年人家庭教育乃至社会教育缺失问题进行反思的基础上开展必要的帮教工作，对其予以教育、挽救、感化，从而促使其真正认罪悔罪，帮助其早日回归社会。正是考虑到在未成年人刑事案件中，提升诉讼效率并不是首要的价值取向，同时也是为了防止对未成年犯罪人实施帮教环节的缺失，我国《刑事诉讼法》排除了对未成年被追诉人适用刑事速裁程序。[2]

2. 有助于对未成年被追诉人权益的有效保障

办案机关经过试点工作与实践中司法经验的积累，对认罪认罚从宽制度的适用已经逐渐迈向成熟。认罪认罚从宽制度从设立至今，其效率价值在司法实践中逐渐体现出来，办案机关适用认罪认罚从宽制度处理案件效率极高。在未成年被追诉人认罪认罚从宽适用率日益提高的司法实践背景下，也需要考虑未成年被追诉人权益保障问题。基于认罪认罚从宽制度对"量刑从宽"的要求以及我国刑事实体法对未成年被追诉人规定的特殊处遇，对未成年被

---

〔1〕 史卫忠、王佳：《未成年人刑事案件适用认罪认罚从宽制度的思考》，载《人民检察》2017年第22期。

〔2〕 参见《全国人民代表大会宪法和法律委员会关于〈中华人民共和国刑事诉讼法（修正草案）〉审议结果的报告》，载 http://www.npc.gov.cn/npc/c12435/201810/b1599509c08a44fd82782aa050d69e51.shtml，最后访问日期：2022 年 8 月 4 日。

追诉人适用认罪认罚从宽制度使得"实体从宽"这一目的的达成显而易见。问题在于,"程序从简"是否能够有效地保障未成年被追诉人的合法权益?笔者对此持肯定的态度。理由如下:

从形式意义上来说,认罪认罚从宽在制度设计上本身有利于保障未成年被追诉人的合法权益,其自设立以来也一直在诉讼效率与公正价值之间寻找平衡。具体而言,在未成年被追诉人适用认罪认罚从宽制度的制度整合过程中,未成年被追诉人可以一改被动消极的地位,积极主动地参与到量刑协商中。基于恢复性司法理念对被害人的关注与对被追诉人的帮教矫治,办案机关在办理案件的同时更加注重修复破损的社会关系以达到案结事了,而非为了达到"一般预防"目的,一味地惩治未成年被追诉人。这些理念的融合与措施的实施本身就体现着对未成年被追诉人合法权益的保障。从实质意义上来说,在"程序从简"的过程中着重保障未成年被追诉人认罪认罚的自愿性,保证案件达到证明标准。程序简化主要体现在对法庭调查、法庭辩论环节的简化。对于案情简单、事实证据清楚充分的案件,"程序从简"实际上弱化的是控辩双方的对抗环节,而重点转向的是对举证之要求和对未成年被追诉人认罪认罚之自愿性的保障。故从这个角度上来讲,"程序从简"是有利于对未成年被追诉人的权利保障的。

3. 有助于缓和刑事加害人与被害人之间的对抗

在传统的国家追诉主义诉讼模式下,刑事案件中对尊重与保障人权的落实往往更加偏向对被追诉人的尊重与保障,而对被害人诉讼主体地位的忽视,使得被害人的合法权益难以保障、合法诉求难以伸张。协商性司法基于对国家追诉主义弊端的反思,让当事人充分地、能动地参与诉讼,以调和与弥补国家追诉主义的弊端,并逐渐从理论走向实践,成为世界刑事司法的趋势。[1] 在这样的趋势下,我国认罪认罚从宽制度吸收协商性司法理念,在国家公权力机关的主导下,搭建了加害人与被害人之间的合作桥梁。[2] 与国家追诉主义下国家垄断的刑事诉讼机制不同,恢复性司法以恢复加害人与被害人之间破损的社会关系为目的,为我们提供了一个以和平方式充分参与来解决刑事责任的新思路。也有学者将这种刑事诉讼参与模式称为"刑事诉讼的私力合作

---

〔1〕 陈国庆:《适用认罪认罚从宽制度的若干问题》,载《人民检察》2019年第23期。
〔2〕 陈国庆:《适用认罪认罚从宽制度的若干问题》,载《人民检察》2019年第23期。

模式"。〔1〕这种模式在与协商性司法理念融合的过程中，使加害人与被害人同时充分地参与到诉讼中，形成良性的合作与沟通，也使被害人的诉求得到回应与体现，以达到对被害人的权益保护与权利救济的效果。

具体到未成年人犯罪的认罪认罚案件，认罪认罚从宽制度为恢复性司法理念的贯彻提供了合适的场域。在认罪认罚从宽制度适用过程中，未成年被追诉人是否对被害人真诚地赔礼道歉、是否积极地赔偿被害人损失、是否获得被害人一方的谅解、是否在庭前与被害人一方达成和解，都是对"认罚"予以考量的重要因素。若未成年被追诉人在实质上努力修复破损的社会关系，尽力恢复被害人被侵害的法益，那么理应在法定范围内给予未成年被追诉人实体从宽处罚，程序上从简处理。当然，对未成年被追诉人的实体从宽、程序从简并不是绝对的，在恢复性司法理念中要着重体现对其认罪认罚的激励作用。通过激励机制，促使未成年被追诉人积极主动地认罪认罚，使案件得到正确的处理，从而使未成年人早日改过自新，回归社会。同时，恢复性司法重点强调对被害人，尤其是未成年被害人进行双向、全面的保护，进而使对被害人的权益保障得到落实。可见，适用认罪认罚从宽制度，可以减少加害人与被害人之间的对抗，促进双方之间的沟通与合作，进而消弭诉讼参与主体之间的纠纷，恢复破损的社会关系，达到平衡公正与效率价值的目的。

4. 有助于更好实现对未成年被追诉人的教育和感化

在办理未成年人刑事案件的过程中对罪错未成年人进行教育、感化是十分必要的。而对未成年被追诉人适用认罪认罚从宽制度的过程，就是将处理未成年人犯罪案件时遵从的"教育、感化、挽救"的原则予以具体化、现实化的过程。

虽然高昂的犯罪成本往往是阻却行为人犯罪的重要原因，但对于未成年人来说，其冲动性就意味着犯罪成本可能并不是其在犯罪时考量的最主要因素。未成年被追诉人的冲动性不仅在实施犯罪中有所体现，在认罪认罚中同样会有所体现。这就意味着，这类案件中的未成年被追诉人"技术性认罪认罚"〔2〕的

〔1〕 参见陈瑞华：《刑事诉讼的公力合作模式——量刑协商制度在中国的兴起》，载《法学论坛》2019 年第 4 期。
〔2〕 "技术性认罪认罚"是指被追诉人的言行表现虽然符合认罪认罚的形式要求，但内心却没有真诚地悔罪。参见闫召华：《虚假的忏悔：技术性认罪认罚的隐忧及其应对》，载《法制与社会发展》2020 年第 3 期。

可能性较小，真诚悔罪可能性较高，这就为教育、感化工作的开展提供了便利条件。同时，其冲动性与其本身的成长经历、受教育状况、受监护情况、性格特点等因素是密不可分的。故在量刑协商阶段，检察机关应对上述因素进行调查研究，并在综合考量的基础上，对未成年被追诉人提出精确的量刑建议。因此，检察机关的调查研究本身也可以为感化、教育未成年被追诉人，以及对其进行差异化处理提供指导与依据。

未成年人相较于成年人的可塑造性更加突出，14周岁至18周岁的未成年人正处于人格塑造的重要阶段。而对于大部分罪错未成年人来说，其在认知层面可能并不能充分地意识到犯罪行为本身的社会危害性，但只要对其进行充分教育和感化，将对其的帮扶教育工作落实到位，就有较大可能使其早日回归社会。而认罪认罚从宽制度对未成年人诉讼程序差异化的建构，要求办案机关在刑事诉讼中对未成年被追诉人进行区别于成年人的对待，注重以教代罚，通过教育感化使未成年人真诚悔罪、改过自新。同时，在协商性司法理念的要求下，未成年被追诉人可以在办案机关的主导下与被害人进行充分的沟通、交流，并在这个过程中深刻地认识到自己的罪行给被害人造成了何种创伤，这不仅可以在一定程度上弥补被害人精神上的损害，还能促进双方达成和解，鼓励被追诉人自愿认罪认罚。

二、未成年被追诉人适用认罪认罚从宽制度的条件及程序要求

（一）未成年被追诉人适用认罪认罚从宽制度的条件

《刑事诉讼法》并未就认罪认罚从宽的适用条件进行明确的规定，结合其第15条、第174条以及《指导意见》第56条的相关规定，可提取出对未成年被追诉人适用认罪认罚从宽制度的三个条件，即认罪、认罚、签署认罪认罚具结书。笔者结合现行法律规范与少年司法的精神内涵，试从形式和实质两个层面对适用条件进行讨论。

1. 形式条件

形式适用条件可以用"听其言"三个字来概括。"听其言"中的"言"可以是口头形式，也可以是书面形式。

（1）口头形式主要体现在认罪和认罚这两个条件上。认罪表现主要体现在，未成年被追诉人对犯罪事实以及自己罪行的性质予以承认。口头形式的认罪主要是指口头上宣示性的认罪表示：一方面是对自己犯罪事实的如实供

述，包括对自己实施了哪些行为，可能产生哪些危害后果，如对犯罪动机、犯罪手段、犯罪意图、犯罪行为等方面的供述；另一方面是对司法工作人员就该罪行的定性意见消极地不否认或积极地表示认同。需要说明的是，对主要罪行的承认原则上应当认定为形式上认罪，仅就个别情节存在异议或对个别行为的性质理解存在偏差，不影响对认罪的认定。在办理未成年人刑事案件的过程中，应当注意的是：①对案件法律性质的专业判断是未成年被追诉人认知、理解能力难以攀登的高地，因此只要求未成年被追诉人对所犯罪行的定性作概括承认即可，不需要对自己所犯罪行的法律性质有明确的认知。[1] ②未成年被追诉人只要不是明显地避重就轻、推卸责任、隐瞒重要事实情节，办案人员都不宜直接不认定该未成年被追诉人认罪，应当通过进一步的说明解释，耐心地引导未成年被追诉人认罪。

认罚表现主要体现在，对量刑建议或不起诉决定的认可和对帮教建议的认可。首先，对量刑建议的认可主要是强调控辩双方就量刑情节、量刑幅度都要达成一致意见，从而确定刑罚的种类、期限与执行方式。其次，2020年4月21日，最高人民检察院印发的《关于加强新时代未成年人检察工作的意见》明确"在依法提出量刑建议的同时，探索提出有针对性的帮教建议"。笔者认为，"帮教建议"虽然本身不具备处罚性质，但在认罪认罚程序中对未成年被追诉人提出帮教建议是必要环节，也是办案机关处理结果的一部分，故"帮教建议"应当属于广义的"罚"范畴，故未成年被追诉人还应当对检察机关提出的帮教建议表示同意。最后，需要说明的是，一方面，认罪认罚从宽制度的适用几乎必然导致程序的简化，而简化程序便意味着或多或少会限制或剥夺未成年被追诉人的诉讼权利。另一方面，对大部分未成年人刑事案件来说，未成年人认罪认罚已经大大减轻了庭审的负担，即使适用普通程序审理，依旧可以在法庭调查、法庭辩论环节予以一定程度的简化，对诉讼效率的影响并不大。基于上述考虑，应当给予未成年被追诉人程序选择权，其不认同程序简化的，不影响对认罚的认定。

（2）书面形式主要表现在签署认罪认罚具结书这个条件上。对签署认罪认罚具结书这个条件还需要说明两点：①侦查阶段的主要任务是取证，为了

---

[1] 史卫忠、王佳：《未成年人刑事案件适用认罪认罚从宽制度的思考》，载《人民检察》2017年第22期。

防止侦查人员对犯罪嫌疑人不当诱供，以及考虑到在侦查过程中证据尚未固定等因素，在侦查阶段不就具体的量刑处理给予承诺，只将犯罪嫌疑人认罪、愿意接受处罚的相关情况予以全面如实地记录，并在起诉意见书中详细说明并移送给检察机关。但不签署认罪认罚具结书并不当然意味着不能对未成年犯罪嫌疑人适用认罪认罚从宽制度。②对未成年犯罪嫌疑人来说，认罪认罚具结书的签署存在例外，即法定代理人、辩护人对制度的适用存在异议的情形。法定代理人、辩护人存在异议的情况下需要注意两点：其一，若对程序简化有异议，检察机关应建议法院适用普通程序审理；其二，即使法定代理人、辩护人对认罪认罚从宽制度的适用本身存在异议，也不影响对认罪认罚的认定以及后续对未成年被追诉人从宽的处理。

2. 实质条件

实质适用条件可以用"观其行"三个字来概括，即要求办案机关通过对未成年被追诉人犯罪前后的行为特征进行分析，综合判断是否满足适用认罪认罚从宽制度的条件。

对认罪这个条件的实质侧面可以从两个方面进行把握：①保证未成年被追诉人是基于自愿而认罪的。一是关注其认罪时的表现，如认罪是否反复、认罪态度是否诚恳、是否积极退赔退赃、是否主动赔礼道歉、赔偿被害人一方的损失等。二是注重对社会调查报告进行分析与解读，对未成年被追诉人的成长经历、犯罪原因、监护教育等情况开展调查，这有利于对自愿性进行判断。②保证未成年被追诉人是基于真诚悔罪而认罪的。刑罚适用的目的在于阻止罪犯再次侵害公民，并规诫他人不要重蹈覆辙。[1]在处理未成年人刑事案件时更能表现出这种预防犯罪的价值取向。对未成年被追诉人适用认罪认罚从宽制度的目的就是通过教育、挽救、感化的手段，使其认识到自己的罪行的危害性，从而真诚悔过。如果未成年被追诉人只是基于自愿认罪认罚，但对于自己的罪行及其造成的危害结果没有清楚的认识，则认罪认罚从宽制度的适用便流于形式，并不能防止未成年被追诉人再犯。故认罪不仅应是自愿的，应当从未成年被追诉人认罪变现中的检讨反省情况、是否配合案件处理等方面综合考量，以判定其是否真诚悔罪。

---

[1] [意] 切萨雷·贝卡里亚：《论犯罪与刑罚》（增编本），黄风译，北京大学出版社 2014 年版，第 36 页。

对认罚这个条件的实质侧面也可以从两个方面进行把握：①对于未成年被追诉人的认罚，同样需要保证其自愿性。主要是指未成年被追诉人在对检察机关指控的量刑建议以及帮教建议的内容有明晰认知的基础上，基于自愿对处理结果表示认可。对量刑建议的认可在不同阶段表现也不尽相同。在侦查阶段表现为自愿接受处罚，在审查起诉阶段表现为对量刑意见和程序适用的认可以及自愿签署认罪认罚具结书，在审判阶段表现为当庭表示愿意接受处罚。②未成年被追诉人的悔罪表现良好。悔罪态度大多是形式上的表现，而悔罪表现还需要结合未成年被追诉人的具体行为来考量。具体而言，在没有被害人的案件中，未成年被追诉人是否积极退赔退赃；在有被害人的案件中，未成年被追诉人是否积极赔礼道歉、赔偿损失。对于未成年被追诉人只认罪不认罚的情况，如坚决不退赔退赃、不赔礼道歉、不赔偿损失的情形，可以认定其并没有真诚悔罪或不认可处罚的处理意见，从而使案件不能进入认罪认罚程序，但可以将其认罪的具体表现作为从宽考量的因素，在从宽处理时予以体现。需要说明的是，退赔退赃、赔礼道歉、赔偿损失的行为可以认为是对破损社会秩序的一种恢复，是以精神的重构或物质的减损为代价的义务，故应当将该类行为认定为认罚的范畴。另外，为了防止实践中被害人一方漫天要价的情形，《刑事诉讼规则》第276条第2款也对被害方提出明显不合理的赔偿请求的情形作了明确说明，意在规范对犯罪嫌疑人认罚的合理认定。

（二）未成年被追诉人适用认罪认罚从宽制度的程序要求

未成年被追诉人的主体特殊性以及未成年人刑事案件的特点，决定了在制度整合过程中，对这类主体适用认罪认罚从宽制度时应当予以差别化建构。首先，未成年被追诉人在生理、心理的发育上都不成熟、自身的社会阅历有限、认识与辨别能力相对于成年被追诉人存在欠缺。故对未成年被追诉人的人身危险性、社会危险性与主观恶性的认定标准应明显区别于成年被追诉人。其次，正处于成长发育阶段的未成年人具有较强的可塑造性，经过适当的帮扶教育，可以使其快速地回归社会，回归正常的生活。故在解决未成年被追诉人刑事责任问题的同时，应注重对未成年被追诉人的帮扶教育。最后，未成年人刑事案件也表现出实体上的轻刑化、程序上的宽缓化、案由的特定化、帮扶矫治的社会化、注重考量被害人的谅解等特点，这些都决定了在程序适用过程中对其实体从宽、程序从简的把握应区别于适用于成年被追诉人的既定范式。

　　总的来说，差异化建构的重点在于，明确制度整合过程中不同阶段对办案机关的要求。对各阶段程序要求梳理的过程就是在认罪认罚既有的制度框架下，整合既有的未成年人司法中的具体制度，突出未成年人犯罪主体在刑事诉讼中的特殊性，把握不同阶段的关键问题，尤其注重程序适用过程中对未成年被追诉人的司法保护和帮教矫治等环节的规范化。笔者拟按侦查阶段、审查起诉阶段、审判阶段的顺序分别梳理对未成年被追诉人适用认罪认罚从宽制度的要求。

　　1. 侦查阶段适用认罪认罚从宽制度的程序要求

　　侦查程序中首先需要解决的问题是，在该阶段是否可以对未成年被追诉人适用认罪认罚从宽制度。有观点认为，认罪认罚从宽制度作为宽严相济刑事政策的直接体现，其适用应当贯穿于整个诉讼程序。[1]有相反观点认为，侦查阶段对该制度的适用应当谨慎。[2]对该问题笔者持肯定的观点，理由如下：①《刑事诉讼法》明确规定了讯问时应告知诉讼权利和认罪认罚法律规定。《指导意见》第 7 章专章规定了侦查机关在认罪认罚从宽适用中的职责。由此可见，从制度规范层面来讲，侦查机关是认罪认罚从宽制度适用过程中的参与主体。②控辩协商虽然是认罪认罚从宽制度适用过程中的核心环节，但对被追诉人认罪认罚的认定不能仅局限于控辩协商阶段。对被追诉人而言，其享有在任何阶段选择认罪认罚的自由意志。只要基于真实意愿，真诚的认罪悔罪，无论是否能够争取到实体的从宽、程序的从简，都应肯定未成年犯罪嫌疑人在侦查阶段的认罪态度。这也是被追诉人不可剥夺的权利。③对未成年人刑事案件的特点进行分析不难看出，对未成年被追诉人适用认罪认罚从宽制度，在侦查阶段查明案情、收集证据的难度都不大，从保护未成年被追诉人的角度出发，坚持以教育为主，惩戒为辅，尽可能提前地对未成年被追诉人适用该制度可以减轻其诉累，更有利于对未成年被追诉人的权益保障。

　　结合侦查机关的职责，笔者试从以下几个方面探讨制度适用中对侦查阶段的要求。①把握认罪认罚的自愿性。侦查阶段是取证的关键阶段，侦查机关获取证据要严格遵守法定程序。更重要的是，根据《刑事诉讼法》与《指

〔1〕　陈光中、马康：《认罪认罚从宽制度若干重要问题探讨》，载《法学》2016 年第 8 期。
〔2〕　陈卫东：《认罪认罚从宽制度试点中的几个问题》，载《国家检察官学院学报》2017 年第 1 期。

导意见》的规定，在侦查阶段对自愿性问题的把握主要是针对告知权利与听取意见的环节。《刑事诉讼法》第 120 条第 2 款规定："侦查人员在讯问犯罪嫌疑人的时候，应当告知犯罪嫌疑人享有的诉讼权利，如实供述自己罪行可以从宽处理和认罪认罚的法律规定。"《指导意见》第 22 条第 1 款规定："权利告知和听取意见。公安机关在侦查过程中，应当告知犯罪嫌疑人享有的诉讼权利、如实供述罪行可以从宽处理和认罪认罚的法律规定，听取犯罪嫌疑人及其辩护人或者值班律师的意见，记录在案并随案移送。"权利告知是保证未成年被追诉人让渡对抗权利之前提，也是制度适用自愿性的形式保障。为了使在刑事诉讼中处于绝对劣势地位的未成年被追诉人能够了解认罪认罚的法律规定、相关的法律后果和可能达到的法律帮助，避免因错误认识而放弃权利从而影响制度适用的稳定性，《刑事诉讼法》要求在侦查机关与犯罪嫌疑人第一次正式会面即侦查讯问时就应当使犯罪嫌疑人清楚自己所享有的诉讼权利，自己认罪认罚之后可以享受何种程序和待遇，受到什么样的处理。告知时应坚持全面告知，告知与说明的方式应结合书面加口头的方式。对认罪认罚规定、认罪认罚后果、获得法律帮助等事项应进行着重告知与说明。②对刑事案件的证明标准不能降低。认罪认罚从宽适用过程中是否可以降低证明标准这个问题存在争议。笔者认为，降低证明标准固然可以提高案件的处理效率，但如此将认罪认罚案件证明标准降低，不仅违反现行的法律规定，还可能会使某些滥用职权的侦查人员对认知和辨别能力不完全的未成年犯罪嫌疑人实施逼供、诱供。故证明标准之底线不能突破。③保证未成年被追诉人第一时间获得法律帮助。及时有效的法律帮助对保证未成年被追诉人进行实质上的认罪认罚至关重要。未成年人相对成年人来说，其法律等相关知识更加匮乏，由于这种客观现实的存在使得其更加难以理解认罪认罚从宽制度之规定与后果，更难基于准确的认知和判断进行实质上的认罪认罚。因此，在第一次讯问或采取强制措施之时，侦查机关应当告知未成年犯罪嫌疑人有权委托律师，未成年犯罪嫌疑人没有委托律师的应当及时为其指定法律援助律师。辩护律师对未成年犯罪嫌疑人适用认罪认罚从宽制度有异议的，应当在笔录中注明。另外，笔者认为，无论对制度适用有无异议，均应当由辩护律师在笔录中签字确认。④保障落实讯问时法定代理人或合适成年人到场制度。这不仅可以使未成年犯罪嫌疑人更好地理解认罪认罚的法律含义和法律后果，而且可以减轻有逆反心理的未成年人反抗司法人员的负面效应，从而保障诉讼程序的顺利进行。对于没有法定代理人的未成年犯罪嫌疑人或者难以通知到其法定代理人的未成年犯罪嫌疑人，应当及时为其确定合适成年人。确定的合适成年人应避免形式化，每次讯问时的合适成年人应尽量保持一致。法定代理人或合适成年人对未成年犯罪嫌疑人认罪有异议的，应当在笔录中注明异议情况。⑤慎用强制措施。根据现行法律规范应当分情况对未成年犯罪嫌疑人进行处置。在具备监护帮教的条件下，综合未成年被追诉人的主观恶性和社会危险性考虑，对罪行较轻的情形，不提请批捕；对罪行较重的情形，一般不提请批捕。[1]⑥注重在起诉意见书中写明犯罪嫌疑人认罪情况，包括认罪的时间、认罪的态度、认罪的程度等情况，当然还应包括自愿接受处罚的情况，如是否积极退赔退赃或积极赔偿被害人，是否与被害人一方达成和解，是否取得被害人一方谅解等。⑦注重对未成年犯罪嫌疑人的认罪教育。不同于对成年犯罪嫌疑人的认罪教育，对未成年被追诉人的认罪教育不仅是为了使其尽快认罪认罚，提高案件处理的效率，更是通过帮扶矫治，使其对自己所犯罪行有清醒的认识，并使其真诚地悔罪认罪，尽快地恢复破损的社会关系。

2. 审查起诉阶段适用认罪认罚从宽制度的程序要求

认罪认罚从宽制度的核心环节之一就是控辩协商，而控辩协商的绝大部分工作就是在审查起诉阶段展开的。审查起诉阶段不仅是刑事诉讼承上启下的阶段，认罪认罚具结书的签署、量刑建议的提出、大部分刑事和解的达成、附条件不起诉等环节都是在这个阶段落实的。同时此阶段会对处理认罪认罚的未成年犯罪嫌疑人的具体处理措施的选择、程序选择、从宽幅度产生巨大影响。在一定程度上可以说审查起诉阶段是认罪认罚从宽适用的最重要阶段。

审查起诉阶段，对如权利告知、意见听取、法律帮助获得保障等方面的要求与侦查阶段要求相同的部分在此便不再赘述，以下仅就审查起诉阶段的重点问题进行讨论。①自愿性审查问题。经过审查，发现认罪认罚确实违背未成年犯罪嫌疑人意志的，不能对其适用认罪认罚从宽的规定。发现认罪供述出现反复现象时，应当及时讯问并调查核实认罪反复的原因，排除违背未

---

〔1〕 参见吴宏耀、赵常成：《关于刑事审前羁押未检政策的解释原则与内容检讨——以〈北京规则〉的贯彻为视角》，载未成年人检察专业委员会秘书处编：《未成年人检察专业化——〈北京规则〉的中国实践》，中国检察出版社 2018 年版，第 108 页。

成年犯罪嫌疑人意志的可能性，对最后认罪认罚的犯罪嫌疑人的认罪供述，应当予以采纳。②与辩护律师的沟通问题。检察机关在与未成年犯罪嫌疑人沟通事实问题的同时，应与辩护律师就法律问题进行沟通。具体来说，对犯罪嫌疑人的辩护律师提出的关于指控罪名、从宽建议、适用程序等问题的意见，应当记录在案并在提起公诉时附卷移送。在理论上可能会出现如下情况，即未成年犯罪嫌疑人认罪认罚，但辩护人就其认罪认罚从宽提出异议。易言之，此时律师与犯罪嫌疑人就是否认罪认罚的问题意见相左，这实际上涉及律师正当行使辩护权的问题。就犯罪嫌疑人不认罪，辩护律师作有罪辩护的情形不予讨论，因为这与辩护律师应当维护犯罪嫌疑人、被告人的利益原则相违背。还有一种情况，如果犯罪嫌疑人认罪，律师认为可能无罪，此时应当如何做呢？笔者认为，对于事实问题律师没有办法去反驳，因为律师不是当事人，其自然没有权利也没有理由去陈述事实。[1]所以，原则上对律师就法律适用或证据提出的意见应当听取并记录在案，对于其就案件事实提出的意见不予采纳，同时应向其说明理由。也就是说，辩护律师的意见本身并不影响对未成年犯罪嫌疑人的实体从宽。③确定从宽幅度时对被害人因素的考量问题。在考虑是否能够从宽的问题上，应当更加注重未成年犯罪嫌疑人是不是在自愿的基础上认罪认罚，真诚悔罪。而在考虑从宽幅度问题时，除了对未成年犯罪嫌疑人的人身危险性、社会危险性，以及对具体的事实、证据、情节等因素进行考量和评估，还应当将被害人及其法定代理人的意见作为提出量刑建议的重要参考依据。具体而言，双方是否能达成和解协议，未成年犯罪嫌疑人是否主动赔礼道歉、积极赔偿被害人及其法定代理人的损失，是否取得被害人一方的谅解等情况都应当予以考虑。

除了以上一般问题，在未成年人主体的语境下还需要对以下几个特殊问题进行把握。

（1）社会调查问题。"社会调查报告的核心意义即在于对涉罪未成年人的个人心理和外在环境状况进行个别性评价，以选择对其最为适合的矫治措施，这与个别化处遇的理念是不谋而合的。"[2]可以由专门的社会调查组织进行社

---

〔1〕 张军、姜伟、田文昌：《认罪认罚从宽制度控辩审"三人谈"》，载陈国庆主编，最高人民检察院第一检察厅组织编写：《认罪认罚从宽制度司法适用指南》，中国检察出版社 2020 年版，第 54 页。

〔2〕 刘浩：《未成年人认罪认罚具结的反思与重构——兼评〈刑事诉讼法〉第 174 条第 2 款之规定》，载《四川警察学院学报》2019 年第 5 期。

会调查，并在检察机关的主持下定期对未成年犯罪嫌疑人进行阶段性心理测评，由此来判定认罪认罚从宽制度适用中的重点，并将社会调查报告作为适用认罪认罚从宽制度的重要依据。

（2）审前分流问题。对于犯罪情节轻微且没有明显矫治必要的未成年犯罪嫌疑人，尽量优先适用酌定不起诉。对于虽符合酌定不起诉条件，但有明显矫治必要性的未成年犯罪嫌疑人可以适用附条件不起诉。[1]

（3）刑事和解问题。为有效地贯彻恢复性司法理念与协商性司法理念，检察机关应当积极促进未成年犯罪嫌疑人一方与被害人一方达成和解协议，以达到安抚被害人一方、感化教育未成年犯罪嫌疑人的双重目的。

（4）对法定代理人或合适成年人的意见听取问题。对认罪认罚从宽的适用，应当听取未成年犯罪嫌疑人的法定代理人或合适成年人的意见。若未成年犯罪嫌疑人认罪认罚，但其法定代理人或合适成年人对适用认罪认罚从宽制度提出异议，应当将异议的具体情况在笔录中予以注明。在能够达到证明标准，核实到该未成年犯罪嫌疑人确实可能构成犯罪的情况下，不得剥夺其认罪认罚的机会。在程序适用问题上可以参考其法定代理人或合适成年人的意见，但在实体处理上应给予未成年犯罪嫌疑人从宽处理。

（5）提出量刑建议与帮教建议的问题。为了提高未成年犯罪嫌疑人对实体处理结果的可预见性，从而使其尽早认罪认罚，检察机关原则上应提出确定的量刑建议。但在提出具体量刑建议之前要注意，一定要将影响定罪量刑的因素进行全面考量，力求全面、准确，以防止考量因素的遗漏而带来确定量刑建议的再调整。这样不仅不利于缩短诉讼时间、节约司法资源，还可能导致未成年犯罪嫌疑人反悔，从而影响制度适用的稳定性。另外，拟对未成年犯罪嫌疑人提起公诉的，可以在提出量刑建议的同时提出有针对性的帮教建议。而帮教建议的重点之一就是弥补对未成年人教育的缺失。一是要注重弥补社会教育的缺失，故提出的帮教建议应当结合社会资源等现实因素，尽量明确具体的观护帮教的主体与方式。二是要注重弥补家庭教育的缺失，可以借鉴欧美部分国家或地区追究对未成年人家庭教育缺失负有主要责任的父

---

〔1〕　金英梅、李建林：《试论探索未成年人认罪认罚从宽制度》，载未成年人检察专业委员会秘书处编：《未成年人检察专业化——〈北京规则〉的中国实践》，中国检察出版社 2018 年版，第 139 页。

母或其他监护人责任的规定，[1]但应当注意责任承担的形式，不宜当然地将承担责任的形式局限于监禁与罚款。

（6）认罪认罚具结书的签署问题。未成年被追诉人签署认罪认罚具结书时，其法定代理人或合适成年人、辩护人或法律援助律师应当在场。认罪认罚具结书签署前应当在相关人员的监督下，重新确认其认罪认罚的真实意愿，并对相关诉讼权利再次告知，就认罪认罚的法律规定和法律后果重新释明，就量刑建议和程序适用的条款进行宣读。认罪认罚具结书应当由在场人员，即未成年犯罪嫌疑人、法定代理人或者合适成年人、辩护人或者法律援助律师签名。法定代理人或合适成年人、辩护人或法律援助律师对适用认罪认罚从宽制度仍存在异议的，不需签署认罪认罚具结书。不签署认罪认罚具结书不影响认罪认罚从宽制度的适用，但对适用简易程序存在异议的，原则上检察机关为了保障未成年犯罪嫌疑人的合法权益，应当建议审判机关适用普通程序审理。

（7）羁押与观护帮教问题。在诉讼程序推进过程中，应特别注意对逮捕后的羁押必要性审查和观护帮教。有种"监禁理论"认为，降低犯罪率可以通过更高的监禁率来实现，因为罪犯在被监禁期间不能犯下新的罪行。但曾有对美国加州地区未成年人犯罪率与未成年人监禁率长达47年实证数据的研究显示，在该地区各县的未成年人犯罪率的下降与未成年人监禁率的下降是同时发生的，这表明了犯罪率的降低依赖其所处的社会环境，监禁状态并不能有效降低未成年人犯罪率从而预防犯罪。[2]故对监护条件、帮教条件缺失的未成年人，在其社会危险性降低、主观恶性不大的情况下尽量变更羁押性强制措施。在帮教观护制度的适用过程中应以住所观护为原则，监所观护为例外，以期达到预期帮教效果的同时，更好地发挥预防未成年人犯罪的效果。

3. 审判阶段适用认罪认罚从宽制度的程序要求

审判阶段是刑事诉讼的中心环节，在认罪认罚从宽制度的适用过程中也

---

〔1〕 欧美部分国家或地区有关于"未成年子女犯罪，父母应当受到惩罚"的规定，父母承担责任的基础是其对子女具有道德教育责任。See Leonie Le Sage, Doret De Ruyter, "Criminal Parental Responsibility: Blaming parents on the basis of their duty to control versus their duty to morally educate their children", *Educational Philosophy and Theory*, 40（2008）, pp. 789~802.

〔2〕 See Stahlkopf C, Males M, Macallair D, "Testing Incapacitation Theory: Youth crime and incarceration in California", *Crime & Delinquency*, 56（2010）, pp. 255, 266.

不例外。检察机关在诉讼程序中履行主导责任、发挥主导作用是认罪认罚从宽制度的典型设计，这种设计与"以审判为中心"的诉讼体制改革的目标是否存在冲突呢？笔者认为，强调检察机关在认罪认罚从宽制度适用中的主导作用，并不与以审判为中心的诉讼体制改革的背景下的庭审实质化存在冲突。理由如下："以审判为中心"主要指，法官在庭审活动中依靠证据作出裁判；而检察机关的主导责任是指，检察官在庭审中主动出示证据以证明所指控的犯罪成立，并说服法官采纳其提出的量刑建议。但无论如何，法官在庭审中的作用是指挥、引领整个庭审的进程，并就最终处理结果拥有裁判权。法官基于对证据的审查判断，以及认罪认罚是否符合形式和实质的条件进行把关，这也是在办理认罪认罚案件中"以审判为中心"的精神实质。所以在一定意义上可以说，审判阶段与审查起诉阶段是认罪认罚案件诉讼程序中的"双核心"，审判阶段法院的中心地位依旧不可撼动。审判阶段的主要任务是，在现有证据的基础上，对之前阶段相关要求落实的具体情况进行审查判断并作出最后裁判，这也是"庭审实质化"的直接体现。《刑事诉讼法》对庭审中认罪认罚自愿性审查程序、量刑建议采纳与调整等作了具体规定。《指导意见》根据《刑事诉讼法》对相关庭审工作进行了进一步细化，完善了多层次的案件处理机制。结合现行法律规定以及未成年人刑事案件的特点，笔者认为在审判阶段应当关注以下问题：

（1）对认罪认罚的自愿性、认罪认罚具结书的真实合法性的审查。保障自愿性的重要性前文已详细论述，这里不再赘述。同时，自愿性也是保障认罪认罚具结书真实合法性的前提。从形式上来说，审判阶段应对侦查阶段、审查起诉阶段有无履行相关的告知释明义务、有无及时为未成年被追诉人提供法律帮助、有无听取法定代理人或者合适成年人与辩护人或辩护律师的意见、签署认罪认罚具结书时法定代理人或者合适成年人与辩护人或辩护律师是否在场、在场人员是否对适用认罪认罚从宽制度存在异议、对在场人员的异议是否在笔录中注明、对侦查阶段的认罪情况与审查起诉阶段的认罪认罚情况是否详细记录并移送、社会调查报告内容是否符合要求等相关问题进行审查。从实质上来讲，首先，应当对未成年被告人是否具有理解认罪认罚从宽制度规定和法律后果的能力进行审查。其次，在对上述形式要件确认的前提下，应当在庭审中就关键问题进行具体式发问，尽量避免概括式发问，以防止未成年被告人在陈述中不明就里或遗漏细节。通过"听其言，观其行"，判断未成年被告人是否自愿认罪认罚。最后，应当就认罪认罚的法律规定和法律后果以及其应当享有的诉讼权利再次释明确认，保证其确实知悉相关规定。对于在审判阶段才认罪认罚的未成年被告人，应当重点查明其突然认罪认罚的原因。经查明，确因之前阶段没有告知或释明而影响未成年被告人认罪认罚的，可以根据具体情况视为其在之前阶段就已经认罪认罚而调整相应的从宽幅度。

（2）对量刑建议的审查。量刑建议的审查涉及两个子问题。①量刑建议的采纳。首先，对于检察机关提出的指控罪名与量刑建议，法院原则上应当采纳。原因在于，认罪认罚案件的量刑建议是检察机关与未成年犯罪嫌疑人就控辩协商达成的协议，这个协议具有契约性质，直接关乎着司法的公信力。为了维护国家的司法公信力、保障制度的平稳适用，只要是基于未成年犯罪嫌疑人真实自愿的认罪认罚，原则上法院都应当采纳该量刑建议。其次，对量刑建议的审查一方面需要审查案件起诉时是否已经达到了犯罪事实清楚、证据确实充分的证明标准，对于没有达到证明标准的案件，依照相关法律规定处理，不再进行量刑建议的审查。对于被告人否认自己有罪的案件，为了保护其反悔权，应为未成年被告人提供相应的救济手段，并不采纳该量刑建议。另一方面需要对指控的罪名是否符合法律规定进行审查，如果指控的罪名与审理认定的罪名不一致，不予采纳量刑建议。值得说明的是，对于指控罪名与审理罪名不一致的情形，《指导意见》的态度是法院应当裁判，但在作出最终判决前，可就认定罪名问题听取控辩双方的意见。最后，对于不采纳量刑建议的处理，法院应当说明理由和依据，不仅应当对检察机关说明，也应当对被告人说明。这样不仅有利于检察机关在今后提出精确的量刑建议，还可以使被告人理解和认识到其中的原因，减少其因对处理结果不满而上诉的情形。[1]②量刑建议的调整。对于量刑建议"明显不当"的情形，检察机关可以调整量刑建议，对于不调整或调整后仍然明显不当的，法院应当依法作出裁判，此处的检察机关就量刑建议的调整是法院依法作出判决的前置性程序。实践中，多地检法对何为"明显不当"存在分歧。[2]笔者认为对量刑

---

〔1〕 苗生明、周颖：《认罪认罚从宽制度适用的基本问题——〈关于适用认罪认罚从宽制度的指导意见〉的理解和适用》，载《中国刑事法杂志》2019 年第 6 期。

〔2〕 苗生明、周颖：《认罪认罚从宽制度适用的基本问题——〈关于适用认罪认罚从宽制度的指导意见〉的理解和适用》，载《中国刑事法杂志》2019 年第 6 期。

建议的"明显不当"可以分为两个层面理解：从法律适用层面来讲，法院可以从违反法律原则、法律规则、一般司法常识以及影响裁判一致性等方面进行审查判断；从事实认定层面来讲，检察机关提起公诉的案件是否事实不清、证据不足，并可以结合前两个阶段办案机关制作的社会调查报告，进行对比分析并得出结论。

（3）法庭教育。对未成年人刑事案件程序从简，意味着可以适当简化法庭调查、法庭辩论阶段，转而狠抓法庭教育工作。为了达到矫治教育的效果，应当从个案进行考量，以加深未成年被告人对罪行的认知、降低社会危险性、减轻其主观恶性为目标，设立多层次、个性化的法庭教育措施。例如，对于罪行较轻、主观恶性不大、认罪态度较好的未成年被告人只进行普通的口头训诫、教育即可。对于罪行较为严重或主观恶性较大的未成年被告人，在传统口头训诫、教育的同时，可以创新教育方式，如通过更为直观的未成年人犯罪警示教育纪录片，通过展示同龄人的经历达到触动罪错未成年人思想的效果。[1]另外，未成年法庭教育应当延伸到庭外，由于对未成年人的实体处理往往较轻，为了防止罪错未成年人心存侥幸、失去对法律的敬畏之心，可以在对案件进行实体处理之后的一段时间，对罪错未成年人进行阶段性的动态评估、定期跟踪考察。

三、未成年被追诉人适用认罪认罚从宽制度存在的问题

（一）适用案件范围的界定尚缺规范

根据《刑事诉讼法》的相关规定，未成年人的辩护人或法定代理人有异议的，不需要签署认罪认罚具结书。实践中有人对该条文的理解存在偏差，认为如此规定是将未成年人排除在认罪认罚从宽制度的适用范围之外。实际上，上述规定并非否认未成年人对认罪认罚从宽制度的适用，而恰恰是出于对未成年被追诉人主体特点的考量，旨在为未成年被追诉人提供更加完备的程序保障，而这一规定丝毫不会影响对其实体上从宽、程序上从简。之后的《刑事诉讼规则》和《指导意见》均在不需要签署认罪认罚具结书的规定下

---

〔1〕 贾成宝、傅秀连：《审判阶段未成年犯适用认罪认罚从宽制度的司法考量——以潜在风险点的检法协作防控路径为着眼点》，载最高人民检察院法律政策研究室：《第二届全国检察官阅读征文活动获奖文选》，《中国学术期刊（光盘版）》电子杂志社 2018 年版，第 19 页。

新增一款条文对上述条文的内涵予以释明，即在前述不需要签署认罪认罚具结书的情形下没有签署的，不影响认罪认罚的认定与从宽的适用。从规范层面来讲，未成年被追诉人适用认罪认罚从宽制度在案件范围上并不存在障碍。

《刑事诉讼法》将认罪认罚从宽制度的案件适用范围全面放开，原则上不对案件的适用范围作出限制。立法层面对适用范围作了"大口径"的规定，即不问案件类型，不问刑罚轻重，不论适用主体，原则上都可以适用认罪认罚从宽制度，即使是情节恶劣的犯罪，只要被追诉人认罪认罚便能在一定程度上得到从宽的处理，当然这只是原则性规定。应当注意到，《刑事诉讼法》第15条对从宽的适用的表述依然是"可以"。《指导意见》也明确指出，"可以"适用不是必须适用、一律适用，对于是否适用，还是需要司法机关根据具体情况决定。从上述规定可以看出，认罪认罚从宽制度存在扩张适用的倾向，即将尽量多的案件纳入认罪认罚从宽制度的适用范围之内。对这种扩张倾向并不能从理论上简单地判定合理与否。但不可否认的是，在当前司法实践对案件繁简分流、提高司法效率有迫切需求的背景下，这种扩张适用可以加速我国刑事司法体制的转型，对合理配置司法资源起到一定作用。但司法现状是未成年人犯罪案件较少，办案压力主要来自前期社会调查和后续跟踪帮教等方面，司法效率压力相对较小。[1] 故对此类案件的处理应遵循"公正基础上的效率优先"[2] 原则。但对认罪认罚从宽制度扩张适用的倾向与这种价值导向并不完全符合。因此，这种扩张倾向需要在未成年人犯罪的语境下进行适当修正。具言之，为了实现帮教效果，更好地对涉罪未成年人进行教育、挽救、引导，可以不将这些案件纳入认罪认罚从宽制度的适用范围。当然，即使不适用认罪认罚从宽制度，也并不影响对该类案件中未成年被追诉人的从宽处理。

我国当前对于未成年人适用认罪认罚从宽制度的案件数量不多，一方面是因为未成年人犯罪案件占全部犯罪案件的比例较小，另一方面是由于在制度规范层面没有就未成年被追诉人适用认罪认罚从宽制度的相关细化规定。且由于适用范围没有相应的细化规定，办案人员大多在原则性规定下，按照自己的价值判断与理解对个案具体情况作出处理，这对未成年被追诉人的权

---

〔1〕 刘浩：《未成年人认罪认罚具结的反思与重构——兼评〈刑事诉讼法〉第174条第2款之规定》，载《四川警察学院学报》2019年第5期。

〔2〕 陈卫东：《认罪认罚从宽制度研究》，载《中国法学》2016年第2期。

益保障非常不利。因为这样会导致对个案处理结果的均衡性、整体处理结果的协调性均难以把握的后果。对于案件适用范围的界定，有观点提出，为了维护司法公正，无论罪行轻重均应保留适用认罪认罚从宽制度的可能性。也有学者对该问题在未成年人刑事案件语境下进行了讨论，认为未成年被追诉人适用认罪认罚从宽制度并不局限于轻罪案件，原则上所有罪名均可适用，但是罪行极其严重，即使认罪认罚仍不足以对其从轻处罚的除外。另外，"对特别重大犯罪，以及社会普遍关注的复杂、敏感案件，应根据具体情况严格把握，谨慎适用认罪认罚从宽制度"。[1]也有观点对上述讨论进行补充，认为"多次实施犯罪行为、有刑事处罚记录的未成年人，也应严格把握甚至限制适用认罪认罚从宽制度，避免因过度宽宥造成放纵犯罪"。[2]还有观点提出，以往研究对适用范围的界定是"从犯罪造成的社会危害性角度出发，根据已然发生的事实进行评价，而未动态观察案件发生后的各种情形"，[3]因而需要更多地关注对罪错未成年人在刑事案件发生之后，认罪认罚从宽适用之前的事后考量。

综上，现行法律规范作出了相对原则性的规定，即不对罪名、刑罚轻重作限制，但认罪认罚从宽制度适用的决定权依然掌握在司法机关的手中，这要求司法机关应当根据具体情况对案件进行判定。理论界则从不同侧面对适用范围反面规定的细化方向进行了初步探索，提出对于部分案件要谨慎适用、严格把握，视这些情况为可能排除在适用范围之外的情形。需要认识到，在现实的实践背景下，对认罪认罚从宽制度的适用范围作过于原则性的规定，势必会使实践中对认罪认罚从宽制度的适用产生困惑。因此，有必要在对理论、实践进一步考察的基础上，对案件的适用范围进行进一步的规范。

（二）认罪认罚程序的启动条件不明确

认罪认罚程序的启动条件是启动认罪认罚程序的正当性基础，是能够触发程序启动所需的内在需求与外部条件的总和。其中，作为内在需求的启动机制主要解决的是启动主体、启动方式、救济措施等问题；而作为外部条件的审查要素主要指，启动主体启动认罪认罚程序时需要审查的适用范围、适用条件以及其他要素。明确启动条件是为了保障全面、均衡、统一适用认罪

---

〔1〕　俞倩：《对未成年人认罪认罚从宽制度的理解与适用》，载《法制与经济》2017年第9期。

〔2〕　颜柳：《未成年人重罪案件中认罪认罚从宽的适用》，载《检察调研与指导》2018年第5期。

〔3〕　杨宗辉、杨萌：《未成年犯适用认罪认罚从宽制度研究》，载《湖北警官学院学报》2019年第6期。

认罚从宽制度，防止被追诉人受到不平等的待遇，但实践中也暴露出启动条件不明确的问题。

1. 启动机制不健全

在我国刑事诉讼中，犯罪嫌疑人、被告人作为被追诉对象曾经处于一个相对消极的诉讼地位，认罪认罚从宽制度的适用使被追诉人的状态从消极接受转变为积极参与。被追诉人应当有参与控辩协商的权利。[1]程序启动是被追诉人参与控辩协商、行使相应权利的前提，在强调协商性司法理念的背景下，被追诉人消极诉讼地位向积极诉讼地位转变的同时，自然要注重发挥未成年被追诉人对认罪认罚程序启动的主观能动性。笔者认为，主观能动性应体现在未成年被追诉人应该有能够使认罪认罚程序启动的权利。但发挥主观能动性并不意味着被追诉人是认罪认罚程序的启动主体。认罪认罚程序启动的最终决定权仍应在办案机关手里。具体来说，未成年被追诉人所行使的认罪认罚程序启动权从性质上来说应当是一种请求权，未成年被追诉人并不是认罪认罚程序的启动主体，而在侦查、审查起诉、审判阶段，公检法三机关才是最终决定程序是否启动的主体。

然而在司法实践的个别案件中，被追诉人自己希望享受到认罪认罚从宽制度实体从宽、程序从简的"福利"，但办案机关由于顾忌启动程序复杂或因为案情复杂不愿意提出精确的量刑建议等原因，对辩护人或被追诉人提出的适用提议视而不见。[2]笔者经过抽样调查发现，在未成年被追诉人的语境下启动机制不健全的问题仍然存在。例如，在李某等人抢劫案中，涉案的六名被追诉人犯罪时均为未成年人，且首次到案均系抓获到案，第一次讯问均能如实供述，对公诉机关指控的犯罪事实及罪名均无异议，均表示认罪，但办案机关对包括李某在内的六名未成年被追诉人均未启动认罪认罚程序。可见，在某些案件办理过程中，对具有认罪认罚表现且符合认罪认罚适用条件的未成年被追诉人，办案机关仍不一定启动认罪认罚程序。[3]笔者对样本案例进

〔1〕 张军、姜伟、田文昌：《认罪认罚从宽制度控辩审"三人谈"》，载陈国庆主编，最高人民检察院第一检察厅组织编写：《认罪认罚从宽制度司法适用指南》，中国检察出版社 2020 年版，第 7~8 页。

〔2〕 张军、姜伟、田文昌：《认罪认罚从宽制度控辩审"三人谈"》，载陈国庆主编，最高人民检察院第一检察厅组织编写：《认罪认罚从宽制度司法适用指南》，中国检察出版社 2020 年版，第 49 页。

〔3〕 参见江西省余干县人民法院［2020］赣 1127 刑初 81 号刑事判决书；内蒙古自治区巴彦淖尔市临河区人民法院［2019］内 0802 刑初 351 号刑事判决书。

行进一步分析发现，即使适用了认罪认罚从宽制度，但启动阶段与认罪认罚表现并不同步。在陈某强奸案中，陈某早在审查起诉阶段就已认罪认罚，但直到审判阶段法院才对其启动了认罪认罚程序。这种处理显然与具有协商性司法属性的认罪认罚从宽制度中的"合作"理念不符。也就是说，在某些案件中，被追诉人即使想适用认罪认罚从宽制度，但在面对某些怠于履行职责的办案机关时也根本束手无策。认罪认罚程序都无法启动，也就谈不上被追诉人积极参与认罪协商了。

笔者认为，实践中存在对符合适用条件的被追诉人仍不启动认罪认罚程序的情形，可能是出于以下原因：①现行法律规范并没有明确规定被追诉人具有申请启动认罪认罚程序的权利。既然程序启动的申请权并不存在制度依据，被追诉人也就无法在自己满足适用条件的情况下主动向办案机关申请启动认罪认罚程序，故即使被追诉人尝试主动申请启动程序，其提议也可能被办案机关忽视。②即便程序启动的申请权存在制度依据，没有办案机关的告知与释明，被追诉人还是可能无法获悉自己拥有申请权，进而无法主动申请启动程序。③在办案机关对相关规定予以告知与释明的前提下，由于未成年被追诉人心智发育尚未健全，认知能力与处分能力不足，[1]其很难通过理性的分析充分理解相关法律规定的内容和含义，进而在满足适用条件的情况下也没有选择主动申请启动，如果办案机关也没有主动启动，将导致最终无法启动认罪认罚程序。④假使未成年被追诉人在辩护人、法定代理人的帮助下能够充分理解相关法律规定，并最终向办案机关申请启动认罪认罚程序，但由于缺乏救济与监督机制，办案机关仍有可能基于某些原因不对符合制度适用条件的未成年被追诉人启动认罪认罚程序，那么未成年被追诉人也就无法享受到认罪认罚从宽制度带来的实体从宽、程序从简的"福利"。通过分析，可以将上述原因概括为启动机制不健全。

2. 审查要素不明确

现实中，办案机关启动程序时还存在审查要素不明确的问题。笔者通过对未成年被追诉人适用认罪认罚从宽制度的案件进行实证考察，也发现了存在前述问题的相关案件。如在李某等人抢劫案中，被追诉人李某虽系被抓获

---

〔1〕　参见毛泽金：《基于诉讼行为能力分析视角下的未成年人认罪认罚研究》，载《预防青少年犯罪研究》2019年第5期。

归案，但在到案第一次讯问便能如实供述，并在审查起诉阶段对公诉机关指控的犯罪事实及罪名均无异议并表示认罪，甚至还通过积极赔偿得到了被害人谅解，但法院最终对以上情形只认定李某成立坦白，整个诉讼程序中办案机关并没有启动认罪认罚程序。[1]与李某等人抢劫案形成对比的是陈某强奸案，该案中被追诉人陈某自动投案并如实供述犯罪事实，在审查阶段对公诉机关指控的犯罪事实和定性无异议并自愿认罪认罚，在庭审中也自愿认罪认罚，但即便陈某被法院认定存在轮奸的加重情节，法院依然对其启动了认罪认罚程序。[2]通过对上述案例的分析不难发现，审查要素不明确将导致认罪认罚程序的启动十分混乱。

（三）获得法律帮助方面存在不足

未成年被追诉人在刑事诉讼中面对的是精通专业法律技能的公诉机关，如无律师之介入，控辩双方之间的力量显得悬殊而明显。[3]同时，认罪认罚就意味着未成年被追诉人放弃了无罪抗争的权利，这直接影响着对未成年被追诉人的实体定性，对未成年被追诉人的权益影响十分重大。因此，保障未成年被追诉人获得法律帮助是处理认罪认罚案件的必然要求。国家作为"实现未成年人利益最大化"的义务主体设立指定法律援助制度，目的就是给予作为弱势群体的未成年人相应的法律帮助，最大限度地保障未成年被追诉人的合法权益。然而在实践中，未成年被追诉人适用认罪认罚从宽制度时，在获得法律帮助方面存在诸多不足。

1. 获得的法律帮助不充分

我国为了保障未成年被追诉人的诉讼权益，在《刑事诉讼法》"未成年人刑事案件诉讼程序"一章的第 278 条专门规定了对于没有委托辩护人的未成年犯罪嫌疑人、被告人，办案机关应当通知法律援助指派律师为其提供辩护。该条规定长期被部分学者认为是我国的"强制辩护制度"。但也有学者认为，我国法律法规、司法解释暂时还没有明确规定在未成年人没有得到相应法律帮助时应当给予何种制裁，所以从严格意义上说，《刑事诉讼法》第 278 条从立法层面

---

〔1〕 参见辽宁省大连市甘井子区人民法院［2019］辽 0211 刑初 691 号刑事判决书。

〔2〕 参见广西壮族自治区北流市人民法院［2020］桂 0981 刑初 125 号刑事判决书。

〔3〕 宋英辉、何挺主编：《未成年人刑事案件诉讼程序研究综述》，中国检察出版社 2019 年版，第 75 页。

缺少制裁性要件，其与实质意义上的强制辩护具有显著差异。[1]笔者认为制裁性要件的缺失，可能导致指定法律援助辩护在未成年人犯罪案件中存在适用缺失的情况发生。

笔者利用"无讼"案例库进行检索，旨在了解未成年被追诉人适用认罪认罚从宽制度的案件中，在没有规定制裁性要件的情况下指定辩护的基本现状。笔者将基本检索范围限制在"基层法院刑事一审判决"，同时增加搜索词"未成年""认罪认罚"，截至 2020 年 7 月 29 日，共得到 1686 篇判决书。笔者继续增加搜索词"辩护人"进行二次检索，符合条件的判决书减为 1274 篇。上述实证调查得到的样本不排除有被害人是未成年人的情形，但结合上述两组数据可以看出，制裁性要件的缺失可能导致未成年被追诉人获得法律帮助不充分的情况发生。

2. 获得的法律帮助不均衡

以 2018 年为例，全国法律援助机构总共有工作人员为 13 013 人，编制数为 12 440 人。同年检察机关受理审查逮捕和审查起诉未成年犯罪嫌疑人分别为 44 901 人和 58 307 人。[2]从上述数据可以看出，仅仅在未成年人犯罪案件中犯罪嫌疑人的数量就是全国法律援助人员的数倍，法律援助资源的匮乏，可能使得不同个案的未成年被追诉人难以获得均衡的法律援助。当然，近几年上述情况有所改善，据统计，2020 年至 2022 年，全国法律援助机构共组织办理未成年人法律援助案件 39.8 万件，受援人达 42.5 万人，为未成年人提供法律咨询 38.2 万人次。[3]但要真正使未成年人获得的法律援助不均衡的现象得到有效改善，还需要付出更多的努力。同时，部分地区通过"刑事案件律师辩护全覆盖"工作改革，使案件辩护率达到 90% 以上，[4]而另外一

〔1〕　吴羽：《论强制辩护在未成年人刑事案件诉讼程序中的适用——以〈刑事诉讼法〉第 267 条为中心》，载《青少年犯罪问题》2015 年第 4 期。

〔2〕　参见《未成年人检察工作白皮书（2014—2019）》，载 http://www.spp.gov.cn/xwfbh/wsfbt/202006/t20200601_463698.shtml#2，最后访问日期：2023 年 5 月 6 日。

〔3〕　孙满桃：《司法部：依法保障未成年被害人获得法律援助》，载 https://legal.gmw.cn/2023-05/25/content_36586880.htm，最后访问日期：2023 年 8 月 6 日。

〔4〕　参见《最高人民法院、司法部部署扩大刑事案件律师辩护全覆盖和律师调解试点工作》，载 http://www.court.gov.cn/shenpan-xiangqing-133301.html. 最后访问日期：2023 年 7 月 11 日。

些地区却连值班律师都派不出来。[1]这也说明了法律援助资源分布不均衡的现实因素，几乎必然导致实践中存在不同个案中的未成年被追诉人获得法律援助不均衡的情形。

3. 获得的法律帮助程度十分有限

律师参与程度是衡量获得的法律帮助程度的重要指标。未成年被追诉人适用认罪认罚从宽制度中的律师参与是十分重要的，但实践中律师参与程度较为有限。以会见的及时性为例，有相关实证研究表明，未成年被追诉人认罪认罚案件中，指定辩护律师第一次会见在侦查阶段的情况较少，大多数在审查起诉或审判阶段才开始会见。[2]侦查阶段是证据材料形成与固定的阶段，对定罪量刑起着极为重要的作用，因此辩护律师的参与非常重要，但从第一次会见时间来看，指定法律援助律师很难深入地参与到案件处理中，因此，难以起到很好的法律帮助效果。

此外，律师的参与程度与律师角色定位有直接关系。从实践中的情况来看，在认罪认罚案件中律师的角色定位问题上，各地司法机关的把握不是完全一致的。有些办案机关把律师作为认罪协商中的协商主体，另一种极端情形则是将值班律师定位为认罪认罚"见证人"的角色。[3]在"见证人"角色的定位下，检察机关只在与被追诉人达成认罪认罚协议时，让值班律师签字，值班律师难以阅卷了解案情或给予被追诉人相应的法律帮助。这样不仅增加了值班律师的执业风险，打击了律师办案的积极性，更严重的是很可能导致冤假错案，极大地损害司法公正。

4. 获得的法律帮助之间衔接不畅

例如，在未成年被追诉人没有得到指定辩护律师或委托辩护律师的法律帮助前就在值班律师的帮助下认罪认罚的情况下，后介入的委托辩护律师或指定辩护律师由于没有参与之前的控辩协商，对认罪认罚情况不甚了解，难

---

〔1〕 张军、姜伟、田文昌：《认罪认罚从宽制度控辩审"三人谈"》，载陈国庆主编，最高人民检察院第一检察厅组织编写：《认罪认罚从宽制度司法适用指南》，中国检察出版社 2020 年版，第 34 页。

〔2〕 罗江、魏航：《未成年人指定辩护在司法实践中的不足和完善》，载未成年人检察专业委员会秘书处编：《未成年人检察专业化——〈北京规则〉的中国实践》，中国检察出版社 2018 年版，第 227 页。

〔3〕 张军、姜伟、田文昌：《认罪认罚从宽制度控辩审"三人谈"》，载陈国庆主编，最高人民检察院第一检察厅组织编写：《认罪认罚从宽制度司法适用指南》，中国检察出版社 2020 年版，第 48 页。

以提供有效辩护。〔1〕又如，司法实践中为未成年人指定的个别法律援助律师未能实质性地保障未成年被追诉人的合法权益，而后由于进入之后的诉讼阶段而更换指派的法律援助律师，新指派的法律援助律师可能只在庭审时出现，没有经过阅卷和调查取证，对案件也没有全面掌握和了解，仅仅是配合庭审工作的完成。〔2〕在这样的情况下难以保障未成年被追诉人认罪认罚的自愿性以及其他合法权益。再如，实践中同一被追诉人在不同诉讼阶段通常由不同的值班律师来为其提供法律帮助，由于先介入的值班律师没有留下相关书面材料，后介入的律师只能重新了解案情，这不仅浪费了资源，也造成了重复劳动，不利于提升案件办理的效率。〔3〕

（四）检察机关提出的量刑建议尚欠精确

1. 量刑建议精确化的实践意义

精确化量刑建议在认罪认罚案件中具有重要实践意义。笔者认为这主要体现在两个方面：①刑事诉讼程序中，认罪认罚是对被追诉人从宽处罚的前提条件，而被追诉人不可避免地会权衡自己认罪或认罚的各种表现能否可以从宽处罚或能够从宽处罚的程度有多少。此时，检察机关提出精确化的量刑建议，可以使被追诉人知悉其因哪些认罪认罚表现得到了哪些从宽优惠，从而明确了被追诉人对实体处理结果的预期，增加了认罪认罚从宽制度适用的稳定性。一般而言，对于被追诉人给予的从宽幅度越大，预期越确定，则对被追诉人认罪认罚的主动性、及时性的促进作用越强。故精确化的量刑建议可以激励被告人及时主动地认罪认罚。②认罪认罚从宽制度其中一个重要的价值取向，就是追求司法公正前提下的诉讼效率，而提出精确化的量刑建议则符合这种取向的初衷。检察官在量刑协商中提出量刑建议，作为对被追诉人作出的郑重承诺，法官在审判阶段只需实质上审查被追诉人系在知悉认罪认罚从宽制度的法律规定和法律后果的前提下自愿认罪认罚，即可采纳检察机关提出的精确化的量刑建议，无须重复审理案件，结合事实、证据进行二次量刑。这样实现了程序简化、繁简分流，使法官可以集中司法资源解决真

〔1〕　王艺超、涂龙科：《未成年人犯罪适用认罪认罚从宽制度研究》，载《青少年犯罪问题》2017年第6期。

〔2〕　颜柳：《未成年人重罪案件中认罪认罚从宽的适用》，载《检察调研与指导》2018年第5期。

〔3〕　胡云腾主编，最高人民法院刑事审判第一庭编著：《认罪认罚从宽制度的理解与适用》，人民法院出版社2018年版，第9页。

正疑难复杂、新型的案件，从而极大地节约了司法资源，提高了诉讼效率。

2. 量刑建议欠精确的样本分析

为了解实践中未成年被追诉人适用认罪认罚从宽制度的案件中检察机关提出量刑建议情况，笔者利用中国裁判文书网进行了抽样调查，选取了启动认罪认罚程序的 15 个样本。在 15 个样本中，有 3 个样本中检察机关并未提出量刑建议，[1] 占样本总数的比例为 20%；有 6 个样本中检察机关提出的是幅度刑的量刑建议，占样本总数的比例为 40%；其余 6 个样本中检察机关提出的是确定刑的量刑建议，占样本总数的比例同样为 40%。[2] 对上述样本的分析可以提取出以下问题：

（1）是否适用缓刑，即刑罚的执行方式。首先，量刑建议是检察机关请求法院对被追诉人从宽处理的"意见载体"，故量刑建议精确化应当要求对以上内容同时予以精确化，不仅包括是否适用缓刑，也要对缓刑的适用期限予以精确化。而在上述样本中，对以上内容在不同的个案中均存在不精确的情况。[3] 其次，有实证研究表明，对未成年被追诉人认罪认罚案件适用缓刑的比例较高。[4] 但是，对"没有再犯罪的危险""宣告缓刑对所居住社区没有重大不良影响"等缓刑适用条件，在很大程度上依赖审前阶段的社会调查报告，而笔者在调查中发现，审前阶段的社会调查覆盖率在未成年认罪认罚案

---

〔1〕 参见江苏省兴化市人民法院［2019］苏 1281 刑初 389 号刑事判决书；广西壮族自治区北流市人民法院［2020］桂 0981 刑初 125 号刑事判决书；吉林省榆树市人民法院［2019］吉 0182 刑初 589 号刑事判决书。

〔2〕 关于提出幅度刑量刑建议的样本，可参见［2019］甘 0402 刑初 294 号、［2019］赣 0983 刑初 580 号、［2019］云 0111 刑初 1439 号、［2019］吉 0721 刑初 331 号、［2020］辽 1282 刑初 14 号、［2020］辽 1002 刑初 19 号。关于提出确定刑量刑建议的样本为：可参见［2020］冀 1026 刑初 82 号、［2020］赣 0983 刑初 247 号、［2020］赣 1127 刑初 8 号、［2019］琼 0108 刑初 502 号、［2020］辽 0922 刑初 44 号、［2019］甘 1223 刑初 61 号。需要说明的是，在［2019］赣 0983 刑初 580 号案件中，检察机关提出量刑建议的表述为："建议对其判处拘役五个月左右并处罚金 1000 元，提请法庭依法判处。"拘役 5 个月"左右"的主刑在一定程度上并不能给予未成年被追诉人对从宽结果足够的可预期性，故从"未成年人合法权益最大化"原则出发，将该量刑建议视为幅度刑的量刑建议。

〔3〕 例如，在［2019］赣 0983 刑初 580 号、［2020］辽 1282 刑初 14 号、［2020］辽 1002 刑初 19 号案件中，检察机关提出的关于主刑的量刑建议是不精确的。又如，在［2019］甘 0402 刑初 294 号、［2019］吉 0721 刑初 331 号、［2020］辽 1282 刑初 14 号案件中，检察机关提出的关于附加刑的量刑建议是不精确的。再如，在［2019］吉 0182 刑初 589 号案件中，检察机关没有对主刑、附加刑提出量刑建议，只提出了"建议判处缓刑"的量刑建议，但没有对缓刑适用期限提出精确化建议。

〔4〕 参见周莹莹：《未成年人认罪认罚"从宽"量刑问题研究——基于中国裁判文书网数据的分析》，载《山西警察学院学报》2019 年第 2 期。

件中很低。上述 15 个样本中，满足缓刑"刑罚适用条件"的有 14 个样本，其中有 4 个样本中提到社会调查报告。值得注意的是，14 个样本中有 7 个样本中的未成年被告人最终被宣告缓刑，而 4 个提到社会调查报告的样本中的未成年被告人均被宣告缓刑。很明显可以看出，社会调查报告的出现使得缓刑适用率明显上升。最后，在 4 个提到社会调查报告的案件中，有 1 个样本是在审判阶段法院自行调查了解未成年被追诉人情况的，故在审前阶段就对未成年被追诉人进行社会调查的样本只有 3 个，占总样本数量的 20%。这不仅与积极提高社会调查覆盖率，充分发挥社会调查在办案帮教中的基础性作用的精神不符，也影响了检察机关对是否提出量刑建议与提出缓刑适用期限的判断，故而不利于缓刑适用建议的精确化。

（2）缺乏释法说理。提出精确化的量刑建议还要求检察官在量刑协商时对未成年被追诉人"释法"，在提起公诉时对法院"说理"。检察机关提出精确化量刑建议的根本目的有二：①与认罪认罚的被追诉人达成协议，促进被追诉人积极主动地认罪认罚。②提高量刑建议的采纳率，从而减轻法院对简单案件量刑工作的压力，使法院可以集中司法资源解决复杂、新型的案件。而对量刑建议的"释法说理"与精确化量刑建议的价值取向完全相同。正因如此，《指导意见》第 33 条第 2 款与《人民检察院办理认罪认罚案件监督管理办法》第 6 条规定，检察机关在提出量刑建议的同时，应当说明理由和依据。其中，《人民检察院办理认罪认罚案件监督管理办法》还增加了"充分""在起诉书或者量刑建议书中"的表述，要求对适用普通程序、简易程序审理的案件提出量刑建议需要进行"书面"说理并具有"充分性"。故笔者认为，"释法说理"部分是量刑建议的重要组成部分，应对该部分同样要求充分、全面，以达到量刑建议精确化的目的。笔者通过对 6 个提出确定刑量刑建议的样本进行分析发现，在实践中存在着部分案件释法说理不全面、不充分的现象。例如，在马某盗窃案中，检察机关直接提出量刑建议，没有就任何量刑建议的理由予以说明，更谈不上说理全面、充分。[1]又如，在李某妨害公务案（共同犯罪）中，检察机关在只对李某的未成年人身份作出说明的情况下就提出了量刑建议，并未提到其他认罪认罚表现，也未说明其他理由，笔者

---

〔1〕 参见甘肃省宕昌县人民法院［2019］甘 1223 刑初 61 号刑事判决书。

认为，这种情形可以视为没有说理。[1]再如，在律某、杨某寻衅滋事、故意伤害案中，检察机关认定"二人在审查起诉阶段认罪认罚"的基础上"同时适用自首的规定"，本案中的说明相比之下显更具体，但似乎还是没有厘清"认罪表现"和"自首"之间的关系，所以重复评价了"自首"这个量刑情节。[2]总而言之，实践中"释法说理"的"土壤"十分"贫瘠"，检察机关需要对提出的量刑建议进行全面、充分的"释法说理"。

3. 量刑建议欠精确的原因分析

对于检察机关提出的量刑建议不精确的原因，笔者总结如下：①检察机关"不能提"。量刑规范化以往是对审判机关量刑的要求，所以从法理上讲，检察机关提出的量刑建议是不受最高人民法院《关于常见犯罪的量刑指导意见》（已失效）的规定约束的。检察机关需要提出精确化的量刑建议，而审判机关"一般应当采纳"检察机关提出的量刑建议。这种"量刑联动机制"也就决定了量刑规范化的重心需要前移，即不仅要求审判机关的量刑应规范化，也要求检察机关提出的量刑建议应规范化。实践中，由于缺乏统一的量刑指导规范，对检察机关提出的量刑建议没有明确的制度依据予以规范化，导致检察机关提出精确化的量刑建议面临一定的困难。②检察机关"不敢提"。限于量刑建议实践经验的匮乏，检察机关在如何与被追诉人、法官进行良好沟通、达成一致认识，进而保障量刑建议规范化、科学化的问题上，并不都具有十足的把握。[3]在未成年人犯罪认罪认罚案件中，部分办案机关由于担心案件质量不高，对所提的建议能否被法院采纳没有把握，故在提出量刑建议时，可能只提出一个幅度刑的量刑建议且量刑建议的内容往往简略、模糊。量刑建议问题是认罪认罚从宽制度中的核心问题。量刑建议权的赋予也使检察机关的公诉裁量权得到进一步完善。故笔者认为有必要针对上述问题提出相应对策，积极推动量刑建议的精准化改革。

---

〔1〕 参见河北省文安县人民法院［2020］冀 1026 刑初 82 号刑事判决书。

〔2〕 参见辽宁省彰武县人民法院［2020］辽 0922 刑初 44 号刑事判决书。

〔3〕 胡云腾主编，最高人民法院刑事审判第一庭编著：《认罪认罚从宽制度的理解与适用》，人民法院出版社 2018 年版，第 99 页。

四、未成年被追诉人适用认罪认罚从宽制度的保障对策

（一）规范界定适用案件的范围

1. 域外经验的本土分析

笔者认为，适用范围问题可以从积极和消极两个方面进行把握。积极方面即既然在规范层面没有禁止性规定，那么原则上未成年被追诉人的刑事案件都可以适用认罪认罚从宽制度。从消极方面来讲，需要考量相关因素，识别出少量排除在适用范围之外的案件类型的特征，进而合理界定未成年被追诉人适用认罪认罚从宽制度的案件范围。那么对适用范围的界定除了对上述因素进行考量，还需要考量哪些因素呢？对此，笔者首先对德国和法国相似制度的适用范围进行考察，在此基础上再回答上述问题。德国刑事协商制度主要由三个子制度组成，分别是轻罪协商制度、刑事处罚令程序、限制供述协议制度。从适用范围上看，轻罪协商制度与刑事处罚令程序都只适用于轻微犯罪的案件。对于限制供述协议制度来说，虽然立法中并未作明文限制，但实践中多适用于重大疑难案件。《法国刑事诉讼法典》规定，庭前认罪协商程序仅适用于主刑为罚金刑或者 5 年及以下监禁刑的犯罪，对重罪案件、简单的轻罪案件、特别案件均不适用。特别案件主要是指：未满 18 岁之未成年人所实施的犯罪、虚假新闻罪、过失杀人罪、政治罪等犯罪案件。[1]通过上述介绍可以看出，在认罪认罚从宽制度适用范围的界定上，主要需要考虑主体、罪名、刑罚轻重、重大疑难程度、审级等因素。笔者认为对案件范围进行界定的上述因素本身没有优劣之分，重要的是应当厘清这些因素之间的关系，进而综合考量相关因素，使适用范围界定更加规范。

（1）主体因素。关于主体因素，适用主体本身就是未成年人，我国现阶段对未成年人适用认罪认罚从宽制度在理论和实践上都没有障碍。

（2）罪名因素。一方面，不同罪名往往对应着不同的法定刑，但此处的罪名更多反映的是案由这个侧面，而未成年人刑事案件的案由非常集中。有资料显示，2014 年至 2019 年，在检察机关受理审查起诉未成年人所涉罪名中，盗窃罪、抢劫罪、故意伤害罪、聚众斗殴罪、寻衅滋事罪、强奸罪的比

---

〔1〕 吕天奇、贺英豪：《法国庭前认罪协商程序之借鉴》，载《国家检察官学院学报》2017 年第 1 期。

例分别为 30%、15%、12%、10%、10%、5%，合计占 82%，其他罪名合计占 18%。[1]另一方面，现行法律规范对成年人刑事案件所涉罪名的适用范围都没有作出限制，同类案件中罪错未成年人的社会危险性相较于成年人往往更小，故对未成年被追诉人认罪认罚案件作出适用范围的限制便显得没有道理。

（3）刑罚轻重因素。刑罚是对案件实体层面作出的整体评价，不仅在一定程度上体现了未成年被追诉人的刑事责任，也在一定程度上说明了对其从宽处理的可能性，同时还体现出未成年被追诉人的社会危险性、人身危险性等因素，随着被判处刑罚的严重程度增加，对罪错未成年人宽容程度和从宽的可能性理应减小。同时，对罪错十分严重的罪错未成年人轻易地简化程序、从宽处罚不但有可能起不到帮教、感化的作用，还极有可能纵容了犯罪。故笔者认为对可能被判处十分严重刑罚的未成年被追诉人的确应当谨慎适用认罪认罚从宽制度。根据 2017 年至 2019 年法院生效判决，有 68% 的未成年被告人被判处 3 年以下有期徒刑的刑罚，9% 的未成年被告人被判处 3 年以上（不包括被判处 3 年有期徒刑）、10 年以下有期徒刑的刑罚，另外还有 1% 的未成年被告人被判处 10 年以上有期徒刑、无期徒刑的刑罚。[2]整体来看，未成年人刑事案件轻刑化特点突出，也就意味着对绝大部分罪错未成年人可教育改造的可能性较大。同时需要注意的是的确存在少数重罪案件，对该部分涉罪未成年人适用认罪认罚从宽制度需要格外慎重。笔者建议可将被判处 10 年以上有期徒刑、无期徒刑的未成年被告人考虑在可能排除适用认罪认罚从宽制度的范围之内。

（4）重大疑难程度及审级因素。刑事案件的重大疑难程度也与一审的审级具有高度一致性，一般来说，一审的审级越高，相应的刑事案件重大或疑难的可能性也就越大。我国刑事案件原则上由基层人民法院审理，与未成年人相关且可能由中级人民法院审理的案件有：可能被判处无期徒刑的案件、恐怖活动案件或危害国家安全的案件等。由此可以看出，对于审级因素实质上可以拆解为对刑罚因素和罪名因素的考量。

---

〔1〕 参见《未成年人检察工作白皮书（2014—2019）》，载 http://www.spp.gov.cn/xwfbh/wsfbt/202006/t20200601_463698.shtml#2. 最后访问日期：2022 年 7 月 20 日。

〔2〕 参见《未成年人检察工作白皮书（2014—2019）》，载 http://www.spp.gov.cn/xwfbh/wsfbt/202006/t20200601_463698.shtml#2. 最后访问日期：2022 年 7 月 20 日。

对上述借鉴因素进行本土化分析，可以发现，刑罚轻重、重大疑难程度这两个因素在适用范围的界定上具有一定的借鉴意义。

2. 其他因素的分析

除了上述因素，以下因素也需要着重考虑。

（1）社会影响性因素。随着互联网、新媒体的兴起，社会的发展和生活物质水平的飞速提高，未成年人体现出不同以往的时代特征，在生理、心理、精神和认知上都与不同时代的人有显著不同，这就直接导致了未成年人与不同时代人之间出现代际冲突的现象。部分未成年人在社会化过程中，不免会在成年人化社会背景的影响下对某些行为进行模仿，虽然在外表上可能表现出早熟，但从其内心来看，其依然不是具有"自由意志"的"理性人"。但当未成年人实施成人化的犯罪时，互联网、新媒体就像一块"放大镜"，将代际冲突现象催生的"成人化少年"的舆论导向和社会印象表现得淋漓尽致，而这往往会使公众表达强烈的不满和严惩的呼声。[1]现行的未成年人司法体系欠缺系统完整的刑罚替代性措施或普遍适用的帮教措施来对未成年人犯罪加以教育矫治，如果在社会影响较大的敏感案件中，贸然适用认罪认罚从宽制度对罪错未成年人给予进一步从宽处理，则可能会有纵容其犯罪之嫌疑，使社会公众的报应情绪难以平复，故对社会影响大的敏感案件应当慎重适用。[2]

（2）被害人因素。虽然对刑罚、手段、情节等因素考量中必然会透露着对被害人因素的考量，但无论是以往研究还是对域外相关制度进行分析，笔者均未发现单独将被害人因素作为某一类刑事案件中的核心因素予以考量的情形。故笔者认为有必要对给被害人造成巨大人身、物质损害或精神损害的案件予以慎重考量。可以预见的是，对于某些后果较为严重的未成年人刑事案件中的被害人来说，其所承担的，轻有丧亲之痛，重则家破人亡。尤其是对于同为未成年人的被害人来说，无论其是案件的直接被害人，还是"间接被害人"[3]，他们所经历的往往是切肤之痛。如此巨大的痛苦或心理创伤不仅会影响他们的成长，更可能因为"恶逆变"使其将自身所受伤害施加于他

---

〔1〕　刘浩：《未成年人认罪认罚具结的反思与重构——兼评〈刑事诉讼法〉第 174 条第 2 款之规定》，载《四川警察学院学报》2019 年第 5 期。

〔2〕　参见王学进：《该调整最低"刑责年龄"了》，载《中国青年报》2016 年 1 月 21 日。

〔3〕　指虽未直接受到侵害，但由于被害人遭到侵害而遭受巨大的精神痛苦或心理创伤的一类人。

人。具有代表性的案件例如被评为"2019 年中国十大影响性诉讼"的"张扣扣案"。1996 年，少年张扣扣目睹了母亲在与邻里争吵时被打死的过程，而加害人王某某由于犯罪时未满 18 周岁，结合其坦白等因素的考量，最终仅被法院判处 7 年有期徒刑。目睹了母亲死亡过程与死后惨状后的张扣扣多年之后仍不能释怀，其在 22 年后残忍杀死当年与母亲之死有密切关系的 3 人。该案件带给我们的思考不仅是，如果司法不能定分止争，那么司法机关应如何回应社会公众心中的公平正义？还应当注意的是，在此类案件适用认罪认罚从宽制度之前，应当充分对被害人因素进行考量。

（3）主观恶性因素。对于罪行情节恶劣或犯罪手段极端残忍且屡教不改的未成年人，由于其主观恶性极大，一般简化的程序与帮教措施可能难以对其进行矫治，同时其破坏的社会关系一般也难以修复。故对这类涉罪未成年人的处理程序，不能秉持效率优先原则，也不能简单地从宽，在适用认罪认罚从宽制度时应当格外谨慎。

3. 慎重适用认罪认罚从宽制度的案件类型

综上，笔者认为对于以下四类案件应当极其慎重地对未成年被追诉人适用认罪认罚从宽制度：①被判处 10 年以上有期徒刑、无期徒刑的案件；②社会影响巨大的敏感案件；③情节极其恶劣或手段极其残忍且屡教不改的案件；④给被害人造成巨大人身伤害、财产损失或精神损害的案件。慎重适用并不代表必然将上述四类案件排除在适用范围之外。出于对罪错未成年人的权益保护与对成年人适用认罪认罚从宽制度的经验总结来看，不宜对案件的适用范围作出"一刀切"式的反面规定。在社会转型过程中，伴随着社会公众思想观念和认知的转型，不同地域的司法现状也不尽相同，从现阶段法律规范层面来讲，暂时没有必要对上述四类案件进行进一步的细分，但可以从程序层面尝试设置"谨慎性筛选机制"。具体而言，对于上述四类案件，若司法机关认为有必要适用认罪认罚从宽制度，可以借鉴《人民检察院办理认罪认罚案件监督管理办法》规定组织制度适用听证会。该管理办法第 10 条规定："对于下列拟作不批捕、不起诉的认罪认罚从宽案件，可以进行公开听证：（一）被害人不谅解、不同意从宽处理的；（二）具有一定社会影响，有必要向社会释法介绍案件情况的；（三）当事人多次涉诉信访，引发的社会矛盾尚未化解的；（四）食品、医疗、教育、环境等领域与民生密切相关，公开听证有利于宣扬法治、促进社会综合治理的；（五）具有一定典型性，有法治宣传教育意义的。人民检察院办理认罪认罚案件应当按照规定接受人民监督员的监督。对公开听证的认罪认罚案件，可以邀请人民监督员参加，听取人民监督员对案件事实、证据认定和案件处理的意见。"通过公开听证可以使被追诉人与被害人对面而坐，充分听取双方意见，若经过充分听取意见后，办案机关认为仍可以对该类案件适用认罪认罚从宽制度，但被害人仍不同意适用的，由办案机关层报其所属的省一级机关决定。若上级机关根据各方面考虑最终不同意适用的，则办案机关应当按照上级决定办理案件。若同意适用的，考虑到案件经过听证会充分听取了双方意见，为了平衡上级决定与特殊案件的事实因素，经过上级审查后虽然决定了对该类案件可以适用，但对于这种经过听证仍具有巨大争议的案件，则可以根据案件特殊性对从宽幅度予以折减，从而降低对被害人权益保障不到位的风险。折减比例的考量因素主要依据办案机关制作的社会调查报告，从考量因素的范围来讲，不仅应就事前因素，还要结合事后因素进行综合动态化的考量。[1]

（二）明确认罪认罚程序的启动条件

1. 健全启动机制

（1）制度上应当明确赋予未成年被追诉人、辩护人或值班律师、法定代理人或合适成年人主动申请启动认罪认罚程序的权利。也即在刑事诉讼程序中，不仅要告知未成年被追诉人其享有认罪认罚从宽的权利，还要使未成年被追诉人知悉其可以积极主动地促进认罪认罚程序的启动，而不是单纯被动等待办案机关启动认罪认罚程序。需要说明的是，被追诉方的启动申请并不必然导致认罪认罚程序的启动。此时应当强调办案机关的审查判断职责，发现不符合启动条件的，自然不能启动认罪认罚程序。从这方面来讲，办案机关应尽到被动审查的职责。从另一个方面来说，对于符合启动条件的，办案机关应当主动依职权启动认罪认罚程序。

（2）要求办案机关对被追诉人全面地告知与释明，其不仅享有认罪认罚从宽的权利，还可以积极主动地促进程序启动。实践中办案机关对认罪认罚相关规定和权利的告知往往采用书面方式，[2]但部分罪错未成年人的认知和理解能力有限，根据《未成年人检察工作白皮书（2014—2019）》显示的数据，2014 年至 2019 年，全国检察机关共受理移送审查起诉未成年犯罪嫌疑人 383 414 人，从文化程度看，初中文化程度占大多数。故很可能有一部分未成年犯罪嫌疑人无法理解《权利义务告知书》的内容及含义，导致权利告知流于形式。基于此，笔者认为，可以结合上述书面告知的方式，同时借鉴实践中播放法治宣传片的经验模式，[1] 到案后及时对未成年被追诉人播放全国统一制作、符合未成年人身心特点的法治宣传片，使其在讯问之前就已经对认罪认罚从宽制度有客观、全面的认识，再辅以口头的补充告知与释明的方式确保未成年被追诉人知悉自己拥有启动程序的申请权。

（3）"补足"未成年被追诉人的认知和理解能力，在明显符合认罪认罚适用条件的情况下，帮助其客观、全面地理解认罪认罚相关规定，促使其主动提出启动认罪认罚程序的申请。笔者认为，可以通过促进辩护人或值班律师、法定代理人或合适成年人与罪错未成年人之间进行充分沟通与交流的方式，使辩护人或值班律师、法定代理人或合适成年人帮助未成年被追诉人对认罪认罚相关规定形成正确的理解，督促未成年被追诉人主动申请启动认罪认罚程序。

（4）应当完善启动认罪认罚程序相应的监督机制。原则上，对于未成年被追诉人一方恰当地启动申请，办案机关不能无视，即使由于不符合适用条件等原因不予启动认罪认罚程序，办案机关也应耐心地向被追诉人说明不启动的理由，并全面如实地记录相关情况，在移送审查起诉或提起公诉时移交相关记录，而不能否定其认罪认罚情节、剥夺其提出启动请求的权利。但现行法律规范并没有规定，未成年被追诉人在符合适用条件的前提下提出启动程序的申请，但办案机关不予启动时被追诉人应当如何救济自己适用认罪认罚从宽制度的权利。笔者认为，一方面，可以借鉴申诉救济的模式来救济被追诉人的权利。具体而言，若办案机关对被追诉人提出的启动申请置之不理、视而不见，应当允许被追诉人、辩护人或值班律师、法定代理人或合适成年人向上级办案机关申诉。上级机关应当监督下级机关对符合适用条件、适用

---

〔1〕 为促进认罪认罚从宽制度的法宣传工作的开展，2020 年 6 月，最高人民检察院、公安部分别下发通知，要求将认罪认罚从宽法治宣传片在全国公安看守所统一播放，并推动法治宣传片播放常态化机制。

范围的情形启动认罪认罚程序。另一方面，还可以考虑将认罪认罚程序的启动率作为考核办案机关的业务指标。

2. 明确审查要素

办案机关启动认罪认罚程序时可以对以下几个审查因素进行把握：①是否满足启动的基本前提。能够启动认罪认罚程序的基本前提是案件必须符合适用范围、被追诉人必须符合适用条件，当然对案件事实的证明标准也丝毫不能降低。②是否能够确保认罪认罚的自愿性。除前文提到的从形式和实质两个侧面来把握认罪认罚的自愿性之外，笔者认为可以积极探索证据开示制度，保障诉讼参与主体之间的信息对称，进而更好地保证未成年被追诉人一方对审查要素有所了解。③是否充分保障获得法律帮助权，法定代理人、合适成年人的到场权。为了防止办案机关擅自启动认罪认罚从宽制度给未成年被追诉人的权益带来损害，实践中有观点主张，在启动认罪认罚从宽制度时，必须有辩护人在场，对于辩护人不是律师的，应当通知值班律师到场，以便为未成年犯罪嫌疑人提供法律帮助。同时，没有法定代理人或者合适成年人在场的，不得启动认罪认罚从宽制度。[1]

（三）充分保障获得法律帮助的权利

1. 增加"强制辩护制度"的制裁性要件

笔者认为，解决未成年被追诉人获得法律帮助不充分的问题，应当增加"强制辩护制度"的制裁性要件。例如，可以规定，在有条件提供法律援助的地区，若无辩护人或值班律师在场或同意，不得启动认罪认罚程序。对上述设想需要说明两点：①给予启动认罪认罚程序相应的制裁性要件，尽可能使未成年被追诉人获得相应的法律帮助，以求最大限度地保障未成年被追诉人的合法权益。②限定地域条件，即将制裁的适用范围限定在有条件提供指定法律援助辩护的地区，这不仅要求在有条件提供指定法律援助辩护的地区应当为未成年被追诉人指定法律援助律师，否则应承担不能启动认罪认罚程序的不利后果；同时也要求，在不具备提供指定法律援助辩护条件的地区，不能当然否定对未成年被追诉人适用认罪认罚从宽制度。

但对于不具备提供指定法律援助辩护条件的地区，应当如何对未成年被

---

〔1〕 张寒玉、盛常红：《未成年人刑事案件如何适用认罪认罚从宽制度》，载《人民检察》2019年第24期。

追诉人适用认罪认罚从宽制度呢？首先，笔者认为不能因不具备提供指定法律援助辩护条件就剥夺国家给予未成年被追诉人的法定权利，如果仅仅因为不能提供充足的帮助而将未成年被追诉人的实体权利、程序权利剥夺，将不利于保障未成年被追诉人的合法权益，同时也会损害司法公正。其次，在没有辩护律师的情况下，办案机关仍然要将认罪认罚相关工作做好，认真履行告知释明权利义务、审查自愿性、听取意见、如实记录认罪认罚情况等职责，有条件的应当对认罪认罚全过程录音录像。检察机关在提起公诉时同样需要提出量刑建议，并将认罪认罚的情况提交法庭，由法官审查判断。最后，未成年人犯罪案件案情一般相对简单，对抗程度往往不及成年人犯罪案件激烈，故在特定案件中即使不适用认罪认罚从宽制度，案件处理也能十分迅速。此时完整的普通程序可能对未成年被追诉人帮教矫治工作的开展以及对其权益保障更有利。故办案机关在没有辩护律师的情况下不能随意地将程序简化，如果符合认罪认罚从宽制度适用条件，可以只对其进行实体上的从宽，并不再简化程序。

2. 明确值班律师为提供法律帮助的主体

需要说明的是，实践中法律援助在未成年人犯罪案件刑事辩护中占有较大比重，即在未成年人犯罪案件中指定法律援助律师给予未成年被追诉人的法律帮助要远多于其自行委托律师给予的法律帮助，法律援助律师是实现未成年人法律帮助的主要主体。因此，解决问题的关键仍在于如何相对均衡地分配有限的法律援助资源。

从制度层面来说，值班律师只为没有辩护人的被追诉人提供法律帮助，而同时法律又规定了应当为没有委托辩护人的未成年被追诉人指派法律援助律师。单从逻辑上来讲，值班律师不可能是为未成年被追诉人提供法律帮助的主体。但考虑到部分地区法律援助资源匮乏的现实因素，笔者认为，可以明确要求值班律师给予没有辩护人的未成年被追诉人以法律帮助，将值班律师提供的法律帮助作为指定法律援助辩护的重要补充。如此一来，可以在一定程度上抵消因指定辩护效果不佳带来的负面影响。同时也能够使有限的法律援助资源相对均衡地惠泽于更多的未成年被追诉人，这也是刑事诉讼中未成年被追诉人主体语境下对值班律师制度的当然要求。故对未成年人犯罪适用认罪认罚从宽制度的案件来讲，为未成年被追诉人提供法律帮助的主体除了自行委托的辩护律师和指定法律援助律师，还应当包括值班律师。

此外还应当看到，虽然可以将值班律师明确为为未成年被追诉人提供法律帮助的主体，使不同个案中的未成年被追诉人得到相对均衡的法律帮助，但我国依然还有法律援助资源极其匮乏的地区，这就意味着可能仍然存在无论是"公用"的值班律师的法律帮助，还是"专属"的指定法律援助律师的法律帮助都无法获得的未成年被追诉人。

3. 提高律师的参与程度

提高律师的参与程度可以从以下几个方面进行把握。

（1）保障未成年被追诉人获得法律援助的及时性。侦查机关应当先行查明未成年人获得法律援助的情况，并通知法律援助机构为未委托辩护人的未成年犯罪嫌疑人指派律师。对于暂时没有获得指派律师法律帮助的未成年犯罪嫌疑人，应当告知其有权会见值班律师并获得法律帮助，以此来保障未成年被追诉人能够第一时间获得法律帮助。在批捕阶段，未成年人检察部门可以进行必要的法律监督，督促侦查机关履行通知义务；在审查起诉环节，未成年人检察部门可以直接联系法律援助机构提供法律援助；在审判阶段，为了给予法律援助律师充足的时间了解案情，法院在检察机关提起公诉之日，就应当通知法律援助机构指派律师。

（2）应确保律师对认罪认罚程序关键环节的参与。这里的律师不仅指被指派的法律援助律师，还包括值班律师与委托律师。由于未成年人的认知、理解能力有限，不能确保其知悉认罪认罚相关法律规定、法律后果，故应当确保在启动认罪认罚程序时必须有律师在场，辅助其判断形势，提供相应的法律意见。为了保障未成年被追诉人的自愿性，笔者认为，一方面，可以允许律师参与到未成年被追诉人的讯问过程中。在对未成年被追诉人的审讯过程中，虽然有法定代理人或合适成年人在场，但由于他们并不具备专业的法律知识，导致无法在讯问中有效地保障未成年被追诉人的合法权益，在讯问人员的威慑下，未成年被追诉人很容易作出违背意愿的供述。故有必要赋予律师在讯问过程中的在场权。另一方面，在控辩协商环节应更加强调律师在协商中的作用。笔者认为在控辩协商过程中，应当避免检察官与未成年被追诉人直接就具体细节进行协商，可以由检察官和律师直接就具体细节进行协商，再由律师去做未成年被追诉人的工作。当然，最后是否同意检察官与律师的协商结果还是应当由未成年被追诉人在法定代理人或合适成年人的帮助下决定。

（3）将值班律师的定位向辩护人过渡。程序型律师的定位，使得值班律师"缺乏阅卷、调查等实质性的辩护权利,无法保证被追诉人在值班律师帮助下认罪认罚的明知与自愿,以致损害被追诉人的有效辩护"。[1]如果辩护人作为"见证人",更无法满足未成年被追诉人获得充分法律帮助的需求。笔者建议,可以参照辩护人的诉讼地位,使值班律师参与到认罪认罚从宽制度的适用过程中,除赋予其会见权、阅卷权以外,在没有指派法律援助律师的前提下,可以赋予值班律师出庭的权利,充分发挥值班律师提供法律帮助的作用。需要说明的是,实践中对值班律师是否可以阅卷的问题争论较大,《刑事诉讼法》只规定了要为值班律师了解案件情况提供必要便利,并没有就值班律师是否具有阅卷权进行明确规定;而《指导意见》与《刑事诉讼规则》都肯定了值班律师自审查起诉之日起具有查阅案卷的权利。尽管《指导意见》第 12 条第 2 款与《刑事诉讼规则》第 269 条第 2 款均明确规定了值班律师有阅卷权,却并没有赋予值班律师摘抄、复制案卷材料的权利。但试点期间的北京地区的实施细则曾规定了值班律师可参照《刑事诉讼法》的规定查阅、摘抄、复制案卷材料。笔者认为,为确保值班律师真正参与到认罪认罚从宽制度的适用中来,并能发挥应有作用,就必须使值班律师能够充分了解案情,而了解案情就必须给予其阅卷的便利,否则值班律师无法就案件的定性、罪名、量刑建议提出准确的意见,也就无法提供实质性的法律帮助。

4. 完善法律帮助之间的衔接机制

律师的更换或诉讼阶段的更替,都可能导致未成年被追诉人获得的法律帮助出现"断层",甚至将未成年被追诉人已获得的法律帮助效果"毁于一旦"。故笔者主张在整个诉讼程序中,被指派的法律援助律师应当连续辩护,值班律师应当全程参与。涉及以下几点问题:

(1)值班律师与指定法律援助律师或委托辩护律师的衔接。当未成年被追诉人在值班律师的法律帮助下认罪认罚的,无论被追诉人之后是否被指派法律援助律师或自行委托辩护律师,值班律师都可以继续为该未成年被追诉人提供法律帮助。在认罪认罚程序启动之前,未成年被追诉人就被指派法律援助律师或自行委托辩护律师的,则应当由被指派律师或委托律师为该未成

---

[1] 王艺超、涂龙科:《未成年人犯罪适用认罪认罚从宽制度研究》,载《青少年犯罪问题》2017年第 6 期。

年被追诉人提供法律帮助，但同时不应排除值班律师在未成年被追诉人不能及时得到法律帮助时为其提供法律帮助。

（2）不同诉讼阶段之间法律援助律师的衔接。"现行的辩护人分阶段负责制中，辩护律师多责任心不足，而制约机制的缺失导致法律援助往往流于形式，没有达到指定辩护的实质效果。"[1]故笔者建议，应当使法律援助律师及时介入、全程跟进刑事诉讼程序。在侦查阶段及时了解案情，为被追诉人提供适当的法律建议，帮助符合条件的被追诉人认罪认罚；在审查起诉阶段或审判阶段及时阅卷、会见、调查取证，在全面了解案情的基础上，保证未成年被追诉人自愿认罪认罚，维护未成年被追诉人的合法权益。

（3）值班律师在不同诉讼阶段的衔接。《指导意见》第13条规定："法律帮助的衔接。对于被羁押的犯罪嫌疑人、被告人，在不同诉讼阶段，可以由派驻看守所的同一值班律师提供法律帮助。对于未被羁押的犯罪嫌疑人、被告人，前一诉讼阶段的值班律师可以在后续诉讼阶段继续为犯罪嫌疑人、被告人提供法律帮助。"可见，《指导意见》明确规定了"换阶段"但可以"不换人"的解决办法，使一个值班律师对一个案件负责到底变为可能。笔者认为，为了减少值班律师对接时发生信息减损，可以尝试《指导意见》提出的"不换人"的做法，保障未成年被追诉人获得充分、高效的法律帮助。

（四）实现检察机关对未成年人犯罪案件量刑建议的精确化

1. 明确未成年人犯罪案件量刑建议精确化的内涵

就实现未成年人犯罪案件量刑建议精确化的内涵来讲，笔者认为主要包括把握以下三个方面：①内容精确化。除了对办案机关查清事实、调取证据的能力提出要求，重点是对量刑工作的要求。具体而言，一方面要充分把握量刑从宽幅度与量刑标准的依据，另一方面要严格按照具体的量刑步骤实现精确化的量刑。②对量刑建议的释法说理要全面、充分。即要求释法说理在兼具宽度与深度的同时，量化认罪认罚的具体表现，将影响量刑的认罪认罚具体表现与从宽幅度一一对应，并将这个过程书面化，从而使未成年被追诉人看到肉眼可见的实惠，更重要的是使法官看到量刑建议的科学性、合理性，进而欣然采纳量刑建议，达到案结事了的效果。③量刑建议精确化并非不区分具体情况而对所有案件一律提出精确化的量刑建议。对于一些新类型、不

---

〔1〕　颜柳：《未成年人重罪案件中认罪认罚从宽的适用》，载《检察调研与指导》2018年第5期。

常见或量刑情节复杂的重罪案件等，也可以保留幅度刑的量刑建议。

2. 把握未成年人犯罪案件量刑建议精确化的原则

要实现未成年人犯罪案件量刑建议精确化，笔者认为至少需要把握以下几个原则：

（1）量刑建议需要具有合法性。检察机关提出的量刑建议应当在法定幅度以内，这要求检察官应当依照法律法规、司法解释，在证据事实与量刑情节之间穿梭，严格规范量刑步骤，逐步确定量刑起点、基准刑、拟建议刑、精准建议刑。

（2）量刑建议应当全面化、具体化。首先，考虑因素要全面，量刑建议的提出应当综合考虑犯罪的事实、性质、情节，被追诉人认罪认罚的主动性、及时性、稳定性、全面性，以及其认罪态度、悔罪表现、退赔退赃情况、赔偿损失情况、获得被害人谅解情况、对侦破案件起到的作用、主观恶性、社会危险性、程序选择等方面的因素。其次，对于犯罪嫌疑人来说，全面、具体的量刑建议不仅可以保障其知情权，还有利于减少误解，帮助其在明知的情况下作出是否认罪的选择。最后，对法检之间的衔接来讲，完整的量刑建议可以有效地减少法检之间的分歧，防止出现无谓的抗诉。因此也要杜绝实践中如"请求法院依法判处"、只建议刑种不建议刑期、量刑幅度过宽等模糊化的量刑建议。

（3）从宽过程的释明需要降维化。所谓的"降维化"，是指检察机关应当将复杂的量刑建议的计算方法予以简明化，使未成年被追诉人理解他得到的优惠经过如何的裁量得出，最起码要保证未成年被追诉人在法定代理人或合适成年人、辩护人或值班律师的帮助下大致可以判断其可能得到的优惠区间，从而使其对从宽结果有合理的预期。关于量刑规范化制度的准确理解与适用，对专门从事量刑工作的司法机关尚且是一种不小的挑战，而身心发展尚不全面、认知能力有限的未成年被追诉人，又怎么可能对案件的走向以及可能得到的从宽待遇轻易获得一个明确、清晰的认识呢？故笔者认为，为了保障被追诉人认罪认罚的积极主动性，应当尽可能地将量刑建议的计算步骤和方法予以降维化，从而保障被追诉人能够明确、清晰地判断从宽刑期，积极主动地认罪认罚。

（4）量刑建议的提出需要体现差异化。检察机关在提出量刑建议之时，不仅应注意到个案之间、同案犯之间的差别化，尤其需要对未成年被追诉人的犯罪动机、主观恶性、人身危险性、可塑造性、家庭背景、受教育程度等因素予以综合评判，更要注意到未成年被追诉人与成年被追诉人之间的差异。故在罪责刑相适应的法律原则下，应通过刑罚的差异化来实现刑罚的目的与功能，同时兼顾对未成年被追诉人适用认罪认罚从宽制度的法律效果。

3. 实现未成年人犯罪案件量刑建议精确化的具体措施

（1）制定统一的量刑指南，为精确化的量刑建议提供制度保障。检察机关与审判机关量刑观念、量刑尺度的统一成为当前司法实践需要解决的重要问题。笔者认为，为了实现未成年人认罪认罚案件中量刑建议的精确化，需要总结实践经验，尽快制定办案机关统一适用的量刑指导规范，对量刑方法、从宽幅度、量刑标准作出规范，以确保"同案同判"的均衡适用。需要注意的是，为了防止规定过于僵化，量刑指南的制定需要有层次性。具体而言，可以分为全国统一的指导意见与地方细则两个层次。因为量刑问题十分复杂，需要考量的因素众多，提出的量刑建议还需要根据不同地区的实践需求等多种因素进行调整。实践中，不同地区的司法状况不尽相同，过于具体的全国统一的量刑指导意见反而会影响个案的司法公正。故全国统一的量刑指导意见可以进行相对原则性的规定，而各地办案机关可以根据实践需求，制定本地适用的量刑细则。

（2）规范量刑从宽幅度与量刑标准。首先，认罪认罚案件的从宽幅度一直是理论与实践中的争点。现行的《量刑指导意见》规定："……对于未成年人犯罪，综合考虑未成年人对犯罪的认知能力、实施犯罪行为的动机和目的、犯罪时的年龄、是否初犯、偶犯、悔罪表现、个人成长经历和一贯表现等情况，应当予以从宽处罚。1. 已满十二周岁不满十六周岁的未成年人犯罪，减少基准刑的30%—60%；2. 已满十六周岁不满十八周岁的未成年人犯罪，减少基准刑的10%—50%。……"对此，有学者认为，基于"未成年人主体身份"与"认罪认罚"双重因素的考虑对未成年被追诉人给予从宽处理，可能会发生罪刑失衡的状况。[1]也有学者认为，对未成年被追诉人适用认罪认罚从宽制度与一般量刑上的从轻的制度基础与理论基础各不相同且不存在冲突，[2]

---

〔1〕 杨宗辉、杨萌：《未成年犯适用认罪认罚从宽制度研究》，载《湖北警官学院学报》2019年第6期。

〔2〕 王瑞君、陈禹衡：《未成年人适用认罪认罚从宽制度争议问题辨析》，载《青少年犯罪问题》2019年第5期。

"认罪认罚从宽"与"特殊处遇"的理念也相互契合,对认罪认罚的未成年被追诉人"宽上加宽"也并无不妥。笔者认为,对未成年人的量刑从宽幅度也可以借鉴"阶梯式认罪认罚量刑机制"。具体到侦查、审查批捕、审查起诉阶段最多可以减让基本刑的幅度分别30%、25%、20%。需要说明的是,由于未成年人认罪认罚案件中,被追诉人既因其未成年而从宽,又因认罪认罚而从宽,对这两个的从宽幅度不能简单地累加,可以参考对"数罪并罚"限制加重的规定,以防止量刑失衡。其次,由于实践中没有区分哪些情节是认罪认罚的量刑情节,哪些是非认罪认罚的量刑情节,以至于未成年被追诉人的"获得感"不足,缺乏足够的激励使其积极主动地认罪认罚。对于认罪认罚大部分量刑情节,例如认罪情节的自首、坦白、当庭认罪等,又如认罚情节的退赔退赃、赔偿损失、达成和解等,《量刑指导意见》均有规范。但对于例如预缴罚金等其他认罪认罚的情节,如何体现从宽,《量刑指导意见》并未涉及,亟须在统一量刑指南中细化相关量刑标准。笔者认为,可以借鉴将"认罪"与"认罚"作为独立的量刑情节,分别给予单独的量刑幅度的做法。[1]对具有认罪情节的未成年被追诉人,给予其相应的从宽幅度,但不可重复评价自首、坦白等量刑情节。对于认罚的情节,设置单独的不超过15%的量刑幅度。根据被追诉人认罪认罚时间、态度、表现、价值的不同,对其最多给予30%的量刑从宽幅度。《指导意见》率先规定将认罪认罚作为独立的量刑情节予以评价,并对如何减让提出量刑建议作出了规定。最后,也有观点指出,现行量刑依据的《量刑指导意见》中所包含的数十个罪名,不能很好地满足认罪认罚案件适用范围的需求。[2]但从近年看,未成年人犯罪案件罪名相对集中,主要包括盗窃罪、抢劫罪、故意伤害罪、聚众斗殴罪、寻衅滋事罪、强奸罪,这些罪名所占比例超过80%。故笔者认为,可以在全国统一的量刑指导意见中对这些罪名的量刑规则予以细化,对不到20%的其他犯罪可由各地司法机关根据本地的案由分别予以细化。

(3)明确量刑建议的计算步骤与计算方法。我国的认罪认罚从宽制度并不允许控辩双方就罪名与刑罚种类进行协商,但对刑罚的期限或幅度却可以

---

〔1〕 福建省福清市人民法院在全国首创将"认罪"和"认罚"情节分别确定从宽幅度的量刑模式。参见郑敏:《认罪认罚从宽试点的福清经验》,载《中国检察官》2019年第1期。

〔2〕 高强、张洋:《未成年人刑事案件认罪认罚从宽制度的适用》,载《人民检察》2018年第5期。

在法定范围内予以协商，故计算量刑建议的量刑幅度在量刑建议的提出中占据重要地位。笔者参照《量刑指导意见》对法官量刑步骤和方法的规定，拟提出如下量刑建议的计算步骤：①根据基本犯罪事实在相应法定刑幅度内确定量刑起点。②根据犯罪数额、次数、后果等犯罪事实确定基准刑。③综合考量全案情况、未成年人社会调查结果、未成年人认罪认罚具体表现等因素对基准刑进行调整，从而确定拟建议刑。这里的"全案情况"主要是指，犯罪人的犯罪形态、共同犯罪中的地位和作用、正当化事由等因素；"未成年人社会调查结果"主要是指，未成年人的成长经历、犯罪原因、监护教育情况等；"未成年人认罪认罚具体表现"是指自首、立功、坦白、积极赔偿、被害人谅解、达成和解等情节。需要注意的是，情节之间可能有重合之处，但不能因此而重复评价这些要素。还应注意，需要适当限制基准刑的最高减幅，防止出现罪行失衡。④检察官结合案情在30%的幅度内对拟建议刑进行自由调节，进而确定精准建议刑。[1]

（4）增进与辩审之间的沟通交流，加强对量刑建议的释法说理。为了防止"无法可释""无理可说"，不仅要使未成年人对量刑结果知其然，还要使之知其所以然。笔者认为，在量刑协商过程中不仅要求检察官充分听取辩方意见，为了保障控辩双方平等沟通，还要求检察官向未成年被追诉人简单、明晰地释明，这里的"简单"并非"简要"，简单的释明是要将复杂的量刑计算方法、步骤、依据以未成年被追诉人可接受、可理解的方式予以释明。使未成年被追诉人知晓自己是因何种认罪认罚具体表现，获得何种从宽处理。主动将量刑建议的计算方法与依据示于未成年被追诉人及其法定代理人或合适成年人、辩护人或值班律师。最起码要保证未成年被追诉人在上述"诉讼辅助人"的帮助下，初步了解检察机关量刑建议的内容和对自己的影响，以期其在充分理解量刑建议提出的运作机制下，理性作出认罪认罚的选择。而对于法官来说，量刑活动是其职业化的法定职责，故检察机关在提起公诉时对其"说理"部分的充分程度，可以不及向未成年被追诉人"释法"时的要求，可仅就提出量刑建议的方法、步骤、依据和相关因素予以格式化释明并说明理由即可。此外，现阶段还要求检察官在提出确定刑量刑建议前，与法

---

〔1〕　根据《量刑指导意见》的规定，法官仅享有20%的自由裁量权，但在最高人民检察院发布的典型案例中却赋予检察官在提出量刑建议拥有30%的自由裁量权。

官进行充分沟通，争取达成一致认识。这不仅有利于统一司法尺度，同样也是检察官积累提出量刑建议经验的过程。需要注意的是，无论对辩方的"释法"，还是对法官的"说理"，均应当以口头加书面的形式释明，不得仅以口头形式作出。对辩方的书面释明，需要将检察机关盖章的副本交辩方留存备查。对法官的书面释明需要随卷移送，为法官作出实质审查提供直接素材。

（5）完善提出量刑建议的相关配套措施。笔者认为对此主要可以从以下几个方面进行：①在统一量刑尺度的基础上，组织法官、检察官、法律援助律师参加统一的认罪认罚案件量刑规范化培训，使量刑建议的提出按照规范化的方法与步骤进行，摒弃"估堆量刑""取中值"的做法，推动量刑建议精确化改革在认罪认罚案件中得到落实。②完善未成年人量刑案例指导制度，提高未成年人刑事案件量刑相关指导案例的发布频率，从而更好地指导实践中对未成年被追诉人提出量刑建议的活动。③推进"智慧未检"工作，开发大数据智能辅助系统。从而提高检察机关量刑建议的精确度，进一步统一法官和检察官的量刑尺度。[1]④将开展社会调查评估作为适用认罪认罚从宽制度办理案件中的一项重要工作。[2]社区矫正机构或检察机关应当有针对性地对涉罪未成年人进行社会调查，全面、客观地了解涉罪未成年人的成长经历、犯罪原因、监护教育情况，并形成社会调查报告，作为对其提出精确化量刑建议的重要支撑。

---

〔1〕 可借鉴重庆市法院开发的"危险驾驶认罪认罚案件智能审判平台"，参见陈国庆主编，最高人民检察院第一检察厅组织编写：《认罪认罚从宽制度司法适用指南》，中国检察出版社 2020 年版，第 233 页。

〔2〕 罗庆东：《以精准化量刑建议落实认罪认罚从宽》，载《检察日报》2020 年 2 月 10 日。